수업모형

윤기옥 · 정문성 · 최영환 · 강문봉 · 노석구 공저

동문사

머리말

가르치는 직업을 가진 사람들에게 수업방법(좁은 의미로는 수업모형)의 문제는 항상 고민하는 부분이다. 수업이란 가르치는 것과 배우는 것이 동시에 이루어지는 활동이다. 그래서 교수-학습이라고도 한다. 시대적 분위기에 따라 교수 쪽이 강조될 때도 있고, 학습이 강조될 때도 있다. 그러므로 교수 쪽이 강조된 수업방법도 있고, 학습이 강조된 수업방법도 있다. 가장 이상적으로는 수업목표와 내용에 따라 가장 적합한 방법을 선택하는 것이다. 그러기 위해서는 많은 수업방법들을 알고 있어야 한다.

이제까지 수많은 수업방법이 개발되고 보급되었다. 그러나 이러한 과정은 체계적으로 연구되고 검증되어 축적되기보다는 중구난방으로 개발되고, 한때 유행했다가 사라지는 등의 모습을 보여 왔다. 개발되는 이유도 다양하고 서로 다른 차원이었으므로 이를 일관되게 분류하고 살펴보기는 힘들다. 그러나 그동안 많은 연구가 이루어진 만큼 이들 수업방법들을 체계적으로 분류하고 모아보는 작업에 대한 요구가 많았다. 그 일을 그동안 훌륭하게 수행해 온 책이 Joyce와 Weil의 '*Models of Teaching*'이었다. 그러나 이 책을 읽어본 사람들은 알겠지만 왠지 가슴에 와 닿지 않는다는 점을 느꼈을 것이다. 분류기준도 애매하고, 중요한 수업모형이라고 선정한 것이지만 정말 학교현실을 고려한 것인지도 의문이 든다. 더욱이 우리나라 현실과는 너무 동떨어졌다는 비판도 있다. 이에 우리나라의 현실을 고려하고, 최근의 수업방법의 변화도 담아내는 수업방법책에 대한 필요성이 제기되었다. 이에 많은 수업방법에 대한 저서가 있었으나 특별한 선정 기준도 없고, 풍부한 수업방법이 소개되지 못했다.

이에 본 집필진은 수업방법에 대한 여러 서적과 연구들, 그리고 주요교과라고 할 수 있는 국어, 수학, 사회, 과학교육에서 대표적인 수업방법들을 수집하는 등 대표적인 수업방법들을 선정하고, 이론과 실제의 양면을 자세히 기술하여 이 한 권이면 수업방법에 대한 갈증을 모두 해소할 수 있도록 노력하였다. 여기 소개된 것 외에도 더 많은 수업방법들이 있다. 그것에 대해서는 또 다른 기회에 출판하려고 한다. 보다 적절한 이론과 실제의 소개가 가능할 것이나 만족스럽지 못한 부분들은 필자들의 역량부족이라고 생각하며, 독자들의 비판을 통해 차후에 보완하려고 한다. 어려운 상황에서도 기꺼이 이 책을 출판할 수 있도록 도와준 동문사 대표 및 관계자들에게 감사의 마음을 전한다.

2009년 11월
저자 일동

차 례

PART 02 일반 수업모형

PART 03 교과 수업모형

PART 01

수업모형의 이해

Chapter 01 천성과 교육: 두뇌와 환경

이 장에서는 두뇌 연구에 대한 논의에서 제시된 문제를 몇 가지 살펴본다.

신경과학(neuroscience), 특히 교육에 대하여 많은 것을 시사할 수 있는 두뇌의 구조와 기능에 대한 연구 분야는 요즈음 많은 관심의 대상이 되고 있다. 신경과학은 우리 자신을 보다 잘 이해하는데 도움이 되며, 그 연구가운데 몇 가지는 교육에서 해묵은 여러 문제와 관계가 있다. 신경생리학적 연구(neurophysiological research)는 행동과학, 사회과학 그리고 교육면에서 살펴볼 때 매우 유익하다. 먼저 인간의 중요한 면, 문화의 창조와 전달, 인간의 유연성, 그리고 많은 부모와 교사의 관심사인 개인차 문제를 살펴본다.

1 인간과 문화

신경생리학은 우리가 어떤 존재인가에 대하여 몇 가지를 암시해준다. 두뇌의 성격은 인간다움의 여러 면을 특징짓는다. 신체 면에서 여러 가지 특성을 지니고 있다고 하여도, 두뇌의 독특한 구조를 가지고 있지 않다면, 인간으로 분류되지 않을 것이다. 지구상의 모든 인간은 동일한 신경학적 구조와 기능을 갖고 있다. 이러한 기능으로부터 생기는 것 가운데 하나가 문화-지구에 사는 가운데 발생하는 문제와 기회를 당면하였을 때 개발된 행동, 사고, 의사소통, 가치관의 패턴-이다. 모든 인간의 문화는 동일한 지적 기관(intellectual engine)-무엇보다도 음식, 은신처, 사회조직과 관련된 문제를 해결하는 인간의 마음-의 산물이라는 창의적인 문화인류학자인 Claude Levi의 견해는 항상 우리를 감동시켜 왔다. Levi-Straus에 의하면 명백히 드러나는 문화적 차이의 저변에서 볼 수 있는 문화를 형성한 동일한 인지적 및 정의적 과정 때문에 우리는 문화 패턴이 공통적인 면이 많다는 것을 발견하게 된다. 표면적으로 드러나는 문화패턴의 분명한 차이 때문에 흔히 우리는 그러한 차이의 이면에 있는 공통적인 특징과 공통적 지능(common intelligence)을 못 보게 된다. 문화는 인간의 마음의 거울이고, 작동하는 지능의 외적 산물이며, 또한 문화는 인간다움(humanness)의 진수(essence)이다. 문화의 핵심인 사고패턴이 개발되지 않았다면, 우리는 생존문제를 얼마 안 되는 자신의 경험과 본능적 행동(instinctual behavior)에 의존하며 혼자 해결하여야 할 것이다.

인간은 어떤 문화도 학습할 수 있는 신경학적 능력(neurological capacity)을 가지고 태어나며, 각 문화에는 그 문화를 가르칠 능력이 내재해 있다. 그런 의미에서 우리는 모두 타고난 교사(natural teachers)이다. 프랑스에 태어났으면, 우리는 프랑스인이 되었을 것이고, Kenya에 태어났다면, Masai인이 되었을지도 모른다. 우리의 두뇌는 어떤 언어도 받아들일 수 있다. 한국아동이 몇 천 단어의 듣기/말하기와 관련된 어휘와 학습된 구문론을 지니고 학교에 오는 현상은 다른 모든 사회에서도 일어나는 현상이다. 지적인 관점에서 보면, 한 언어를 배운 사람은 다른 언어도 배울 수 있었다. 수업모형에 관한 책을 예로 들면, 미국, 유럽 등의 문화권에 속하는 교육자도 아시아, 중동 등의 교육자와 마찬가지로 이 책을 이해할 수 있다.

2 유연성과 적응성

한 문화에 대한 학습은 다른 문화패턴에 대한 학습 능력을 저해하지 않는다. 신경과학은 우리의 인지적 및 정의적 기관의 유연성을 확인해주고 있다. 우리는 평생동안 학습할 수 있고, 한 가지나 한 패턴에 대한 학습은 다른 것을 학습할 능력을 감소시키지 않고, 오히려 증가시킨다. 정력, 좋은 교육과정 그리고 수업만 주어지면, 나이 든 성인도 새로운 언어를 배우고, 새로운 문화권으로 성공적으로 이주할 수 있다. 그러나 제2국어를 배우는 것은 모국어를 배우는 것과 똑같지는 않다는 것을 기억해야 한다. 전형적인 한국 아동은 수 천 개의 단어를 알고, 수년간 한국어를 듣고 말한 후에 학교에 오는 것이다. 이러한 경험이 없이 한국어를 배우기 시작하는 아동이나 40세의 성인은 한국인보다 배워야 할 것이 훨씬 많지만, 이들에게도 한국어를 배우는 것이 극복할 수 없는 과제는 아니다. 제2국어의 학습과정은, 모국어의 경우에는 듣기 및 말하기와 관련하여 많은 어휘를 가지고 학습을 시작한다는 것을 제외하고는, 모국어의 학습과정과 비슷하다(Fitzgerald, 1995).

많은 사람들은 학습능력이 나이가 들어감에 따라 급진적으로 줄어든다는 생각을 가지고 있으나, 그것은 구식의 소박한 일반화(folk generalization)로 행동과학적 입장이나 신경학적 입장에서 볼 때 적절치 못하다. 능력 쇠퇴론의 옹호자는 어린 시기에 아동의 놀랄만한 발달을 흔히 지적하나, 유아는 문화전체를 학습해야 되며, 그렇게 할 능력을 지니고 있다. 그들의 성장에 대한 극적인 이야기는 그들이 우리가 알고 있는 것, 즉 그들보다 우리가 먼저 흡수한 문화를 그들이 학습하는데 대한 놀라움 때문인 면도 있다. 많은 나이 든 사람들에게서 볼 수 있는 더딘 성장이 오해를 야기하여, 그들의 잠재적 학습능력을 제대로 볼 수 없게 하는 것이다. 많은 나이 든 사람들은 자신에게 적합하다고 생각하는 패턴에 안주하며, 자신의 생활스타일에 도움이 될 새로운 학습이 필요하지 않기 때문에, 학습을 빠른 속도로 하지 않게 되는 것이다.

중요한 것은 거의 모든 사람은 최대한도로 이용하지 못한 능력을 지니고 있기 때문에, 연령에 따라서 일반적인 학습능력이 보다 크거나 작다거나, 연령과 관련된 구체적인 적성이 있다고 하는 것은 별로 의미가 없다. 어떤 종류의 학습이 보다 쉽게 이루어지는 시기가 드러난다 하더라도, 인생의 어떤 단계에서나 사람들이 풍부한 학습능력을 가지고 있다는 것은 거의 확실하다.

3 개인차: 그 근원은 무엇인가?

우리 문화에서, 특히 교육자에게는 학습자의 개인차, 특히 학습성향(disposition to learn)과 사회성 면에서의 개인차의 원인과 이러한 개인차가 교육에 주는 시사점은 중요한 관심사가 되고 있다. 부모에게는 아동의 학습능력과 아동이 심리적으로 안정되고(psychologically stable), 사회적으로 유능할 것인지(socially competent)는 중요한 관심사이다. 현인의 말과 같이 학생들이 동일한 속도 또는 동일한 방식으로 학습하지 않는다고 하는 가혹한 사실보다 교사를 미치게 하는 것은 없다.

행동과학과 사회과학이 발생한 20세기까지 서구 사회의 많은 사람들은 거의 모두가 자학자습으로 성공한 사람들을 알면서도, 학습능력은 생물학적 유전(biological inheritance)의 결과로 믿었다. 얼마만큼의 학습능력이 타고 나는 “천성”이나 “교육” 때문인지에 대하여 열띤 논쟁이 이루어졌고, 지금도 이루어지고 있다. 학문적 지능과 다른 종류의 지능에 대한 검사를 개발하게 됨에 따라, 행동주의 과학자는 지능검사를 고정되고 유전적으로 결정되는 능력측정으로 여기는 천성 쪽에 동조하였다. 주류에 속하는 발달심리학자의 대부분은 학습능력의 반 정도는 유전적 기질로 볼 수 있고, 다른 반 정도는 출생 후의 학습에 기인하는 것으로 보는 이중적 입장(dual position)

을 취하였다(Kagan, 1994). 육아와 교육의 효율성 면에서의 차이가 아동이 학습하는 내용의 양뿐 아니라 나중에 학습할 수 있는 힘(power to learn later)에도 많은 영양을 미친다는 이유 때문에 이러한 이중적 입장은 육아(parenting)와 교육에 매우 중요하다.

신경과학 연구는 이러한 문제와 관계가 있다. Wolfe와 Brandt(1998)는 교육에 중요하다고 생각하는 신경과학 영역의 연구결과를 제시하였다. 첫째는 "두뇌는 경험의 결과로 생리적으로 변화한다"는 것이다. 둘째는 "IQ는 태어났을 때의 상태에 고정되는 것이 아니다"라는 것이다. 이 두 가지는 서로 긴밀한 관계에 있다. 본질적으로 이러한 연구결과는 발달심리학자들의 입장, 즉 우리의 학습능력의 상당한 부분은 경험의 결과라는 것을 확인하는 것이다. 일생에 걸친 경험이 능력에 영향을 미친다. 우리는 살아 있는 동안에 새로운 것을 학습하는 것에 덧붙여, 우리의 학습능력도 향상시킬 수 있다.

반 이상의 지능이 경험을 통하여 습득되며, 능력은 일생에 걸쳐서 향상될 수 있다는 생각은 많은 사람에게는 생소한 것이다. 저자가 이야기해본 많은 교사와 학부모는 거의 모든 지능이 출생 시의 상태에 고정되어 있고, 아주 적은 부분이 아주 어렸을 때에 변화할 수 있는데, 그것도 정보처리 능력의 향상(단어를 듣고 말하는 능력을 읽기와 쓰기에 전이하기)이라기보다는 정보 축적의 결과(예, 기본 철자에 대한 지식) 때문으로 여긴다. 교육자에게는 행동과학이건 물리학이건, 과학적 연구결과는 중요하다. 그러나 교육자들도 사회문화 속의 존재이기 때문에 소박한 지혜(folk wisdom)와 상충하는 연구에 주의를 기울이기는 힘들 수 있으나, 교육자는 연구결과에 관심을 기울여야만 한다.

4 학습환경과 능력: 환경의 풍요로움과 관련된 문제

만일 우리가 ① 모든 인간은 언어를 포함하는 문화를 습득하는데 필요한 학습능력을 지니고 있고, ② 학습능력은 평생 동안 지닐 수 있고, ③ 학습능력은 고정된 것이 아니고, 상당 부분이 학습되는 것으로, 일생을 통하여 계속되는 현상이라는 가설을 근거로 행동한다면, 어떤 종류의 학습이 능력이 생기게 하는지를 생각해 봐야 한다.

Wolfe와 Brandt(1998)는 신경과학적 입장에서 학습능력(learning power)의 습득은 단순히 학습양의 문제가 아니라, 축적되는 내용과 과정의 질의 문제, 그러므로 아동, 그 후에는 학생, 성인을 둘러싸고 있는 환경의 풍요로움의 문제라고 말한다. 모든 아동, 젊은이, 중년과 노년의 사람들은 매초 경험을 하고, 바로 그 1초 또는 1억 분의 1초(nanosecond)에 그들의 마음은 경험을 처리한다. 그러나 모든 경험이 학습능력에 동일한 정도로 기여하는 것은 아니다.

가정과 학교환경에 존재하는 문화의 풍요로움 면에서 문화의 문제를 살펴보자.

인생이라는 여행, 정보 아이디어 기술 가치관 사고방식의 덩어리인 문화 속의 여행을 막 시작한 유아에 대하여 생각해보자. 생각의 내용과 과정 면에서 다양한 층으로 이루어진 문화라는 덩어리에 대하여 생각해보자. 가장 높은 수준에서, 문화에 대한 모든 정보는 그 정보를 조직하는 가장 강력한 개념의 형태, 그 정보에 대한 가장 강력한 사고형태로 존재한다. 가장 낮은 수준에는 정보도 거의 없고, 그 정보는 기본적인 방식(rudimentary ways)인 기계적인 암기, 직접적인 보상과 처벌을 이용하여 처리된다.

가정과 지역사회, 학교의 교육과정과 수업패턴에는 이와 같이 서로 다른 수준이 존재하며, 아동은 이러한 환경에서 삶을 시작하는 것이다. 다시 말해, 문화적 환경의 풍요로움은 모든 아동에게 동일한 형태로 제시되는 것은 아니다. 아동에 따라서는 문화내용의 전체, 문화의 가장 강력한 문제해결 과정을 경험하는 아동도 있고, 이러한 것들을 비교적 덜 경험하는 아동도 있다.

이러한 환경의 차이로 어떤 결과가 일어날 수 있을까? 생물학적으로 다양한 수준의 학습능력을 지니고 있는 아동에게 정보, 개념, 기능, 학습능력

면에서 차이가 나게 될 것이다. 풍요로운 환경에서는 생물학적으로 보통 정도의 학습능력을 타고난 아동이 효과적으로 학습하게 될 것이며, 빈약한 환경에서는 생물학적으로 탁월한 학습능력을 타고난 아동은 따분한 내용과 제한된 정보처리 도구를 경험하게 될 것이다.

나이 든 학생이나 성인의 경우도 마찬가지다. 같은 정도의 문자해득력을 지닌 성인의 경우를 생각해보자. 한 사람은 독서를 많이 하고, 도전적인 교육경험과 일에 대한 경험을 추구하고, 다른 한 사람은 책을 거의 읽지 않고, 새로운 것을 요구하지 않는 일을 하려고 한다. 이들을 잠시 살펴보면, 전자는 점점 더 많은 지식, 기술, 학습능력을 개발하는데 반하여, 후자는 같은 수준에 머문다는 것을 알게 될 것이다.

사람이 변할 수 있고, 환경이 사람을 생산적으로 변화시킬 수 있다는 것은 좋은 소식이다. 풍요로운 내용, 풍요로운 과정은 함께 보다 큰 발전이 가능하게 하며, 연령은 장애가 되지 않는다.

또 하나의 좋은 소식은 거의 모든 사람이 효과적으로 문제해결을 하며, 질 높은 생활(good quality of life)과 사회적으로 생산적인 생활형태(socially productive mode of living)를 누릴 수 있다는 것이다. 실제로 모든 아동이 잘 읽고, 잘 쓰고, 인간 지능의 모든 차원에서 유능해질 수 있다(Gardner, 1983). 실제로 다양한 사회에서 인간의 잠재적 능력이 다양한 정도로 드러나고 있다. 2000년이 넘게 유태인은 다양한 나라와 문화권에 퍼져 거의 100%의 문자 해득률을 나타내고 있다. 핀란드에서는 높은 수준의 학습수준(standards of learning)을 나타내는 고등학교를 모든 학생이 졸업하고 있다. 한국과 일본에서도 거의 모든 학생에게 모든 면의 교육이 성공적으로 이루어지고 있다. 그리고 그 핵심은 아마도 이러한 나라나 민족에서는 학생들이 제한된 형태의 문화가 아니가 문화 전체를 접할 수 있기 때문일 것이다.

다양한 수업모형을 개발한 목적은 풍요로운 환경을 제시하여, 실제로 거의 모든 학생들이 높은 수준의 성장을 이루고, 기본적이고 제한된 교육만 받는 것이 아니라, 능력을 개발하여 성장하고, 자신과 주변 사람들을 위하여 질 높은 삶을 성취하도록 하는 것을 돕기 위해서이다.

그러나 학구적이나 예술적인 면이 아닌 다른 측면에서 풍요로운 환경도 있다. 다른 환경에서도 사람들은 높은 수준의 유능성과 학습능력을 개발할 수 있다. 그다지 좋지 않은 동네근처의 상업지구에 사는 아동도 많은 학습 기회를 가질 수 있다. 그러나 그렇게 학습한 것(street-smart)은 학교에서 가르치려고 하는 것과는 다르다. 학교 교육과정은 학문적 교과목과 예능교과를 중심으로 이루어지며, 그러한 내용을 풍요롭게 제시하려고 노력한다. 생활 속에서 영리해지는 것도 의미 있지만, 이러한 것은 학교에서 가르치려고 하는 일이 아니다. 학교의 일은 어떤 문화에서 개발된 것이든 이미 개발된 지능을 이용하여 학교가 가장 잘 제공할 수 있는 내용을 학습하도록 하는 것이다.

지금까지 행동과학과 교육에 관하여 이루어진 연구에 근거를 두고 교육과정과 수업모형이 이루어져 왔지만, 신경과학에서도 우리가 무엇을 이떻게 가르칠 것인가를 생각할 때 고려해야 할 매우 흥미롭고 자극이 되는 연구결과와 가설을 이끌어내고 있다. 우리는 사람들이 공통적으로 가지고 있는 것이 얼마나 많은지를 알아내고, 학생들의 학습능력 향상을 위하여 무엇을 도울 수 있을지를 탐구해야할 필요가 있다. 지능은 유전되는 것이고 능력은 나이가 많아짐에 따라 감소한다는 행동과학의 아이디어에 대하여 신경과학은 도전을 하며, 또한 차이점보다는 공통점을 강조하는 가운데 문화 내 그리고 문화 간에 얼마나 많은 공통점이 있는지를 일깨워준다.

참고문헌

Fitzgerald, J.(1995). English-as-a-second-language learners' cognitive reading processes: A review of research in the United States. *Review of Educational Research,* 65(2), 145-190.

Gardner, H.(1983). *Frames of mind: The theory of multiple intelligence*. New York: Basic Books.

Joyce, B., Weil, M., & Calhourn, E.(2000). *Models of teaching*(6th ed.). Boston: Allyn & Bacon.

Kagan, S.(1990). *Cooperative learning resources for teachers*. San Juan Capistrano, Calif.: Resources for Teachers.

Wolfe, P., & Brandt, R.(1998). What do we know from brain research? *Educational Leadershi*p, 56(3), 8-13.

Chapter 02 수업전문가들이 이루는 학습사회

교육계에서는 교수와 학습에 대하여 끊임없이 연구하는 분위기로 특징지어지는 새로운 종류의 전문가 사회(professional community)의 개발이 절실히 요구되고 있다. 이 장에서는 생겨나기를 바라는 전문가 사회에 대하여 기술하고, 교사와 교사지망생이 교수활동에 대한 지식과 기술을 증가시키기 위하여 어떻게 함께 노력할 수 있는지에 대하여 논의해 보려고 한다.

연구결과에 따르면 교사는 유능한 학습자이다. 교사들은 적절한 조건만 주어지면, 어떤 교수전략도 숙지할 수 있고, 어떠한 의미 있는 교육과정도 실천에 옮길 수 있다. 또한 교사의 동기유발 정도를 비판하고, 그들의 학습의욕과 학습능력을 염려하고, 교직을 개선하는 유일한 방법은 구성원을 바꾸어야 한다는 생각은 잘못된 것이라는 것이 명백하다. 교수기능에 관하여 이루어진 많은 연구들은 교수활동에 대한 지식을 확대하려고 하는 교사와 교사지망생들에게 좋은 기초지식을 제공하고 있다. 새로운 학습에서 어느 정도의 불편을 경험하는 것은 불가피하지만, 교사와 교사지망생은 그 성격과 대처방법만 이해하면 불편에 따른 고통을 이겨낼 수 있다.

1 탐구의 중심으로서의 학교

학교의 풍토는 매우 개인적으로, 일상 업무와 관련하여 상호작용이 별로 이루어지지 않을 수 있다. 집단적인 활동이 없이는 학교에서는 개인활동으로는 해결할 수 없는 문제를 다루기 힘들다. 업무활동과 교수행위와 교육과정에 대한 연구가 균형 있게 이루어지지 않는다면 학교는 쇠퇴하여 주변사회의 요구에 순응하는 방향으로 갈 수 있다. 학교 문화를 동료 간의 협력적 문제해결, 교육과정과 교수활동에 대한 연구의 진전에 대한 탐구 쪽으로 방향을 전환하는 것이 중요하다(Schoen, 1982).

문제를 생산적으로 다루고, 혁신에 대한 탐색이 이루어지며, 동료 간에 협력이 잘 이루어지는 조직으로 변화시키기 위하여 학교를 재조직하기 위한 강력하고 계시적인 학교에 대한 모형들(powerful and visionary models)이 있다. 1967년에 교육과정의 학구적인 내용을 개선하고, 탐구에 학생들을 참여시키고, 교사들을 위하여 동료 간에 협력적인 학교풍토를 조성하려는 움직임이 한창인 때 쓰여진 글에서 Robert Schaefer는 근무지로서의 학교(school as workplace)라는 참신한 개념으로 이러한 움직임을 종합하였다. 그의 글의 핵심은 학구적인 탐구에 학생을 참여시킬 뿐 아니라 교사들을 교수와 학습에 대한 계속적인 탐구에 포함시킬 것을 주장하는 것이었다. 교사들이 새로운 절차와 수업자료를 개발하고 실제로 이용한다면, 교수활동에 대하여 실험하는 것은 자연스럽게 협력적으로 이루어지는 활동이 될 것이다. 협력하는 교사사회에 대한 개념, 교육에 대한 지식이 새롭게 나타나고 있다는 것에 대한 인정, 미래의 교육과학이 현장에서 이루어지는 탐구를 근거로 형성될 것이라는 신념, 교직원에게 권한이 부여되는 조직에 대한 생각 등을 함께 제시하는 가운데, Schaefer의 글은 교직에 대한 전망을 표현하고 있다.

여러 학자에 의하여 유사한 개념이 제시되어 왔다(Goodlad, 1984; Sizer, 1985). 팀티칭에 대한 다양한 모델(예: Joyce, Hersh, & McKibbin, 1983)에서도

동료 간의 협력적, 탐구지향적 연구 형태가 포함되어 있다. 문제는 실천에 있었다.

2 스터디 그룹과 코칭 팀: 전문가인 교육자들이 이루는 학습사회

Showers(2000)는 학습에 도움이 되는 스터디 그룹을 광범위하게 이용할 것을 권한다. 모든 교사와 행정가가 연구 면에서 서로 지원하는 2~3명으로 이루어지는 코칭 팀의 구성원이 되고, 각 팀은 1~2팀과 연결되어 6명 이내로 이루어지는 스터디 그룹을 형성한다. 학교에서 교장과 각 스터디 그룹의 지도자는 교직원 개발/학교 개선 협의회를 구성한다. 한 학구 내에서 한 고등학교와 이 학교에 학생들을 보내는 학교로 이루어진 팀(district cluster)에서는 각 학교 대표가 District Cluster Network Committee의 구성원으로 학구와 학교 간의 교직원 개발 노력을 조정하며 교직원 개발 책임자와 함께 일한다.

그림 2-1

교육구의 교직원개발 관리구조

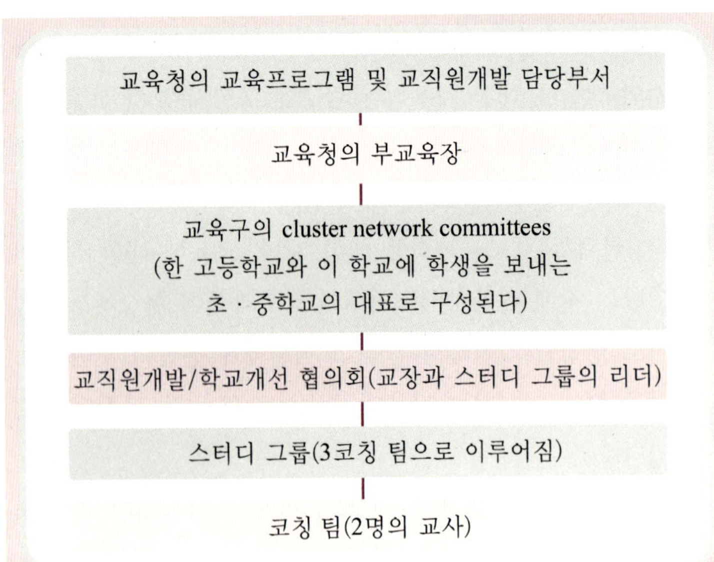

코칭 팀의 교사들은 서로 '코칭 파트너'의 교실을 방문하고, 서로 수업을 관찰하고 돕는다. 그리고 해마다 1~2개의 교수전략에 초점을 맞추고, 내용을 숙지하여 학급에서 실험을 해보기로 한다.

학교에서 이루어지는 워크샵에서는 첫 시간에 수업전략의 이용, 이론적 기초, 아동의 반응에 대한 논의가 이루어진다. 두 번째 시간에 수업전략에 대한 시범이 교사를 대상으로-다음에 그들이 학생을 대상으로 할 수업과 같은 수업-자문에 의하여 이루어진다. 워크샵의 끝부분에서 자문은 아동을 대상으로 수업한다. 그리고 그는 교사와 학생 모두에게 교수전략에 대한 설명을 한다. 아동들이 돌아간 후에 수업과 다양한 아동집단에 대하여 어떻게 변화시킬 수 있는지에 대하여 논의한다.

각 팀의 교사들이 돌아가며 서로를 대상으로 수업하며, 다른 교사가 수업전략을 익히는 것을 본다. 그리고 팀에서는 모범 수업(prototype lessons)을 다음 2주에 하기로 한다. 이런 과정을 통하여 그들은 새로운 교수전략을 학습하고 이와 관련된 기능을 개발하는 것은 어렵지 않지만, 10번 이상 실제로 이용하기 전에 모두가 마음이 편하지 않다는 것을 알게 된다. "보다 우수한 수업을 하는 교사일수록, 더 마음이 불편해 합니다, 왜냐하면 수업이 잘 이루어지는데 익숙해져 있기 때문입니다."

5~6회 학생을 상대로 시도해 본 후에, 좀 편하게 된다. 그 후 교사들은 서로에게 시범수업을 한다. 그리고 서로 피드백을 한다. 대부분의 교사들은 비판적인 논평을 하기보다는 참관한 수업으로부터 배우려고 노력하는 자세이다.

2~3개월 후에, 교사들이 새 수업전략을 10번 이상 시도해 본 후에, 교사들은 그 전략을 자기 것으로 만들었다는 느낌을 받는다. 그리고 처음의 불편한 마음은 자신감으로 바뀐다.

교사들은 새로운 모형을 학습할 때 서로를 관찰하고, 동반자로서 서로 학생들을 적절히 지도하는 것을 배우는 것을 도우며, 수업 중에 수업모형을 적절히 이용하는 방법을 생각해내는 것을 서로 돕고, 서로에게 아이디어를 제공한다. 고도로 동기유발이 된 사람에게도 새로운 모형을 효과적으로 이용할 수 있으려면 계속적인 연습이 필수적이다.

한 가지 교수전략을 숙지하기 위하여 위에서 제시한 방법은 일반적인 교직원개발 절차보다 훨씬 복잡하고 시간이 많이 걸린다. 그러나 이보다 노력을 덜 한다면 대부분의 사람들은 원하는 만큼 교수모형을 숙지하기 힘들다. 왜 그럴까? 그 이유는 전이(transfer) 과정의 성격 면에서 볼 때, 복잡한 교수기술을 이미 가지고 있는 교수에 대한 지식과 기술에 통합하여 자신의 것으로 만드는 데는 시간과 노력이 필요하기 때문이다.

3 수평적 전이와 수직적 전이

전이(transfer)는 어떤 종류의 자료나 기능을 학습한 효과 또는 새로운 것을 학습할 능력을 가리킨다. 어떤 종류의 체육기능을 연습한 것이 다른 종류의 기능을 학습할 능력을 증가시킬 때, 전이가 일어나고 있는 것이다. 교수활동에는 본질적으로 계속적인 적응(adaptation)이 요구된다. 즉, 교수활동에서는 매 순간, 매 상황에서의 문제를 해결하기 위하여 새로운 학습이 요구된다. 교수기술(teaching skills)과 교수전략(teaching strategies)은 교사들이 문제를 해결하여 학생들을 보다 효과적으로 지도하는 것을 돕기 위하여 고안된 것이다. 새로운 교수전략을 숙지하기 위하여 교사는 교수전략을 구성하는 교수기능을 알아야 하며, 교수기능은 워크샵과 같은 훈련상황에서 개발할 수 있다. 그리고 나서 교사는 교수전략을 적절히 이용하고 학생들과 수업상황에 따라 적절히 조정하는 능력을 포함하는 교수전략의 실천에 대한 통제력(executive control of the strategy)을 습득한 필요가 있다. 실천에 대한 통제력은 방대한 양의 새로운 학습을 통하여 이루어지며, 이러한 새로운 학습은 학급에서의 연습을 통하여 이루어질 수 있다. 새로운 교수전략을 숙지하는 이 단계에서 수평적 전이(horizontal transfer)와 수직적 전이(vertical transfer)를 구별하는 것이 중요하다.

수평적 전이는 문제해결을 위하여 훈련상황에서 배운 것을 그대로 이용할 수 있는 상황을 가리킨다. 수직적 전이는 새로운 기술이 근무지의 상황에 따라 적절히 조정되지 않으면 문제해결에 이용될 수 없는 상황, 즉 효과적으로 문제를 해결하기 위하여 학습의 확장(extension of learning)이 요구되는 상황을 가리킨다.

1) 실천에 대한 통제력을 개발하기

교수기술이 실천에 옮겨지는 상황은 기술이용이 요구되는 상황과 실천자의 판단 결과로 실천되는 상황의 두 가지로 나누어 볼 수 있다. 군대나 산업체의 경우에는 "표준화된 운영 절차(standard operating procedures)"를 개발하는데 상당한 노력이 이루어진다. 기술 확인과 기술이용에 대한 원칙이 치밀하게 정의될수록 피고용자가 이용할 수 있는 자유재량권이 줄어들게 된다. 공장근로자의 경우에는 고장이 났을 때 그들이 판단을 내릴 기회가 최소화되는 가운데 상위 감독자에게 맡기도록 되어있다.

현재와 같은 조직하에서 교사의 일은 공장근로자의 일과는 달리, 미리 결정된 원칙에 따라 차례대로 이루어져야 하는 일련의 목표관련 활동으로 구성되어 있지 않다. 그러므로 교사교육의 내용은 일련의 표준화된 운영절차를 참고로 조직될 수 없다. 결국 교사가 일련의 교수전략, 다양한 목표 및 학생과 관련하여 전략의 적절성을 학습할 때, 이러한 기술의 실제상황에서의 전이는 대체로 교사 개인에게 달려 있게 된다.

2) 코칭의 과정

교사들이 스스로 돕는 공동체(self-help community)가 되도록 돕는 것은 전이가 이루어지도록 하는데 필수적이다. 연수 시에 코칭 팀(coaching teams)을 조직하여, 모든 직원이 자신을 코치로 여기는 환경(coaching environment)을 조성하는 것이 바람직하다.

코칭에는 다음의 3가지 중요한 기능이 포함된다.

- 동료 간에 협력적 관계를 형성하기
- 적용한 것에 대한 분석: 실천력의 확대
- 학생에 따라 조정하기

(1) 동료 간에 협력적 관계를 형성하기

코칭의 첫째 기능은 어려운 과정에 대하여 다른 성인과 의견을 교환할 기회를 제공하는 것이다. 서로 코칭하는 관계(coaching relationship)을 통하여 함께 반성적 사고를 하고, 지각을 검토하고, 성공과 좌절을 나누고, 함께 문제라고 여기는 것에 대한 비형식적인 사고(informal thinking through)를 할 수 있게 된다. 두 교사가 서로 새로운 모형을 처음 시도하는 것을 보는 가운데 서로 이야기할 것이 많을 것이다. 동료 간의 협력적 관계를 통하여 교사들은 문제가 생기는 것이 정상이라고 여기며 안심하게 될 것이다. 교사들은 새로운 절차를 연습할 때 자신들의 습관적이며 무의식적인 교수패턴이 장애가 되는 것을 알게 된다. 익숙하지 못한 방법과 아이디어에 생각을 집중하며, 그들은 필수적으로 당면하게 되는 사소한 잡다한 것들을 잊게 된다. 동료 간의 협력적 관계는 훈련과정을 전문 기술적인 측면에서 보다 쉽게 할 뿐 아니라, 경험의 질도 향상시킨다. 새로운 것을 혼자 하는 것보다는 함께 하는 것이 훨씬 더 즐겁다.

그밖에도 관찰에서 오는 중요한 이득을 관찰자가 경험하게 된다. 가르치는 사람이 "코치"가 되는 것이다.

(2) 적용한 것에 대한 분석: 실천력의 확대

전이 시기에 학습하는 가장 중요한 것 가운데 하나가 새로운 모형은 언제 적절히 이용할 수 있으며 그 결과 무엇을 성취할 것인지를 아는 것이다. 새로운 교수전략을 이용할 적절한 시기(right spots)를 선택하는 것은 쉽지 않다. 거의 모든 사람이 적절한 시기를 포착하는 것을 배워야 한다. 학습 초기에서부터 사람들은 "하루 종일 탐구하였으나, 별로 이룬 것이 없다"는 생각을 흔히 하게 된다. 우리는 대부분 우리가 얼마나 성취하였고, 우리가 수업모형을 이용하는 방식을 조정하여 얼마나 성취를 할 수 있는지를 알아내기 위하여 도움이 필요하다. 훈련하는 동안 코칭 팀은 교육과정 자료와 계획을 살펴보고, 후에 이용할 수업모형의 적용에 대한 연습을 하는 데에 많은 시간을 소비해야 한다. 그리고 전이과정(process of transfer)이 시작되면, 수업의 실제에서는 적절히 이용하고 있는지에 점점 더 초점이 맞추어야 한다.

(3) 학생에 따라 조정하기

새로운 교수모형의 이용에 대한 학습에서는 학생에게 가르치는 방법에 대한 학습에 많은 노력을 하게 된다. 성공적인 교수활동이 되기 위해서는 학생의 성공적인 반응이 필요하다. 교사들은 일상의 수업활동에서 학생들이 몰두하도록 하는데 익숙하다. 그러나 새로운 수업모형을 접할 때 학생들은 문제에 당면하게 된다. 학생들은 새로운 기술을 배우고, 그들에게 기대되는 것을 이해하고, 새 교수법이 요구하는 것을 충족시키는 방법을 알아야 하고, 자신의 진전도를 측정하는 방법을 배울 필요가 있다. 또한 수업모형은 서로 다른 학생집단에 맞추어 조정되어야 한다. 집단에 따라서는 보다 많은 훈련이 이루어져야 하는 집단이 있고, 보다 더 구조화시켜야 하는 집단도 있을 것이다. 초기 단계에서는 학생에 따라 조정하는 것은 비교적 힘들고, 많은 직접적 지원과 동료의 지원이 요구된다.

코치의 중요한 역할 중에 하나는 수업하는 교사가 학생의 반응을 알고, 어떤 기술훈련이 필요하고, 모형을 어떻게 조정해야 하는지에 대하여 올바른 의사결정을 하도록 돕는 것이다. 이것은 연습의 초기 단계에서 교사들이 자신의 행동을 관리하느라고 학생에 대하여 염려할 여유가 없을 때 특히 중요하다.

새로운 교수법을 연습할 때 교사는 이미 알고 있는 교수법을 이용할 때와 비교하여 능력이 부족하게 된다. 새로운 교수법을 시도할 때 거의 모든 교사는 더듬게 된다. 학생들도 교사가 불안정한 것을 알고는 평소와는 달리 교사가 덜 안정된 상태이고 믿음직스럽지 못하다는 것을 그들이 알고 있다는 것을 교사가 느끼게 만든다. 이러한 때 교사는 낙담하게 된다. "그 교수법을 시도해 보았는데, 성공적이지 못했어"라는 것은 교수법 자체에 대한 성패를 가리킬 뿐 아니라 교수법을 시도해보는 초기에 느끼게 되는 실망을 가리킨다.

새로운 교수법을 성공적으로 이용하기 위해서는 연습이 필요하다. 코칭팀이 해야 할 중요한 일 가운데 하나는 팀의 구성원이 새로운 교수법을 시도해 보는 초기에 편안하게 느끼도록 돕는 것이다.

직전교육은 스터디 그룹 관계(study-group relationship)를 형성하는데 이성적이다. 교사지망생과 협력교사가 자연스럽게 코칭 파트너관계를 형성하고, 서로 지원하고 아이디어를 교환하는 가운데 교수-학습기술을 함께 탐색하게 되는 것이다.

참고문헌

Goodlad, J.(1984). *A place called school*. New York: McGraw Hill.

Joyce, B., & Hersh, R., & McKibbin, M.(1983). *The structure of school improvement*. New York: Longman.

Joyce, B., Weil, M., & Calhourn, E.(2000). *Models of teaching*(6th ed.). Boston: Allyn & Bacon.

Schoen, D.(1982). *The reflective practitioner*. New York: Basic Books.

Sizer, T. R.(1985). *Horace's compromise: The dilemma of the American high school*. Boston: Houghton Mifflin.

Chapter 03 학습 스타일과 수업모형: 불편과 생산성

이 장에서는 학습 스타일과 수업모형의 관계, 개인차와 함께 학생들이 다양한 수업모형으로부터 효과적으로 학습하도록 지도하는 방법에 대하여 살펴본다.

수업모형과 관련하여 알아두어야 할 것이 두 가지 있다. 하나는 수업모형은 최상의 결과를 가져오려면 정확히 이용되어야 하는 고정된 융통성 없는 수업형식(fixed, inflexible formula of teaching)이 아니라는 것이다. 둘째는 학습자는 변하거나 성장하지 않는 고정된 학습스타일(fixed style of learning)을 가지고 있지 않다는 것이다. 수업모형은 융통성을 지니고 있으며, 학생은 학습능력이 매우 크기 때문에 적응성(adaptability)을 지니고 있다는 것이다.

수업모형의 성격을 살펴보면, 근본적으로 개인적 모형군(personal families)은 학습자의 특이성(uniqueness)을 강조하며, 각 모형에서는 학생들이 자신의 성장을 책임지고 관리하도록 돕는다. 사회적 모형들(social models)은 이질적인 마음과 특성의 상호작용에 의하여 생기는 상승작용(synergy)에 근거를 두고 있다. 집단탐구모형(group investigation model)은 학구적 및 사회적 문제에 대한 서로 다른 지각으로부터 학습을 위한 에너지를 이끌어내고 있다. 행동모형(behavioral models)에서는 학습속도와 과제의 복잡성을 학생의 능력과 선수학업성취에 따라 조정하는 능력을 수업계열 속에 집어넣었다.

교사는 수업모형을 정보, 개념, 기술, 가치분석 등을 가르치기 위하여 이용할 뿐 아니라, 학생들에게 스스로 학습하기 위하여 각 모형의 전략을 이용하는 방법을 가르친다. 각 수업모형은 학습모형-현재와 미래에 당면할 수 있는 문제를 해결하는 스타일을 확대하는 것을 돕는 방법-으로 볼 수 있다.

학생들에게 새로운 내용과 학습 스타일을 접하도록 할 때, 학생들은 다양한 정도의 불편을 경험하게 되는 것이 불가피하다. 이와 관련하여 교사는 학생들이 불편을 생산적으로 관리하도록 지도해야 한다. 해결해야할 딜레마는 진정한 성장을 위하여 우리는 흔히 학습자들을 불편하게 만들어야 하며, 학습자들이 익숙하지 않은 상황에 대처하도록 도와야 한다는 것이다.

1 불편과 학습

의미 있는 학습은 흔히 불편을 수반하고, "학습자는 대답을 모를 때, 학습한다"(Thelen, 1960). Thelen의 집단탐구모형은 "학습자를 자극하는 상황으로 시작하고, 이 상황에서 학생은 반응을 보이고 그들의 태도, 아이디어, 지각양식이 기본적으로 상충하는 것을 발견한다." Thelen은 "많은 교실에서 볼 수 있으며 토론(argumentation)을 줄이는 경향이 있는 편안함과 적응이라는 규범(norm of comfort and accommodation)의 효과와 효과적인 수업을 특징짓는 불편한 과제에 대한 관심을 환기시키고 있다.

심리학자인 Carl Rogers에 의하면 학습자로서 우리는 우리가 안전하게 느끼는 영역에 국한하려는 경향을 지니고 있다고 하며, 교사의 중요한 과제는 학습자가 두려움에 싸여 있는 영역에 관심을 갖도록 돕는 것이다. 성장하려면 학습자는 불편을 인정하고 받아들여야 하고 두려움의 장벽을 없애는 과제를 준비하여야 한다. 교육자의 과제는 학습자에게 제한을 가하는 환경적 구속을 제거하고 새로운 발달은 적극적으로 추구하도록 도와야 한다.

Maslow에 의하면 자아실현(self-actualization)이란 사람들이 모험을 감행하고, 위험을 무릅쓰고 시도하도록 할 뿐 아니라, 익숙하지 않은 기술을 시도할 때 느낄 수밖에 없는 불편함을 견디어 내는 상태이다. Maslow의 개념은 아동 및 교사에게 모두 적용된다. 다양한 교직원 개발 활동을 경험하는 교사에 관한 연구에서, 교사의 자아개념(self-concepts)은 학급상황에서 지식과 기술을 이용하는 능력에 대한 중요한 예언치였고(McKibbin & Joyce, 1980), 성공적인 교직원개발의 중요한 요소는 사람들이 새로운 수준의 유능성을 위하여 노력하는데 따르는 불편을 성공적으로 처리하도록 돕는 것이다.

대부분의 발달단계 이론(developmental stage theories)도 단계에 따른 성장뿐 아니라 보다 높은 수준의 발달을 이루기 위하여 필요한 정지(arrestation)와 조절(accommodation)도 강조한다. 예를 들면, Piaget에 의하면 새로운 정보의 동화(assimilation)는 궁극적으로 계속되는 발달단계로 안내하는 조절(accommodation)을 야기하게 된다. 그러나 모든 사람이 Piaget의 발달단계에 따라 발달하는 것은 아니고 정지도 가능한 것이다. 어떤 발달단계에서의 편함이 도전을 받지 않는다면, 학습자는 인지구조 면에서의 도약 없이 행복하게 지낼 것이다.

Hunt(1971)에 의하면 환경이 학습자의 발달단계와 완벽하게 어울리면, 학습자는 그 단계에 정지하기 쉽다. Thelen과 달리 Hunt는 불편(discomfort)이 성장의 전조(precursor)라고 한다. 발달을 자극하기 위하여, 고의로 학생들과 환경을 어울리지 않게 짝지어 학생들이 익숙해 있는 패턴을 유지하지 않고 보다 더 복잡한 쪽으로 진행하도록 한다. 이때 학생의 개념체제(conceptual systems)가 당황해하지 않으며 도전감을 느끼도록 가장 적절한 정도로 어울리지 않게 짝짓는 것(optimal mismatch)이 중요하다.

교사훈련에 대한 연구에서도 교사의 새로운 수업모형 학습과 "불편 요인(discomfort factor)"을 다루고 있다(Joyce, Peck & Brown, 1981). 교사들은 다양한 수업모형 및 관련 기술에 관한 이론을 공부하고, 수업모형에 대한 시범을 몇 번 보고(15~20번), 주의깊게 제시되는 피드백을 받으며 12번 정도 연습하면 수업모형 및 관련기술을 배울 수 있다. 그러나 교사들은 새로운 교수법을 이용하려고 할 때, 상당한 불편을 경험하게 된다. 약 5~10%의 교사만이 새로 배운 교수법을 다른 사람의 도움없이 불편을 처리할 수 있었다. 동료로 이루어지는 스터디 그룹(peer study group)의 중요한 기능은 불편한 시기(period of discomfort)를 넘기는데 필요한 지원을 하는 것이다. 개념 수준(conceptual level)이 높은 교사일수록 새로운 수업모형을 보다 완전히 숙지하였고, 더 이용하는 경향이 있었다. 또한 개념적으로 보다 유연한(conceptually flexible) 교사일수록 불편한 과정을 보다 효과적으로 관리하였다.

새로운 교수전략의 이용에 관련된 교사의 일 가운데 중요한 부분은 학습자가 새로운 교수법으로 학습하는데 필요한 기술을 습득하도록 돕는 것이다. Hunt 등(1981)에 의하면 거의 모든 학생들이 다양한 교수전략에 반응할 수 있었으나, 학생들의 반응에는 상당한 개인차가 있었다. 높은 정도의 구조화를 요구하는 학생들(낮은 개념수준)은 구조화 정도가 낮은 교수전략에 대하여 불편해하였으며, 독립적 활동을 선호하는 학생들은 구조화 정도가 높은 교수전략에 대하여 불편해하였다. 이상하게도 수업모형이 학생의 평상시의 학습 스타일과 어울리지 않을수록, 학생들에게 도전감을 주어 학생들은 불편한 시기를 지나기 위하여, 그리고 학습환경과의 생산적인 관계를 가능하게 하는 기술을 개발하기 위하여 긍정적이 자세(affirmative stance)를 취하였다.

의미 있는 성장(significant growth)을 위하여 불편이 필요하다는 공식(formulation)이 서서히 개발되었다. 환경과 학생이 너무나 조화롭게 되면, 학생은 성장을 위한 도전(challenge of growth)이 요구되지 않은 편안한 수준에서 활동하게 된다. 학생이 성장하는 것을 돕기 위하여 우리는 역동적 불안정 상태(dynamic disequilibrium)를 일으킬 필요가 있다. 불편을 최소화하는 방식으로 교수법을 학생에게 어울리도록 하기보다는 교사에게 주어진 과제는 학생을 얼마 동안 불편하게 할 새로운 교수법을 학생들이 경험하도록 하는 것이다.

2 학습자의 한계

한계(marginality)란 학습자가 교육환경과 관계를 맺고 이로부터 도움을 얻기 힘들 때 존재하는 상황을 가리킨다. 일반적으로 많은 교육자들은 학습능력이 낮은 한계 학습자(marginal learners)에 대하여 관심이 있으며, 학업성취가 낮은 학생들을 위하여 학교환경을 보다 생산적으로 만들기 위한 방법을 찾고 있다. 한계(marginality)라는 개념을 고려한다면, 불편과 성장이라는 개념을 직접적으로 연결할 수 있을 것이다. 학습자가 교육환경에 연결되는 정도가 아주 낮으면, 우리는 환경을 바꾸고 "편함에 대한 규범(norm of discomfort)"을 재확립하여 학습자가 환경과의 관계에서 보다 편안함을 경험하도록 할 것이다. 사실 학생들이 경험하는 불편은 학생들이 새로운 성장의 상승단계(plateau of growth)에 이르도록 돕기 위하여 우리가 어떻게 해야 되는지를 암시할 수 있다.

1) 학습자에 대한 기본가정

첫째 가정은 학습자들이 한 나라의 문화를 구성하는 행동패턴, 문화유물(artifacts), 인식(cognition) 등을 접하는 가운데 어느 정도 문화에 적응(enculturation)되어 있다는 것이다. 학생들은 보통사람들보다 적은 어휘(vocabulary)를 지니고 있을 수도 있으나, 모국어의 기본적인 언어적 특성을 내면화해 가지고 있고, 문화적 과정의 참여자였고, 사회에서 행동하는 성인에 대한 관찰자였다. 다시 말해, 학습자-학업성적이 낮은 한계학습자의 경우에도-는 문화적 경계 내에서 상대적으로 세련되지는 못하더라도, 다른 사람들과 문화적으로 다르지는 않다.

둘째 가정은 일반적으로 우리가 측정하는 지적 능력의 차이는 특정한 학습목표의 숙지와 관련하여 본질적으로 시간의 차이로 해석될 수 있다는 입장이다(Carroll, 1971; Bloom, 1971). 덜 지적인 학습자의 경우에 학습할 수 있는 것이 문화적으로 다르지 않으나, 문화 속에 있는 어떤 지식을 습득하는 데 더 많은 시간이 요구될 수 있다.

셋째 가정은 주어진 환경과 생산적으로 관계를 맺지 못하는 무능력에 부쳐지는 사회적 낙인(social stigma)이 있다는 가정이다. 적응하지 못하는 학습자는 다른 사람에 의하여 낙인이 찍히며, 더 피해가 큰 것은, 학습자 자신이 문화 규범을 내면화하고, 규범에 적응을 못 하고 스스로를 낙인찍을 것이다. 공식적인 교육기관에서 나타나는 것과 같이 교육은 공적 활동(public activity)으로 한계 상황이 존재하고 이에 따라 부작용이 드러날 때 사회의 강력한 힘이 학습자에게 닥치게 된다. 학업성취가 낮은 한계 학습자(marginal learner)는 첫째는 좌절감을 느끼게 됨으로, 둘째는 다른 사람들에 의하여 낙인이 찍힘으로 또는 자신이 낙인을 찍음(self-stigmatization)으로 두 번 처벌을 받는 것이다.

넷째 가정은 학습자가 융통성이 있다는 것이다. 학습자는 고정되어 있지 않고 성장하는 존재(growing entity)이며, 상당한 적응력(adaptive capacity)을 가지고 있다는 것이다. 거의 모든 학습자는 너무 불편하게 느끼도록 하는 상황이 아니라면, 그리고 주어진 환경과 생산적으로 관련을 짓도록 도움이 주어진다면, 다양한 학습환경과 관계를 맺을 잠재력을 지니고 있다.

2) 학습환경에 대한 기본 가정

(1) 문화와 학습환경

문화적인 측면에서 보면, 학습환경도 우리가 살고 있는 사회문화의 변화형(variation)이다. 그리고 수업모형의 형성자인 학자, 교사는 학습자와 동일한 문화권에 속한다. 지난 25년 동안 많이 이용되어온 모든 교수법은 미국이라는 서구사회에서 형성된 것이다. 사회 문화, 학교 문화가 우리의 문화와는 다른 점이 많은 사회에서 형성되고 이용되는 것이기 때문에 그러한 교수법을 정확히 이해하고, 이를 근거로 적절히 실천하기 힘든 것이 사실이다. 그러나 민주시민 육성이라는 궁극적인 교육목적이 동일하고, 국가사회가 민주이념에 기초하고 있으며 계속 보다 더 민주적 사회로 발전하려고 노력하는 점이 동일하기 때문에 이러한 교수법은 우리의 교육에도 많은 시사점을 줄 수 있고, 주어왔다. 그러나 특히 학교현장의 다양한 여건이 서로 다르므로 교육현장에서 끊임없이 현장연구를 통하여 적용가능성을 탐색하고, 그 결과에 대한 폭넓은 논의를 통하여 우리의 현재에 적합한 것을 찾아보려는 노력이 필요하다.

(2) 개별화와 환경

학습자가 환경과 효율적이고 편하게 상호작용할 수 있는 면에서, 각 학습환경은 학습자에게 다양한 반응을 일으킨다. 대체로(loosely speaking), 학습스타일과 학습을 위해 계획된 환경은 서로 달리 상호작용을 한다. 어떤 학습환경도 모든 학생에게 동일한 효과를 내지 못한다.

(3) 환경은 학생에 맞추어 변화될 수 있다.

우리가 유연성을 염두에 두고 계획한다면, 학습환경은 최소한도 잠재적으로 학습자에게 맞추어 변화될 수 있다. 적절한 수업모형은 학습자에게 융통성 있게 이용될 수 있으며, 적절히 구성된다면, 학습환경은 학생의 특성에 맞추어질 수 있다.

(4) 다양한 환경과 교육적 결과

학습자에게 다른 효과를 나타낼 수 있는 많은 수의 수업에 대한 접근법들(학습환경의 구성)이 있다. 교수법에 따라서 어떤 학습결과가 일어날 가능성이 증가하고, 또 어떤 종류의 학습결과가 일어날 가능성이 감소할 수 있다. 예를 들면, Shaftel의 역할놀이모형(Shaftel & Shaftel, 1967)은 학생들이 자신들의 가치관을 검토해보도록 하기 위하여 만들어졌다. Suchman(1962)의 탐구훈련모형은 학생들이 인과관계를 추론할 능력을 향상시키기 위하여 만들어졌다. 그러므로 다른 모든 여건이 같다면, Shaftel의 모형이 이용되는 학습환경에서는 학생들의 사회적 가치가 이용될 가능성이 높아지고, Suchman의 모형은 인과관계를 추론할 가능성이 높아질 것이다. 실제로 가치탐구는 인과관계적 사고를 향상시킬 수 있으며, 당연히 그래야 한다. 또한 Suchman의 모형이 가치관에 대한 인과관계적 추론능력을 향상시키기 위하여 이용할 수 없다고 규정하는 법칙도 없다. Shaftel의 모형이 Suchman의 모형보다 인과관계적 추론(causal reasoning)을 가르치는데 보다 효과적일 때도 있으며, Suchman의 모형이 사회적 가치관에 관한 접근법으로 보다 효과적인 때도 있을 수 있다. 그러나 궁극적으로 각 모형은 원래 계획된 쪽에서 보다 효과적일 것이다. 그러므로 교육자들이 학습목표와 관련하여 선택할 수 있는 모형들을 알고 있을 필요가 있다.

3) 한계 능력(marginality)에 대처하기

학업성취가 낮은 한계 학습자(marginal learners)와 관련하여 우리가 당면한 문제는 학습자가 어떤 학습환경에 대하여 한계적 반응(marginal reaction), 즉, 최저 반응을 할 때 어떻게 해야 할지를 생각해 보는 것이다. 예를 들어 Shaftel과 Suchman의 모형을 접하고 있는 두 학습자에 대하여 생각해 보자. 각 학습자는 한 환경에는 긍정적으로 반응하고, 다른 환경에는 그렇지 못하다고 가정해 보자. 이 학습자들에 대하여 우리가 어떻게 해야 할까?

이 예에서 두 학습자는 한 환경에서는 한계적 반응을 보이나, 다른 환경에는 그렇지 않다. 한 학습자는 비교적 편안하게 가치관에 대한 학습에 몰두하고, 다른 학습자는 인과관계적 추론 능력을 향상시킬 것으로 예측할 수 있다. 어떤 조치를 취하지 않으면, 두 학습자 간의 차이는 더 커질 것이다. 한 학습자는 가치관에 대한 학습이 더 나아질 것이며, 다른 학습자는 추론 능력이 더 발달할 것이다.

여지서는 잠시 왜 각 학습자가 한 환경에는 긍정적인 반응을 보이고 다른 환경에는 그렇지 못한지에 대한 설명은 보류해 두고, 우리가 학습자를 위하여 무엇을 할 수 있을지에만 초점을 맞추어 본다.

4) 한계 능력을 교정하기 위한 해결책

우리는 아무것도 하지 않는 방관적 태도(do-nothing approach)는 취하지 않는다. 우리는 위의 예에서 제시된 두 학습자를 비생산적이고, 좌절감을 느끼게 하며, 공포감을 일으키는 상황에 방치하기를 원하지 않으며, 각 학습자에게 편안한 모형을 확인해낸다. 다행히도 많은 수업모형이 있기 때문에 어떤 학습자도 이들 모형들 중에서 편안하게 느끼는 모형이 있을 것으로 믿는다. 위의 예에서는 두 학습자가 편하게 느끼는 모형은 언급되었다.

(1) Hunt의 실제적 해결책

Hunt(1976)의 실제적 해결책(industrial solution)은 학습자가 최소한도로 한계적인 교수법을 찾아내어 이용하는 것을 말한다. 이러한 접근법은 실제적인 면도 있지만, 문제는 어떤 학습자의 경우에는 다양한 목표를 성취하기 위한 최상의 모형들은 이용하지 못하게 된다는 것이다. 위에서 언급된 두 학습자의 경우를 생각해 보자. Shaftel의 모형은 가치관에 대한 학습을 촉진하기 위하여 잘 만들어진 것으로, 이 모형에 대하여 한계적 반응을 보이는 학습자에게 가치관에 대한 학습을 위하여 상대적으로 잘 만들어지지 못한 모형을 이용할 수 밖에 없다는 것을 의미한다. 어떤 학습자에게는 학습의 효율성이 다소 떨어지는 것에 그치겠지만, 오랜 시간에 걸쳐 많은 학습자의 경우를 고려한다면, 실제적 해결책은 내재된 결함을 지니고 있다.

그러나 이것은 문제를 무시하는 것보다는 효과적인 것이 확실하다. 또한 이것은 학습자에게 맞지 않는 교수법을 이용했을 때의 큰 부작용을 줄일 수 있다. 실제적 모형의 성공 가능성은 학습자와 목표를 모두 수용할 수 있을 정도로 많은 실제적 모형을 찾을 수 있다는 가정에 달려있다.

(2) 최적 모형에 대한 적절한 변화와 이용

또 하나의 해결책은 학습자의 특성에 맞추어 수업모형을 변화시키는 것이다. 어떤 학습자가 어떤 특정한 학습환경과 잘 맞지 않는 이유를 확인해 않은 아이디어, 기술, 가치관을 습득해야 하는 괴로움을 이겨내야 한다. 성장 욕구는 우리의 몸과 마음에 내재되어 있다. 그러나 역설적으로 우리는 과거의 또는 현재의 자신으로 남아 있으려고 하는 뿌리 깊은 성향(ingrained tendency)을 지니고 있다. 향수(nostalgia)는 성장하거나 변화하지 않았기를 바라는 열망이다. 신기하게도 해답은 불안정(disequilibrium)한 상태, 즉 어떤 단계에서 자신을 포기하지 않고 그 단계에 의거하여 생산적으로 변화하려는 환경을 조성하는데 있다. Thelen의 말과 같이 학습자는 현재의 단계를 뛰어넘어 다른 단계에서 지속적으로 성장하기 위하여 다양한 견해와 문제에 직면할 필요가 있다.

우리가 유아일 때는 성장의 과정이 우리 속에 내재해 있다. 우리는 말을 배우려고 하지 않아도 배우게 되고, 그러면서 변화하게 된다. 우리는 걸을 것을 기대하지 않지만, 걷게 되어 진에 갈 수 없었던 곳에 갈 수 있게 한다. 몇 년 후에 우리는 문화를 학습하게 되고, 만족스러워서 계속 머물고 싶은 수준에서 지내게 된다. 교육의 목적은 성장의 전제조건으로 변화의 불안정을 인정할 수 있게 하는 상황을 초래하여, 우리가 현재를 탈피하여 보다 깊이 있게 이해하고, 우리의 내부에 자리잡고 있는 지혜-우리가 중도에서 고착되지 않으려면 불편은 우리가 감수해야 할 운명이다-를 수용하게 하는 것이다.

참고문헌

Bloom, B. S.(1971). Mastery learning. In J. H. Block(Ed.), *Mastery learning: Theory and practice*. New York: Holt, Rinehart & Winston.

Carroll, J. B.(1971). Problems of measurement related to the concept of learning for mastery. In J. H. Block(Ed.), *Mastery learning: Theory and practice*. New York: Holt, Rinehart & Winston.

Hunt(1971). *Matching models in education*. Toronto: Ontario Institute for Studies in Education.

Hunt(1976). Teachers are psychologists, too: On the application of psychology to education. *Canadian Psychological Review*.

Joyce, B. & Morine, G.(1977). *Creating the school*. Boston: Little, Brown.

Joyce, B., Weil, M., & Calhoun, E.(2000). *Models of teaching*. Boston: Allyn and Bacon.

McKibbin, M., & Joyce, B.(1980). Psychological states and staff development. *Theory into Practice 19(4)*.

Schoen, D.(1982). *The reflective practitioner*. New York: Basic Books.

Shaftel, F., & Shaftel, G.(1967). *Roleplaying of social values: Decision making in the social studies*. Englwood Cliffs, N.J.: Prentice Hall.

Showers, B.(1982). *Transfer of training: The contribution of coaching. Eugene*: Center for Educational Policy and Management, University of Oregon.

Suchman, R. J.(1962). *The elementary school training program in scientific inquiry*. Report to the U.S. Office of Education, Project Title VII. Urbana: University of Illinois.

Thelen, H.(1960). *Education and the human quest*. New York: Harper & Row.

PART 02

일반 수업모형

Chapter 04 선행조직자모형

시나리오

1 선행조직자 제시

- 수업목표를 명료화한다.
- 선행조직자를 제시한다.
  정의적 특성(defining attributes)을 확인한다.
  예를 제시한다.
  관련된 맥락(context)을 제시한다.
  반복한다.
- 학습자가 가지고 있는 관련 지식과 경험을 의식하도록 자극한다.

교사는 별자리 화보를 칠판에 붙인다. 우주에는 많은 별들이 존재하고 이들 중에는 우리의 눈으로 볼 수 있는 별과 눈으로 볼 수 없어 천체망원경을 이용하여야만 보이는 별들도 있다고 말한다. 옛날부터 우리가 볼 수 있는 별들 가운데 밝기가 밝은 별들을 중심으로 사람들은 여러 가지 신화 등을 이용하여 동물이나 사람의 형상을 닮은 별들을 몇 개 연결하여 별자리의 이름을 붙여왔다고 설명한다. 예를 들어 4학년 1학기 실험관찰 64쪽 8. 별자리를 찾아서-에 나온 오리온 별자리의 전설과 같이 별자리는 전설을 가지고 있다. 그런데 이들 별자리는 계절에 따라 달라진다는 것을 설명한다. 예를 들어 전갈자리는 여름철에는 볼 수 있지만 겨울철에는 볼 수 없고, 오리온자리는 겨울철에는 볼 수 있지만 여름철에는 볼 수 없음을 설명한다. 오늘은 별자리판을 이용하여 각 계절마다 어떤 별자리를 볼 수 있는지 알아보고, 우산이나 공을 이용하여 계절에 따라 보이는 모형 별자리를 만들어 보겠다고 학습목표를 설명한다.

2 학습과제나 자료제시

- 학습자료를 제시한다.
- 주의를 집중하게 한다.
- 학습내용의 조직을 명료히 한다.
- 학습자료의 논리적 조직을 명료히 한다.

교사는 학생들에게 별자리판을 나누어주고, 별자리판 보는 법을 설명한다. 별자리판에서 타원형의 투명한 부분이 바로 우리가 밤에 볼 수 있는 하늘이며, 그 안에 보이는 것이 우리가 볼 수 있는 별자리임을 설명한다. 교사는 학생들에게 별자리판을 임의로 돌려보라고 한다. 판을 돌릴 때 무엇이 달라지는지 살펴보라고 한다. 학생들은 보이는 별자리들이 달라진다고 한다. 한 바퀴 돌려도 달라지지 않고 매일 볼 수 있는 별자리가 있는지 찾아보도록 한다. 학생들은 북극성, 카시오페이아, 북두칠성과 같은 별자리 몇 개를 찾는다. 교사는 별자리판에는 월과 시가 표시되어 있다는 것을 확인시킨다. 학생들은 별자리판에서 월과 시가 표시되어 있는 것을 확인한다. 학생들 중에서 어떻게 하면 오늘 밤에 볼 수 있는 별자리를 찾을 수 있는지 설명해 달라고 질문한다. 교사는 먼저 별자리판에서 손잡이를 돌려 관측하고자 하는 월, 일의 눈금을 찾고, 관측하고자 하는 시각에 월일의 눈금을 맞추어보도록 한다. 학생들은 별자리판을 돌려 월일과 관측하고자 하는 시각을 맞춘다. 교사는 학생들에게 '2009년 12월 7일 오후 10시를 맞추고, 투명한 타원형에 보이는 별자리의 이름을 대어 보라'고 한다. 학생들은 별자리 판에서 찾은 별자리의 이름을 댄다. 그런데 학생들 중에서는 다른 별자리가 나온다. 교사는 다르게 설명한 학생들을 불러서 어떻게 맞추었는지 이유를 묻는다. 이 학생들은 시각을 읽을 때 오후 10시를 22시로 읽지 않고 10시로 읽어 별자리를 찾는데 착오가 있었음을 지적하고, 다시 교사가 지도하고, 읽는 법을 확인시킨다.

다시 교사는 학생들에게 8월 1일 오후 10시에 눈금을 맞추고 투명 반원에 볼 수 있는 별자리의 이름을 대어 보도록 한다. 학생들은 별자리판을 돌려 전갈, 거문고, 큰곰, 땅꾼, 궁수, 독수리자리 등을 찾아 발표한다.

교사는 학생들에게 각자 가지고 있는 별자리판을 이용하여 3월 10일, 4월 10일, 5월 10일 오후 10시에 볼 수 있는 봄별자리를 찾아 기록하도록 한다. 다른 조에게는 6월 10일, 7월 10일, 8월 10일 오후 10시에 볼 수 있는 여름별자리를 찾도록 하고, 다른 조에게는 9월 10일, 10월 10일, 11월 10일 오후 10시에 볼 수 있는 가을철 별자리를 찾도록 한다. 또 다른 조에게는 12월 10일, 1월 10일, 2월 10일 오후 10시에 볼 수 있는 별자리를 모두 적어 보도록 한다. 그리고 각 계절에서 볼 수 있는 별자리 중에서 각 계절에 대표적인 별자리를 찾아보도록 한다. 학생들은 학습지에 계절별 별자리를 적는다.

3 인지조직(cognitive organization)을 강화하기

- 통합적 조화의 원칙(integrative reconciliation)을 이용한다.
- 적극적 수용학습(receptive learning)을 조장한다.
- 교과목에 대하여 비판적 접근을 하도록 한다.
- 명료화한다.

교사는 학생들이 만든 계절별 별자리를 적은 기록표를 실물화상기에 올려놓는다. 교사는 학생들에게 각 계절별로 나타난 별자리 중에서 1년 내내 볼 수 있는 별자리를 찾아 동그라미 치고 분류하도록 한다. 이들 별이 위치한 방위를 묻는다. 학생들은 이들이 모두 북쪽에 있음을 발견하고 발표한다. 교사는 학생들과 함께 봄, 여름, 가을, 겨울철에 각 3개월 동안 계속 보이는 별자리를 찾아 동그라미 친다. 학생들은 교사와 함께 계절마다 별자리가 달라짐을 확인한다. 교사는 여름철에는 볼 수 있지만 겨울철에는 볼 수 없는 별자리를 찾아보라고 한다. 전갈자리 등 몇 개의 별자리를 찾아 발표한다. 또 교사는 봄에는 볼 수 있지만 가을에는 볼 수 없는 별자리, 겨울철에는 볼 수 있지만 여름철에는 볼 수 없는 별자리를 찾아보라고 한다. 교사는 학생들에게 계절별로 보이는 별자리는 모두 같은지를 묻는다. 학생들은 계절별로 보이는 별자리는 다르다고 내답한다. 그러나 북쪽에 판을 돌리는 중심에 있는 카시오페이아, 북두칠성, 큰곰, 작은 곰 자리 등은 1년 내 볼 수 있다고 대답한다. 교사는 그곳이 바로 지구가 자전하는 자전축이며 그곳에는 북극성이 있음을 설명한다.

교사는 학생들에게 가지고 온 우산에 오늘 저녁에 볼 수 있는 별자리나 자신이 태어난 계절에 볼 수 있는 별자리를 꾸며보자고 제의한다. 학생들은 가지고 온 별자리 스티커를 이용하여 별자리판을 돌리고, 자기가 태어난 날과 시각을 맞추고, 낮에 태어난 친구들은 밤 9시를 기준으로 하여 별자리를 찾도록 하였다. 42명 전원의 아동이 별자리 스티커를 이용하여 꾸밀 수 있었다. 학생들은 생일이 다른 친구들끼리 각자가 만든 모형 별자리판을 비교하여 보도록 하였다. 학생들은 여름에 생일인 친구의 별자리와 겨울에 생일인 친구의 별자리를 비교하였다. 교사는 학생들에게 계절마다 보이는 별자리가 같으냐고 물었다. 학생들은 계절마다 보이는 별자리가 다르다고 하였다.

교사는 학생들이 정리한 자료를 토대로 실험관찰에 계절마다 보이는 별자리의 이름을 쓰고 알아낸 사실을 정리할 것을 요구하였다. 42명 전원의 학생이 계절마다 다른 별자리를 정확히 기록하였다. 교사는 다음 시간에는 별자리는 왜 계절에 따라 달라지는지 그 까닭을 학습해 보겠다고 하며 마쳤다.

1 이 론

1) 이론적 기초

이 모형은 David Ausubel의 유의미학습이론에 근거하고 있다. 학생의 지식습득은 돕는 것은 학교교육의 타당하며 필수적인 목표라고 주장하는 Ausubel의 최대의 관심사는 교사들이 많은 양의 정보를 가능한한 의미 있고 효율적으로 학생에게 전달하도록 돕는 것이다. 학습이 어떻게 이루어지는지에 대한 Ausubel 자신의 생각은 그의 유의미학습 이론에 나타나 있고, 이 이론은 교사들이 학생에게 지식을 효율적으로 전달하는 데 도움이 된다.

유의미학습 이론은 교사가 강의자나 설명자의 역할을 하는 상황에 적용되며, 중요한 목적은 학생들이 교과목의 지식을 습득하도록 돕는 것이다. 교사는 학습내용을 제시할 책임이 있으며, 학습자의 일차적인 역할은 아이디어와 정보를 숙지하는 것이다. 귀납적 접근법에서는 학생들이 개념을 발견하거나 재발견하는 반면에, 선행조직자(advance organizer)를 이용하는 접근법에서는 개념과 원칙이 학생들에게 직접적으로 제시된다.

선행조직자 모형은 학생들의 인지구조(cognitive structures)를 강화하기 위하여 계획되었다. 인지구조란 어떤 시점에 개인이 가지고 있는 사실, 개념, 원리 및 이론으로 이루어진 학습자의 현재의 지식체제를 의미한다. 인지구조는 일종의 위계관계를 이루고 있어, 최상부에는 가장 포괄적이고 추상적인 개념이 차지하고 그 밑으로 덜 포괄적인 하위개념과 지식들이 연결되어 구성된다. 다시 말해 인지구조는 특정한 교과목에 대한 지식과 그 지식이 얼마나 잘 조직되고 명료하며 안정되어 있는가를 가리키는 용

수용학습은 수동적인가?

강의식 · 설명식 수업에서 볼 수 있는 수용학습(reception learning)에서는 학습자의 역할이 수동적이라는 가정에 대하여 Ausubel은 강의식 · 설명식 수업에서 학습자는 매우 활동적일 수 있다고 주장한다. 신체적 수동성(physical passivity)이 지적 수동성(intellectual passivity)을 가져오는 것은 아니다. 학습자는 새로운 지식을 인지구조 속의 어떤 개념이나 명제 밑에 포함시킬 것인가를 판단하고, 학습자료를 여러 가지 각도에서 바라보고, 비슷한 또는 반대되는 정보와 조화시켜 보려고 하고, 자신의 사고의 틀과 용어를 이용하여 바꾸어 말해보는 등 새로운 학습자료와 씨름하는 가운데 격렬한 지적 파도가 머리 속에서 이루어질 수 있다는 것이다. 그러나 이러한 것은 자동으로 이루어지지 않으며, 적극적인 지적 활동이 이루어지도록 수업설계가 이루어져야 한다. Ausubel은 그와 같은 수업설계를 선행조직자를 이용한 수업모형에서 제시하고 있다.

(1) David Ausubel의 유의미 학습

학습과제의 성질

Ausubel은 학습과제의 유형을 표와 같이 제시한다. <표 4-1>에서 ①에서 ⑥쪽으로 갈수록 무의미한 과제에서 유의미한 과제로 배열되어 있다. 과제 ①은 상호관련성이 없는 낱낱의 문자로 이루어진 무의미철자이며 학습자가 알고 있는 어떤 것과도 의미 있게 관련짓기 어렵다. 그러므로 학습자가 그 과제를 기억하기 위해서는 낱낱의 문자를 기억해야 한다. 그러나 과제 ⑤는 다르다. 이 과제를 접한 학습자는 이미 "삼각형"의 일반적인 의미를 알고 있기 때문에 과제 ⑤를 그가 알고 있는 것의 특수사례로 생각할 것이다. 학습자는 "정삼각형의 정의"에 관한 과제를 자신이 이미 알고 있는 "삼각형의 일반적인 의미"에 관련짓고 쉽게 이해할 수 있을 것이다. 이와 같은 경우에, 그 과제는 실사성(實辭性, substantiveness)과 구속성(구속성, nonarbitrariness)을 지닌다. 실사성(實辭性, substantiveness)이란 어떤 과제를 어떻게 표현해도 그 과제의 의미는 변화하지 않는다는 것을 의미한다. 예를 들면, "정삼각형은 세변이 같은 삼각형이다"를 "세변이 같은 삼각형은 정삼각형이다"라고 표현해도 의미는 변하지 않는다. 그러나 무의미철자인 "캐비"를 "비캐"라고 표현하면 완전히 새로운 과제가 생기게 된다. 따라서 과제 ⑤는 실사성이 높은 과제이고, 과제 ①은 실사성이 없다. 구속성(拘束性, nonarbitrariness)이란 임의(任意, arbitrary)로 맺어진 관계가 하나의 관습으로 굳어진 후에는 그 관계가 다시 임의로 바뀔 수 없는 성질을 말한다. 예를 들면, '개'라는 부호는 '실제의 개'와 처음에는 아무 상관이 없는 임의로 맺어진 관계였다. 그러나 "개"라는 부호가 "실제의 개"를 가리키는 것임을 학습한 후에는 이것들 간에 의미 있는 관계를 가지게 된다. 즉, 이 관계는 임의로 변경시킬 수 없는 구속적인 관계이다. 이와 같이 과제가 갖는 의미상의 관습적 관계를 구속성이라고 한다. 학습과제가 구속성과 실사성을 지닐 때, 학습자는 그것을 자신의 인지구조에 의미 있게 관련지을 수 있으며, 이때 그 과제는 논리적 유의미가(logical meaningfulness)를 지닌다.

표 4-1 학습과제의 유형

유 형	성 질
① 캐비	무의미 철자
② 단단한-유연한	짝짓기 학습
③ 유미나 양	특수한 사실의 명칭
④ 유지나가 줄넘기를 한다.	단순한 평서문
⑤ 정삼각형은 세 변이 같은 삼각형이다.	개념
⑥ 삼각형의 내각의 합은 180°이다.	원리

유의미학습

학습과제가 논리적 유의미가를 지닌다는 것은 중요한 일이나 이것만으로는 유의미 학습(meaningful learning)이 일어날 수 없다. 논리적 유의미가를 지닌다는 것은 그 학습과제가 학습자의 인지구조에 들어있는 관련정착의미(relevant anchoring idea, 선행조직자의 역할을 한다)와 관계를 맺을 수 있다는 것을 의미할 뿐이다. 관련정착의미란 학습자의 인지구조 속에 이미 형성되어 있는 것으로 유의미학습과정에서 새로운 개념이 인지구조와 관계를 맺을 수 있는 근거를 제공해 주며, 파지(retention)과정에서는 그 개념의 의미가 저장될 수 있도록 해주는 의미를 말한다. 그러므로 한 학습자가 주어진 과제를 의미 있게 학습할 수 있기 위해서는 과제가 실사성과 구속성을 지녀야 하는 것 외에, 학습자는 그 학습에 요구되는 관련정착의미를 지니고 있어야 한다. 이렇게 되면 그 과제는 잠재적 유의미가(potential meaningfulness)를 지니게 된다. 유의미 학습에 요구되는 또 하나의 조건은 학습자의 유의미 학습태세이다. 유의미 학습태세(meaningful learning set)란 학습과제를 인지구조에 구속적이고 실사적으로 관련시키려고 하는 학습자의 성향을 의미한다. 학습자가 과제를 자신이 가지고 있는 정착의미에 관련지키려고 하는 의향이 있고, 또 그렇게만 한다면 마침내 유의미학습이 일어나게 된다.

즉, 유의미학습의 조건은,

첫째, 학습과제는 정착의미와 실사적이고 구속적으로 관계될 수 있어야 하며

둘째, 학습자는 그 과제와 관련시킬 수 있는 일반적인 아이디어(관련정착의미)를 인지구조 속에 가지고 있어야 하며

셋째, 학습자는 그 과제를 실사적이고 구속적으로 관련정착의미에 관련시키려고 하는 학습자세가 되어 있어야 한다.

그림 4-1

논리적 유의미가, 잠재적 유의미가, 유의미학습의 조건

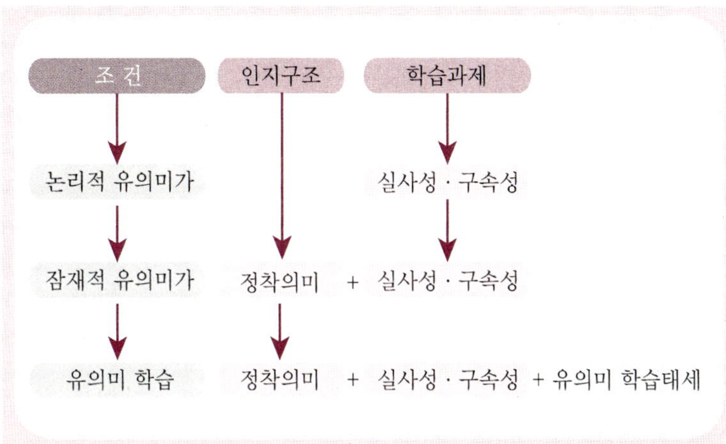

심리적 의미(psychological meaning)와 유의미학습

심리적 의미는 유의미학습의 산물이다. 잠재적 유의미가를 지닌 과제가 정착의미에 결합될 때 생기는 변별적(differentiated) 인지내용이 심리적 의미이다. 심리적 의미는 개인이 깨달은 독특한 인지내용이라는 점에서 특유한 현상이다. 예를 들면, '민주주의'라는 개념에 대한 의미는 개인마다 상이하다. 그러나 일반적으로 같은 문화권에서 발생된 의미는 매우 유사하여 개인들 간에 의사소통이 가능하다.

유의미 학습과 기계적 학습

유의미 학습(meaningful learning)과 대조되는 것으로 기계적 학습(rote learning)이 있다. 유의미 학습의 조건인 학습과제의 논리적 유의미가가 결핍된 경우, 학습자의 인지구조 내에 관련정착의미가 결핍된 경우, 학습자에게 유의미 학습태세가 결핍된 경우에 기계적 학습이 일어난다. 예를 들면, 무의미철자와 같이 자의적 성질을 띤 과제에 대하여는 학습자의 인지구조 내의 관련정착의미 · 학습태세와 관계없이 유의미 학습이 이루어질 수 없으며, 과제가 논리적 유의미가를 지니고 있다고 해도, 그 과제와 관련된 정착의미가 결핍된 상태라면 의미 있는 학습이 이루어질 수 없다. 또한 과제에 논리적 유의미가가 충분히 포함되어 있고, 학습자가 그것에 관련된 정착의미를 가지고 있다고 하더라도, 학습자가 깊이 생각하며 관련짓기를 싫어하고, 학습과제를 단순히 기계적으로 암기하려고 한다면 유의미 학습은 일어날 수 없는 것이다.

유의미 학습의 장점

유의미 학습에서는 잠재적 유의미가를 지닌 과제가 관련정착의미에 구속적으로 관련된다. 즉 구속적인 성질 때문에 과제에 내포된 잠재적 의미와 인지구조 내의 정착의미가 관련될 수 있으며, 그 결과로 생긴 의미는 상당히 쉽게 획득되고 이해된다. 또 하나의 장점은 과제의 양과 경과된 시간의 양에 좌우되지 않는다는 것이다. 기계적 학습(rote learning)에서는 암기해야 할 과제의 양과 그 과제를 외우는네 주어진 시간의 양에 학습이 영향을 받는다. 그러나 유의미 학습(meaningful learning)에서는 학습과제를 정착의미에 관련시키고 조화시키는 과제의 실사성 때문에 이러한 제한을 훨씬 적게 받는다.

(2) 교육과정과 교수활동에 대한 시사점

정보의 조직: 학문의 구조와 인지구조

교과목이 조직되는 방법과 사람들이 마음속에서 지식을 조직하는 방법은 유사하다. 각 학문 분야는 계층적으로 조직된 개념과 명제의 구조를 가지고 있다. 각 학문분야의 꼭대기에는 매우 폭넓고 추상적인 개념들이 있고, 이 개념들은 구조의 하위 단계에 많은 구체적인 개념들을 가지고 있다. <그림 4-2>에서 개념의 피라미드 꼭대기에 보다 추상적인 개념이 자리잡고 있는 경제학의 계층적 구조를 볼 수 있다.

Jerome Bruner와 같이 Ausubel은 각 학문분야에서 개념의 구조는 확인되고, 학생들에게 가르쳐질 수 있고, 이 개념의 구조는 학생들에게 정보처리 체제가 된다고 믿는다. 즉, 개념의 구조는 특정한 내용 영역을 분석하고,

그 영역 내의 문제를 해결하기 위하여 학생들에게 이용될 수 있는 지적 지도(intellectual map)가 된다고 믿는다. 예를 들면, 학생들은 사건을 경제학적인 관점에서 분석하기 위하여 경제학의 개념을 이용할 수 있다. 농장, 야채가게, 교외의 가정, 복덕방에서 하는 활동을 녹화한 것을 제시하였다고 가정하자. 각각의 경우는 많은 정보를 포함한다. 학생들은 사람들이 다양한 일에 종사하는 것을 보며, 많은 행동을 관찰하고, 여러 가지 대화를 듣는다. 만약 위의 경우에서 학생들이 경제적인 측면에서 분석을 해야 한다면, 그들은 수요와 공급, 결핍과 욕구, 상품과 서비스, 소비자와 생산자와 같은 개념에 근거하여 사람들의 행동과 활동의 목록을 만들 것이다. 이러한 개념은 여러 면에서 도움이 된다. 그것은 많은 양의 자료를 이해하고, 네 가지 경우를 비교할 수 있게 하고, 분명히 다르게 보이는 것 속에 내재하는 공통적 요인을 발견하게 한다.

Ausubel은 마음을 학문에서의 개념의 구조에 비유될 수 있는 정보처리(information processing) 및 정보저장 장치(information-storing system)로 묘사한다. 학문과 같이 마음도 정보와 아이디어에 대하여 정착지를 제공하고 저장고의 역할을 하는 위계적으로 조직된 일련의 아이디어다. <그림 4-2>는 경제학에서의 인지구조의 위계를 보여주고 있다. 검게 칠한 개념들이 가장 포괄적이다. 이것은 학습되어 있고, 현재 학습자의 인지구조 안에 존재한다. 빗금치지 않은 개념들은 현존하는 개념에 관련지어질 수 있으므로 잠재적으로 의미 있는 것들이다. 빗금 친 개념은 관련된 정착지가 아직 인지구조에 통합되어 있지 않기 때문에 아직 잠재적으로 의미 있는 개념이 아니다. 이 정보처리 체제(인지구조)는 새로운 정보와 아이디어를 습득함에 따라 이를 수용하기 위하여 재조직이 이루어진다. 이렇게 인지구조는 새로운 정보와 아이디어를 습득하게 됨에 따라 계속적으로 변화한다.

예를 들면, 서로 다른 문화집단에 대한 사실적 정보를 조직하기 위하여 문화라는 개념이 효과적으로 이용되려면, 학생들이 먼저 문화라는 개념을 충분히 이해해야 한다. 또한 인도의 계급제도에 관한 단원을 다루기 전에 사회계층 개념에 근거를 둔 선행조직자가 제시될 수 있다. 또한 '기술혁신은 사회와 문화에 중요한 변화를 가져올 수 있다'라는 일반화는 몇 가지의 역사적 시기와 장소에 대한 학습을 하기 전에 선행조직자로 제시될 수 있다.

흔히 선행조직자는 학습자료와 밀접한 관련이 있지만, 새로운 관점을 제공하기 위하여 개념상 거리있는 것일 수도 있다. 예를 들면 균형이나 형태(form)에 대한 개념은 미술분야의 개념이지만, 문학, 수학, 정부 부서의 기능, 그리고 우리의 일상적 활동에 이르기까지 적용될 수 있다.

선행조직자에는 설명조직자와 비교 조직자의 두 가지 형태가 있다. 설명조직자는 친숙하지 않은 자료에 대한 관념적 토대(ideational scaffolding)로 이용된다. 예를 들면, 숲을 세분화하여 그 구성개념인 하위 숲(subforests)과 나무에 대하여 다루기 전에 먼저 서로 다른 종류의 숲에 대한 분류가 설명조직자로 제시될 수 있다. 또한 잠재적 에너지나 운동 에너지와 같은 특정한 형태의 기계적 에너지에 대하여 토의하기 전에 교사는 기계적 에너지란 무엇인지에 대하여 예를 들어 설명하는 식으로 설명조직자를 제시할 수 있다.

비교조직자는 흔히 친숙한 자료에 쓰인다. 새로운 개념을 이미 인지구조에 존재하는 비슷한 개념에 통합시키기 위하여, 또는 새로운 개념과 기존의 개념이 유사한 데서 오는 혼동을 막고 이들을 구별하기 위하여 이용된다. 예를 들면, 곱셈과 나눗셈의 유사점과 차이점을 지적하기 위하여 비교조직자를 이용할 수 있다. 즉, 곱셈에서는 승수와 피승수의 위치를 바꾸어도 결과는 같다($3 \times 4 = 4 \times 3$). 그러나 제수와 피제수는 그 위치가 바뀌면 몫이 달라진다($6 \div 2 \neq 2 \div 6$). 비교조직자는 학습자가 곱셈과 나눗셈의 관계를 아는 데 도움을 줄 수 있으며, 나눗셈에 관한 새로운 자료를 곱셈에 관한 이전의 자료와 관련지어 정착시킬 수 있게 한다.

2) 특 징

선행조직자 모형의 특징은 다음과 같다.

첫째 새로운 학습과제가 주어졌을 때, 이와 관련된 선행학습을 학습자가 제대로 갖추지 않으면 다음의 학습과제에서 완전학습의 수준에 절대로 도달할 수 없게 된다(Bloom, 1972; Gagne 1965; Coleman and Gagne, 1969). Ausubel의 이론에 의하면 선행학습의 중요성이 분명히 밝혀진다. 즉, 동화 이론에서 선행학습이 결손되면, 관련정착의미, 즉, 선행조직자가 항상성과 명료성을 상실하여 새로운 과제와 변별이 잘되지 않게 되고, 이때에는 기계적인 학습이 일어날 것이며, 반대로 선행학습이 잘 이루어진 경우에는 관련 정착의미가 항상성과 명료성을 유지하여 새로운 의미, 즉 학습자료와 변별이 잘 되어 유의미학습이 일어난다. 그러므로 학습과정에서 유의미학습이 이루어지기 위해서는 선행학습이 필요하다.

둘째 새로운 학습과제의 선행조직자를 선택하거나 구성하여, 하나의 독립된 활동단계를 통하여 학생에게 체계적으로 제시하는 것이 중요하다. 학습해야 할 내용의 전체적인 윤곽과 성질을 미리 안다는 것은 학습자가 효과적인 학습절차를 스스로 깨닫게 하는데 도움이 된다. Gagne의 학습위계표와 같은 것을 이용하여 선행조직자를 찾을 수도 있다.

셋째 선행조직자는 그것이 비교조직자(comparative organizer)이든 또는 설명조직자(expository organizer)이든 간에 그 개념이나 명제의 중요한 특징을 이야기하고, 설명하고, 예를 제시하고, 새롭거나 특별한 경우에는 다양한 배경 속에서 반복하는 것이 중요하다.

넷째 통합적 인지구조를 형성하기 위하여 새로운 학습과제 및 선행조직자와 관련 있는 선행학습을 의식해내도록 자극하는 것이 중요하다.

다섯째 새로운 학습자료를 제시할 때는 학습자료의 논리적 조직을 명료히 하여야 한다.

여섯째 새로운 학습자료를 기존의 인지구조에 정착시키는 단계인 3단계에서는 전체 통합적인 조화를 촉진하고, 활동적인 수용학습을 촉진하며, 교며, 두 번째 단계에서는 새로운 학습과제나 학습자료가 제시되며, 세 번째 단계에서는 새로운 학습자료와 기존의 아이디어인 선행조직자와의 관계를 다양한 각도에서 검증하게 된다.

(1) 선행조직자 제시

1단계는 수업목표를 명백히 하기, 선행조직자를 제시하기, 관련지식과 경험을 의식해 내도록 자극하기의 세 가지 활동으로 이루어진다.

수업목표를 명백히 하는 것은 학생의 주의를 집중시키고, 학습목표를 향하도록 하는 방법 중에 하나로, 유의미 학습을 촉진하기 위하여 필요하다. 또한 수업목표를 명료화하는 것은 교사가 수업준비를 하는데도 유용하다.

선행조직자는 간결하고 단순한 진술문이 아니라, 그 자체가 학습자료와 같이 지적으로 탐구되어야 할 아이디어이다. 예를 들면, 가르칠 때 우리는 흔히 학생들에게 지난주에 또는 작년에 배운 것을 회상하거나 내일 할 것을 이야기해주며 수업을 시작한다. 이러한 식으로 학생들에게 제시할 새로운 자료에 대한 배경이나 방향감을 준다. 또는 학생들에게 개인적인 경험을 회상해 보도록 하고, 새로 배우려고 하는 것이 이전에 경험한 것을 이해하는데 도움이 된다는 알게 할 수도 있다. 또한 우리는 학생들에게 제시하는 자료나 토의 결과 학생들이 도달하기를 바라는 수업목표를 이야기해 줄 수도 있다. 이러한 것은 어느 것도 선행조직자는 아니다. 그러나 이러한 것은 모두 잘 조직된 강의·설명식 수업의 일부이며, 이들 중에 어떤 것은 Ausubel의 유의미 학습이론의 중요한 원칙으로 수업모형의 일부이다.

실제로 조직자는 어떤 교과목이나 학문 영역의 중요한 개념, 명제를 중심으로 이루어진다. 첫째, 조직자는 학습과제에 속하는 자료와 구별되며 보다 포괄적인 아이디어로 학습자가 이와 같이 지각하도록 구성되어야 한다. 조직자의 가장 중요한 특징은 학습자료보다 그 추상성 및 일반성의 정도가 높다는 것이다. 추상성이 높다는 것은 조직자를 수업 초에 제시되는 소개적인 개요(introductory overviews)와 구분짓는 것으로 소개적인 개요는 수업 전에 제시되는 학습자료에 대한 예고(preview)이기 때문에 학습자료와 같은 수준의 추상성을 지니는 것이다.

둘째, 조직자는 설명조직자이든 비교조직자이든, 그 개념이나 명제의 중요한 특성이 지적되고 주의깊게 설명되어져야 한다. 그러므로 교사와 학생은 학습과제와 마찬가지로 조직자에 관하여 탐구하여야 한다. 이것은 중요한 특징을 이야기하고, 설명하고, 예를 제공하는 것을 의미한다. 조직자는 길게 제시될 필요는 없으나 학생들이 조직자를 지각하고, 분명히 이해하고, 관련자료와 연관을 지어야 한다. 이것은 학습자가 조직자에 포함된 용어와 아이디어에 이미 익숙해져 있어야 한다는 것을 의미한다. 새롭거나 특별한 용어인 경우에는 특별히 조직자를 다양한 배경 속에서 설명하고 여러 번 반복하는 것이 효과적이다.

끝으로, 통합적 인지구조(integrative cognitive structure)를 개발하기 위하여 당면한 학습과제 및 조직자와 관련 있는, 이미 지니고 있는 지식과 경험(prior knowledge and experience)을 의식하도록 학생을 자극하는 것이 중요하다.

(2) 학습과제나 자료 제시

첫 단계에서 새로운 학습과제와 관련된 선행조직자를 제시한데 이어 두 번째 단계에서는 학습과제가 강의, 토의, 필름, 직접경험, 독서 등을 통하여 제시된다. 이 단계에서는 다음의 두 가지가 중요하다. 첫째는 학생들이 계속 주의를 집중하도록 하는 것이다. 둘째는 학생들이 학습과제와 관련하여 전반적인 방향감을 갖도록 하기 위하여 학습자료의 조직을 학생들에게 명백히 이해시키는 것이다. 또한 수업내용을 제시할 때 학습자료의 논리적 구조를 명백히 하여 아이디어들이 서로 어떻게 관련되어 있는지 알 수 있도록 하여야 한다.

(3) 인지조직을 강화하기

3단계의 목적은 새로운 학습과제를 기존의 인지구조(cognitive structure)에 정착시키는 것이다. 자연스러운 교수의 흐름 속에서 이러한 절차 중에 어떤 것은 2단계에서 이루어질 수도 있다. Ausubel은 새로운 학습자료에 대한 재학습을 위하여 다음의 4가지 활동을 제시하고 있다. ① 전체 통합적 조화를 촉진하기, ② 활동적인 수용학습을 촉진하기, ③ 교과목에 대한 비판적 접근을 유도하기, ④ 명료화하기

첫째 새로운 자료와 기존의 인지구조와의 조화를 촉진시키는 데는, 즉 전체통합적 조하를 촉진하는 데는 다음의 몇 가지 방법이 있다.

① 교사는 학생들에게 보다 일반적인 상황(the larger picture), 즉 선행조직자를 상기시키고,

② 새로운 학습자료의 중요한 특성을 요약하도록 하고,

③ 정확한 정의(definition)를 반복하고,

④ 학습자료가 지니고 있는 다양한 면 사이의 차이점을 이야기해보도록 하고,

⑤ 학생에게 학습자료가 어떻게 선행조직자로 쓰인 개념이나 명제를 뒷받침하는지를 설명하도록 할 수 있다.

둘째 적극적인 학습(active learning)은 촉진하는 데는 다음과 같은 방법이 있다.

① 학생에게 새로운 학습자료가 어떻게 선행조직자와 관련되는지를 설명해 보도록 하고,

② 학생에게 학습자료 속에 나오는 개념이나 명제에 대한 추가적인 예를 이야기해 보도록 하고,

③ 학생에게 자신의 용어나 사고의 틀을 이용하며, 학습자료의 핵심적인 것을 말해보도록 하고,

④ 학습자료를 다른 관점에서 살펴보도록 하고,

⑤ 학습자료를 반대되는 자료, 경험, 지식과 관련시켜 보도록 함으로써 촉진될 수 있다.

셋째 지식에 대한 비판적 접근은 학습자료에 내재하는 가정(assumptions)과 추론(inferences)을 알아내고, 이러한 가정과 추론에 대하여 판단을 내리고 도전하며, 이들 사이의 모순을 조화시켜 보도록 함으로써 촉진된다.

넷째 학생들은 학습자료나 과제(관찰, 필름, 읽기)에서 그들이 분명히 이해하지 못한 부분에 대하여 질문할 것이 많을 것이다. 이에 대하여 교사는 새로운 지식을 추가하여 제시하고, 이전에 제시한 지식을 바꾸어 말하고, 관련 문제와 예를 제시하여 명료화할 수 있다.

한 수업시간에 이 모든 기술을 이용하는 것은 가능하지도 않으며 바람직하지도 않다. 시간대, 학습자료의 내용, 학습상황에 따라 그 이용이 달라질 수 있다. 그러나 이 3단계의 네 가지 목적과 효과적인 강의 · 설명식 수업을 위한 구체적인 기술을 알아두는 것이 중요하다.

3단계의 시작은 교사와 학생의 공동 노력으로 이루어지는 것이 이상적이다. 그러나 학생에게 학습과제의 어떤 영역에 대한 명료화나 새로운 학습자료와 기존의 지식의 통합에 대한 욕구가 일어날 때는 교사가 이를 충족시켜 주어야 한다.

교사는 선행조직자를 이용할 때 학습자료를 제시하는 것에 덧붙여 몇 가지 다른 기능을 수행하여야 한다. 교사는 새로운 학습자료를 어떤 개념, 명제, 논점(issue) 밑에 배치해야 할 것인가를 결정하여야 하며, 수업을 해나가며 계속 보다 더 포괄적인 개념과의 관계에서 지식을 재조직하여야 한다. 다시 말해, 교사는 어떤 교과목에서의 지식의 계층(hierarchy of knowledge)을 생각해야 하며, 또한 정의와 의미에 대한 결정을 해야 한다. 이러한 정의를 근거로 교사는 기존의 지식(existing knowledge)과 새로운 지식(new knowledge) 간의 불일치(discrepancies), 갈등, 유사점을 지적해야 한다. 마지막으로, 교사는 새로운 지식을 학생의 개인적인 참조체제(frame of reference)로 바꾸어야 한다, 즉, 학습자료는 학생의 경험적 및 지적 배경(experiential and intellectual background)을 반영하여야 한다.

본질적으로 Ausubel은 강의 · 설명식 수업을 개선할 수 있는 방법뿐 아니라, 학생들이 그러한 수업에서 학습하는 능력을 향상시킬 수 있는 방법도 제시하고 있다. 우리가 학생들이 보다 더 적극적이 되도록 가르칠수록, 즉, 조직자인 아이디어들을 찾아내고, 새로운 정보를 이러한 아이디어들과의 관계에서 적절히 조직하고, 자신만의 조직자를 생성해내도록 할수록(읽고 보면서 귀납적인 활동에 몰두하며), 강의 · 설명식 수업에서 성공적으로 학습할 가능성이 커진다.

3 유의점

이 모형은 매우 구조적으로 교사가 학습자의 역할을 명백히 정하며, 학습자의 사회적 및 지적체제를 통제한다. 교사는 교육내용의 전달자 · 제시자로 여겨진다.

교사는 학생들이 새로운 학습자료와 이미 학습되어 학생이 지니고 있는 학습자료를 구별하거나 관련짓도록 도와주어야 한다. 특히 3단계에서는 학생들이 질문과 의견발표를 많이 하여 교사와의 상호작용이 많이 이루어지는 것이 이상적이다. 새로운 학습자료에 대한 성공적인 학습은 새로운 학습자료를 이전에 배운 지식과 통합하려는 학습자의 마음, 비판적인 사고능력, 교사의 자료조직과 제시방법에 달려 있다.

학생의 행동에 대한 교사의 반응은 새로운 자료의 의미를 명료화하고, 새로운 지식을 기존의 지식과 구별하고 조화시키며, 새로운 자료를 개인적으로 학생에게 적합한 것이 되도록 하고, 지식에 대한 비판적 접근을 도우려는데 목적이 있다. 이상적인 것은 학생이 의미를 알아내려는 욕구를 근거로 자발적으로 질문하는 것이므로, 교사가 학생의 질문을 권장하고 자극하는 분위기를 형성하는 것이 필요하다.

이 모형에서는 잘 조직된 자료(well-organized material)가 중요하다. 선행조직자의 효과성은 개념 조직자(conceptual organizer)와 학습내용 간의 통합적이며 적절한 관계에 달려 있다. 선행조직자와 학습내용의 위계가 명료화되어야 하며, 선행조직자와 어울리는 학습자료가 준비되어야 한다. 이 모형은 수업자료를 구성하거나 재조직하는데 필요한 지침을 제공한다.

참고문헌

김호권(1985). 교육과학신서 9. 서울: 교육출판사.

Bloom, B. S., Hastings, J. T., & Madaus, C. F.(1972). *Handbook on formative and summative evaluation of student learning*. New York: McGraw Hill.

Gagne, R. M.(1970). *The conditions of learning*. New York: Holt, Rinehart & Winston, Inc.

Joyce, B., Weil, M., & Calhourn, E.(2000). *Models of teaching*(6th ed.). Boston: Allyn & Bacon.

Joyce, B., & Weil, M.(1992). *Models of teaching*. Boston: Allyn and Bacon.

Chapter 05 기억모형

시나리오

1 자료에 대한 주의 집중

- 자료에 주의 집중하기
- 중요한 부분에 밑줄 긋기
- 자신의 말로 정리하기

정 교사는 학생들에게 산과 염기의 특성을 가르치려고 하였다. 여러 가지 특성 중 오늘은 산과 염기가 리트머스 시험지의 색깔을 어떻게 변화시키는지 실험하고 그 내용을 기억시키는 것을 목표로 정하였다.

일단 정 교사는 산과 염기가 종류가 많으며, 산성을 가진 물질에는 용어의 맨 끝에 주로 '-산'이라는 말이 붙고, 그와는 반대로 염기성을 가진 물질은 용어의 맨 앞에 '수산화-'라는 말이 붙는다는 사실을 알려 주었다.

그리고 실험을 하였다.

실험이 끝난 후 수업을 정리할 시점에서 실험 결과를 기억시키기 위해 기억모형을 사용하기로 하였다. 학생들이 리트머스 시험지의 색깔이 변하는 것을 관찰한 결과를 학생의 말로 정리하게 하였다. 학생들은 산성 용액에서는 파란색 리트머스 시험지가 빨간색으로 변하고, 염기성 용액에서는 빨간색 리트머스 시험지가 파란색으로 변한다는 사실을 관찰하였고, 그 내용을 진술하였다.

2 관계 개발

- 중심어나 대용어 찾기
- 기억이 용이한 관계 개발하기

정 교사는 학생들의 진술을 "산성 용액: 파란색 → 빨간색, 염기성 용액: 빨간색 → 파란색"으로 정리하여 칠판에 기록하였다. 그리고 기억이 쉽게 하기 위해 어떻게 하면 좋을까 질문하였다. 학생들 중에서 '산파빨, 염빨파'라고 머리글자를 따서 기억하는 것이 좋겠다는 아이디어가 나왔다.

3 연상의 강조 조정

- 감각 이용하기
- 상의 수정

학생들이 '산-파-빨'이라고 암기하는 것은 오감을 이용하는 것이 아니고, 연상하기도 어렵기 때문에 우리의 오감을 이용하여 새로운 상을 만들기로 하였다. 그러나 학생들의 대답이 별로 없어서, 정 교사는 처음에는 파랗다가 나중에 빨갛게 되는 것이 무엇인지 물었다. 학생들이 여러 가지 대답을 하였지만, 모두 적당하지 않아서 정 교사는 자신이 설명하기로 하고, 나무가 자라는 산은 처음에는 녹음 때문에 파랗게 보이다가 나중에는 단풍이 들어 빨갛게 된다고 설명하고 산성 용액의 변화와 같지 않느냐고 물었더니 학생들이 비슷하다고 대답했다. 그래서 일단 산성 용액의 변화를 기억하는 관계를 만들었다.

그런데 염기성 용액의 변화를 새로 만들기는 어려웠다. 고민 끝에 산성과는 색의 변화가 반대이기 때문에 산성만 기억하면 염기성 용액의 특성을 별도로 암기하지 않고 산성과 반대라는 특성만을 기억하기로 하였다.

4 회상 연습

- 회상 연습하기
- 학생의 회상 점검하기

정 교사는 학생들이 이 내용을 정확하게 기억하고 쉽게 회상하는지 확인하기 위해 질문을 하였다. "산성 용액에서 리트머스 시험지는 어떻게 변하나요?" 학생들은 아주 쉽게 "파란색이 빨간색으로 변합니다"라고 대답하였다. 대부분의 학생들이 아주 쉽게 회상하였다. 염기성 용액의 변화에 대해서도 별 무리 없이 회상하였기 때문에 효과적으로 기억하였다고 판단하고 수업을 마쳤다.

1 이 론

1) 이론적 기초

(1) 단기 기억

우리가 정보를 단기 기억 속에 저장하려면 우리의 감각 기관을 이용해야 한다. 일단 감각 기관을 통해 받아들인 정보 중에서 우리는 선택적으로 주목하여 저장할 것과 저장하지 않을 것을 결정한다. 일단 정보에 주목하게 되면 단기기억 속에 저장된다. 이것이 언어로 저장되든지 느낌으로 저장되든지 저장의 방식에는 차이가 있겠지만, 대개의 경우 숫자나 언어와 같은 청각 부호로 바꾸어 저장하는 것이 일반적이다. 때로는 시각적인 장치를 사용하여 저장하기도 한다. 그러나 단기 기억의 용량은 한계가 있기 때문에 기억의 양을 무한정 늘일 수 없으며, 기억 시간도 제한이 있다. 새로운 정보가 들어오면 기존의 단기 기억 속에 들어있던 정보는 대치되기 때문에 일정한 수준에서 장기 기억에 저장하지 않으면 안 된다. 기억은 회상을 전제로 한다. 기억하는 것은 나중에 필요에 따라 회상하여 사용하기 위함이다. 그런 점에서 기억은 몇 가지 유형을 중심으로 묶이게 되고, 그것의 인출이 가능하게 하기 위해 머릿속에 관련된 요소들과 함께 저장된다.

(2) 장기 기억

장기 기억은 짧게는 수 분, 길게는 수십 년을 유지하는 정보이다. 일단 의미를 중심으로 언어로 저장되거나 심상으로 저장된다. 장기 기억을 위해서는 유의미한 것이어야 한다. 유의미하지 않을 경우 언어화되거나 심상화되지 않기 때문이다. 장기 기억에 저장한 것은 회상하여 사용하는 데 어려움이 있다. 즉 인출에 실패하는 경우가 많다. 정보가 저장되지 않았기 때문이 아니라 효과적으로 꺼내지 못하기 때문에 실패하는 것이다. 이는 저장과 인출이 용이한 장치가 없기 때문이다. 정보를 저장하기 쉽게 하기 위한 장치가 곧 인출을 쉽게 하는 장치가 되지는 않는다. 그렇기 때문에 저장과 인출이 동시에 용이한 장치를 마련하는 것이 중요하다.

(3) 기억모형을 이해하기 위한 기본 개념

기억모형을 이해하기 위해 필요한 기본 개념은 다음과 같다.

① 인지: 어떤 것을 기억하기 위해서는 기억해야 할 사물이나 아이디어에 주의를 집중하여야 한다. 관찰하는 일을 통해 인식할 수 있기 때문이다. 우리가 독창적으로 인식한 것을 잘 잊어버리지 않기 때문에 주의를 집중하고 새롭게 인식하는 능력을 기르는 일이 중요하다.

② 연상: 기본적으로 잘 기억하려면 새로운 내용을 이미 알고 있는 것과 연결하여야 한다. 다만 기억하려는 것과 기억을 쉽게 하기 위해 동원한 것은 서로 한 번에 한 가지만 연결되어야지 여러 가지 내용을 한 가지 내용에 연결하여 기억하려고 할 경우 혼란이 생기고 오히려 기억을 방해하게 된다.

③ 연결: 기억의 핵심은 두 가지 아이디어를 연결하는 것이다. 그래서 기억하려는 첫째 아이디어가 이미 자신이 알고 있는 아이디어에 의해 쉽게 머릿속에 떠올라야 한다.

④ 새로운 연상: 연상의 강도를 높이기 위해 새로운, 신기한, 우스운 연상을 만들면 기억이 용이하다.

⑤ 대용: 무형의 것을 유형의 것으로 의미 있게 전환하면 기억이 용이하다. 추상적인 것을 구체적인 것으로 만드는 것도 중요하다. 언론의 힘, 정의 등을 설명하기 위해 펜대를 근육질의 팔뚝으로 만들고 움직이는 느낌을 더하면 좋을 것이다.

⑥ 핵심어: 핵심어를 통해 부수적 생각이나 가지를 만들 수 있게 하면 기억이 용이하다.

2) 특 징

정보를 기억하고 그것을 회상하는 기본 과정은 자료에 대하여 주의를 집중하고, 자료를 감각적, 삽화적, 범주적 단서와 연결하는 능력이 있어야 가능하다. 이를 위해 기억을 향상시키기 위한 전략으로 개발된 것이 기억모형이다.

기억의 과정은 정보처리 과정의 하나라는 생각에 기초하여, 주의를 기울이는 것만 기억하고, 그중 연습하는 것은 장기 회상이 가능해진다는 심리학자의 연구를 반영한다. 즉 기억하기 위해서는 주의를 기울여야 하며, 회상하기 위해서는 회상을 위한 연습을 해야 한다는 것이다. 즉 오감을 통한 접근은 기억을 쉽게 만들고, 새로운 자료와 연결도 폭넓게 이루어질 수 있다. 이것은 본질적으로 어떤 대상을 인간의 오감으로 인식할 수 있는 형태로 전환시켜 수용하면 기억과 회상이 자유롭게 이루어지는 인간의 기본적 속성에 대한 확인된 실험 결과를 토대로 한 모형이다.

기억모형의 개발 과정은 심리학에 기반을 둔다. 심리학 실험 연구에 기반을 둔 Harry Lorayne, Jerry Lucas는 기억 능력을 증가시키기 위한 몇 가지 기본적인 원칙을 통합한 모형을 만들었다. 학문적 자료와 일반적 자료 모두 기억 능력이 지적 효과에 기초가 되기 때문에 암기와 기억을 수동적이고 사소한 것으로 취급하지 않고 능동적인 작업으로 생각한다. 지식을 습득하고 의미 있게 통합하고, 원하는 대로 회상하는 능력은 기억 학습을 위해 가능하다.

3) 효 과

기억모형은 정보를 축적하고 회상하는 능력을 기르기 위한 것이다. 이를 위해 지식을 저장하되 연상이나 대용, 새로운 연결과 같이 기존의 기억 방법과는 다른 방식을 사용한다. 이 모형은 기억해야 할 내용이 있는 모든 교과에 적용할 수 있다. 기억해야 할 내용이 많거나 일정한 체계를 가지고 있는 것에도 적용할 수 있고, 한 가지 내용을 기억하는 데도 사용할 수 있다. 학생의 수가 많거나 적거나 관계 없이 사용할 수 있다.

이 모형의 장점은 다음과 같다.

첫째, 이 모형으로 인해 학생들은 학습이란 자기 스스로 통제할 수 있는 과정이라는 것을 알게 된다. 과거에는 지식을 무모하게 암기하거나 다른 사람이 만든 기억 방법을 무조건적으로 따라갔지만, 이 모형을 사용하게 되면, 학생 스스로 새로운 기억법을 만들게 된다. 기억해야 할 내용에 따라 그에 맞는 기억 방식을 만들기 때문에 기억이 용이할 뿐 아니라 회상도 쉽게 이루어진다.

둘째, 창의적인 사고가 발달된다. 기억을 위해 연상을 비롯한 정의적, 창의적 영역을 자극하게 되는데, 이것은 지식 위주의 정보 지향적 학습에서 벗어나 즐겁고 창의적인 활동을 수행하게 한다. 학생을 이를 통해 지식을 기억하는 일을 매우 즐겁게 생각하게 되고, 자기 나름의 새로운 방법을 찾기 위해 몰두하게 된다.

셋째, 효과적으로 기억하는 방식을 찾기 위해 노력하다 보면 기억해야 할 내용의 특징에 주목하게 되어, 내용에 대한 인지가 높아진다. 단순히 기억하는 것보다 기억해야 할 내용에 기반을 둔 기억 장치를 만들기 위해 노력하기 때문에 중요한 것과 부수적인 것을 구분하게 되고, 전체 내용의 구조도 파악하게 된다. 결과적으로 다른 정보를 기억할 때에도 정보의 가치와 비중을 판단하는 능력을 기르게 된다.

넷째, 기억 능력이 향상된다. 이 모형이 본래 기억하는 방법을 효과적으로 가르치는 것은 아니지만, 어떤 내용을 기억하기 위해 이 모형을 사용하다보면 자기 나름대로 기억하는 능력이 길러진다. 따라서 수업에서 벗어나 다른 교과나 일상 생활에서도 기억해야 할 내용이 있으면 이 수업모형의 단계를 원용하여 기억하는 능력이 향상된다.

2 수업 절차

(1) 1 단계: 자료에 대한 주의집중

- 자료에 대한 주의 집중
- 자료의 특성 분석
- 기억이 용이한 구조로 재조직

학생은 학습할 자료에 주의를 집중하고 그 자료를 기억할 수 있는 형태로 조직하는 활동을 한다. 기억해야 할 자료 중 어느 부분에 주목할 것인가에 따라 정보는 달라지기 때문에 주목할 부분과 그렇지 않은 부분을 면밀하게 검토할 필요가 있다. 이 과정에서 정보의 가치와 비중에 따라 선택하는 정보가 달라지게 된다.

일단 정보를 선택하고 나면 정보를 분석해야 한다. 정보를 기억하기 위해서는 정보가 가지고 있는 특성이 무엇인지 상세하게 분석하고 그 특징을 나열하는 일이 중요하다. 이 분석의 결과 중 기억의 장치와 연결되는 요소가 생기기 때문이다.

정보는 기억이 용이한 형태로 재조직해야 한다. 원래의 정보 구조는 기억이 용이한 구조로 되어 있기 보다는 전달이 용이한 구조로 되어 있기 때문에 이해는 쉬우나 기억은 어렵다. 따라서 기억하기 쉽게 정보를 재조직하는 일이 필요하다.

(2) 2 단계: 관계 개발

- 아이디어들을 비교하거나 범주화하기
- 기억할 정보를 자신의 말로 바꾸기(중심어, 대용어)

자료를 친근하게 만들면 기억이 쉽기 때문에 중심어나 대용어, 연결 체제 기술을 이용하여 관계를 개발해야 한다. 관계짓는 방식은 사람마다 다르기 때문에 자신의 경험이나 지식에서 활성화시키기 쉬운 것을 고르는 훈련을 해야 한다. 이 훈련을 통해 기억하기 쉬우면서 재미있고, 회상이 용이한 관계를 설정하는 능력을 길러야 한다.

이를 위해 아이디어를 비교하거나 범주화하는 과정이 필요하다. 기억해야 할 정보는 독립된 요소로 있는 것이 아니기 때문에 유사한 것끼리 묶거나 공통점이나 차이점을 중심으로 비교하는 등의 활동을 통해 정리한다. 일반적으로 중요한 아이디어나 예와 같이 기억할 필요가 있다. 밑줄을 치는 것도 한 가지 방법이 될 수 있다.

아이디어를 따로따로 나열하고 자신의 말로 바꾸어 말하는 것도 주의를 집중하는 방법이다. 중심어를 기억하기 쉬운 다른 용어로 대치한다거나 머리글자만을 연결하거나, 다른 장치와 관련시켜 보는 것이다.

(3) 3 단계: 연상의 강도 조정

- 기억할 정보를 다른 감각에 연결하기
- 상을 수정하기

일단 기억한 내용을 회상하기 쉬워야 하기 때문에 가능하면 자신의 오감을 이용하여야 한다. 일단 오감을 이용할 수 있다는 것을 명심하고 기억하려는 것을 오감 중 어느 것을 활용하여 관계를 만들 것인가 생각해야 한다. 여기서 기억과 회상이 쉬우려면 새로운 관계, 신기한 관계, 우스운 관계를 만드는 것도 중요한 방법이 된다. 단 이때 새롭다거나 신기하다는 것이 자신이 다른 시간, 다른 장소에서 떠올리기가 어려우면 곤란하다. 지나치게 일반적이거나 진부한 관계는 기억하기는 쉬우나 유사한 내용이 중복될 수 있으므로 회상하기가 어렵고, 새롭거나 신기한 것도 기억하기는 쉬우나 회상하기가 어렵다. 따라서 회상을 용이하게 하기 위해 관계를 바꾸거나 수정할 필요가 있다.

(4) 4 단계: 회상 연습

- 상을 통해 정보 회상하기

일단 자료를 연결하여 기억하게 되면, 회상하는 연습을 하여 자신의 기억 속에 안정된 자리를 잡도록 해야 한다. 정보를 기억하기 위해 사용한 상이 쉽게 머리에 떠오르는지, 그것을 통해 원래의 정보가 쉽게 인출되는지 확인하여 수정을 가하도록 한다.

3 유의점

기억모형은 기억해야 할 모든 대상에 적용이 가능하다. 모든 교과에는 기억해야 할 요소가 있기 때문에 모든 교과에서 활용이 가능하다. 다만 기억 그 자체를 목표로 할 경우에는 기억모형이 교수・학습 과정 전체를 구성하게 되지만, 기억해야 할 요소가 교수・학습의 일부로 작용할 때에는 기억모형을 다른 모형의 중간에 끼어 들거나 앞뒤에 배치하여야 한다.

교사가 암기해야 할 내용을 학생들에게 가르치고 암기하는 방법도 제공할 경우 가장 효과적이지만, 궁극적으로 학생 스스로 암기할 내용을 정하고 암기하는 능력을 갖추어야 하기 때문에 단순히 편하다는 이유로 교사가 주도적이 되어서는 안 된다. 일단 교사가 암기하는 방법을 가르치되, 학생 스스로 자신이 접하는 정보를 기억할 수 있는 능력을 갖도록 연습 기회를 제공해야 한다.

참고문헌

Bank, A., M. E. Henerson, L. Eu(1981). *A Practical Guide to Program Planning: A Teaching Models Approach,* Teachers College, Columbia University, 박성익・권락원 편역(1989). 수업모형의 적용 기술. 성원사.

Joyce, B. Marsha Weil(1986). *Models of Teaching*, Allyn and Bacon, 윤기옥・송용의・김재복 공역(1995). 수업모형. 형설출판사.

Cruickshank, D. R., D. Bainer, K. Metcalf(1995). *The Act of Teaching.* McGraw-Hill.

Gunter, M. A., T. H. Estes, J. Schwab(1995). *Instruction A Models Approach* (2nd ed.), Allyn and Bacon.

Chapter 06

완전학습모형

시나리오

- 적용교과: 수학 4-가 단계
- 적용단원: 2. 곱셈과 나눗셈
- 수업목표: 네 자리 수와 두 자리 수의 곱셈을 할 수 있다.

김 교사는 4학년 학생들에게 네 자리 수와 두 자리 수의 곱셈을 지도하기로 하고, 완전학습모형을 적용하여 이 목표를 달성하기로 하였다.

1 학습 결손 진단과 학습 결손 처리하기

- 선수학습 요소를 확인하여 학습 결손이 있는지를 진단한다.
- 학습 결손을 보충하기 위해 적절한 학습 기회를 제공한다. 자율적인 가정 학습을 택하는 것이 좋다.

김 교사는 네 자리 수와 두 자리 수의 곱셈을 하는 데 필요한 선수학습 요소를 조사하였다. 그중에서 꼭 필요한 선수학습 요소를 확인하였다. 선수학습 요소로는 (세 자리 수)×(두 자리 수)의 계산 기능이었으며, 학생들이 이 기능을 가지고 있는지를 확인하기 위해 (세 자리 수)×(두 자리 수)의 계산 문제 3문항을 칠판에 제시하여 풀게 하였다.

잠시 후 교사는 학생들과 정답을 맞춰본 후 틀린 부분에 대해서 다시 한 번 설명한 후, 3문항 중 2문항 이상 틀린 학생들을 기록해 두었다. 이 학생들에게는 집에서 별도로 이 부분에 대해 공부해 오게 하였다.

2 수업 목표 명료화

- 수업 목표는 평균 정도의 학생이 단위 수업 시간과 같이 비교적 짧은 시간에 완성할 수 있는 것으로 정하였으며, 특히 행동적 용어를 사용하여 기술하였다.

교사는 수업을 시작하기 전에 수업 목표를 명료화하였다. 목표는 단위 시간에 완성할 수 있도록 구체적이고 상세화하였으며, 행동적 용어를 사용하였다.

이 단원에서 설정한 수업 목표는 다음과 같다.

- (네 자리 수)×(몇십)의 곱을 할 수 있다.
- (네 자리 수)×(몇십 몇)의 곱을 할 수 있다.

교사는 칠판에 이 목표를 기술하였고 학생들에게 여러분이 오늘 꼭 해야 하는 것임을 주지시키고 다함께 읽게 하였다.

3 교사 수업과 수업 보조 활동

- 학습 기호를 제공하여 밀도 있게 지도한다.
- 연습, 보조 학생 활용, 계산 게임 활용 등 보조 활동이 이루어진다.

교사는 먼저 교과서 28쪽 상단에 있는 문제를 TP 자료로 제작하여 제시하였다. 학생들에게 문제 분석 및 해결 방법을 예상하도록 시간을 주었다.

- 이 문제를 해결하는 데 알맞은 연산은 무엇인가?
- 이 문제를 해결하기 위한 곱셈식을 만들어 보라.

교사는 주어진 문제의 상황이 학생들에게 학습에 대한 흥미를 갖게 하기 위하여 공장에서 모자를 만드는 광경을 보여주면서 문제를 제시하고 학생들의 예상이 끝난 후에는 차례차례 발문을 하여 곱셈식을 유도하였다. 학생들은 교사가 한 위의 발문에 대해 흥미를 갖고 쉽게 접근함으로써, (네 자리 수) × (몇십)이 쉽게 도입되었다. 이어서 교사는 (네 자리 수) × (몇십)의 계산 원리와 계산 형식을 설명하였다. 교사는 특히 승수의 십의 자리 수 0을 곱하는 과정을 생략하는 점을 깨닫게 하였다. 설명이 끝난 후 교사는 28쪽 하단의 계산 문제 3문항을 제시하여 아동들에게 풀게 하였다.

두 번째 학습 목표를 달성하기 위해, 교사는 승수인 (몇십 몇)을 (몇십) + (몇)으로 분해하여 설명한 파워포인트 자료를 제작하여 그 과정을 보여 주었고 학생들은 자리 잡기의 원리를 쉽게 이해하였다.

이어서 29쪽 하단의 마지막 세 문항을 OHP로 제시하고 연습하게 하였다. 이 과정에서 자리를 맞추지 않고 계산하는 학생들이 몇 명 발견되었다. 교사는 모든 학생들에게 그런 오류를 보여주고 자리를 제대로 맞추어 계산하도록 주의를 시켰다.

4 형성 평가 및 보충, 심화 학습

- 학습 목표를 달성하였는지를 평가하고, 그 결과에 따라 보충 학습 또는 심화 학습을 제공한다.
- 교사는 미리 보충학습지나 방과후 학습지, 발전학습지 등을 제작해서 준비한다.

교사는 수업 종료 15분 전에 미리 준비한 평가지(5문항)를 학생들에게 나눠주고 해결하게 하였다. 활동이 먼저 끝난 학생들은 평가지를 개별적으로 교사에게 갖고 와서 확인을 받게 하였다. 교사는 개인별로 채점을 하고 그 결과에 따라 개별적인 처방을 하였다. 즉, 간단한 피드백이나 보충학습지, 방과후 학습지, 발전학습지 등을 부과하여 개인적으로 보충 학습이나 심화학습을 할 수 있는 기회를 제공하였다. 필요한 경우 전체 학생을 대상으로 하여 보충학습이나 심화학습을 진행할 수 있다.

5 소집단 학습

• 제2차 학습 기회로 소집단 학습을 제공하여 자율적, 협력 학습을 시킨다.

교사는 형성평가의 결과에 따라 학생들이 소집단으로 편성하여 문제해결을 하도록 학습 코너를 준비하였다. 여기서 학생들은 서로 협력하고 격려하면서 함께 학습한다.

1 이 론

1) 이론적 기초

완전학습(mastery learning)은 Carroll(1971), Bloom(1971) 등이 제기한 학습 방법으로, 학급 내의 약 95%의 학생이 주어진 학습 과제의 약 90% 이상을 완전히 학습해내는 학습을 말한다.

완전학습의 핵심 아이디어는 적성이다. 적성은 어떤 주어진 학습 자료를 완전히 학습하는 데 요구되는 개인의 능력으로 이해되어 왔으나, Carroll은 개인이 그것을 학습하는 데 필요로 하는 시간의 양으로 이해한다. 즉, 그에 의하면 적성이 낮은 학생은 완전학습 수준에 도달하는 데 단지 학습 시간이 더 많이 요구될 뿐이라는 것이다. 따라서 학습의 정도는 다음과 같은 공식으로 구해진다.

$$학습의\ 정도 = \frac{학습에\ 사용된\ 시간}{학습에\ 필요한\ 시간}$$

완전학습과 관련한 몇 가지 가정은 다음과 같다.

① 학습에 사용된 시간을 결정하는 요소는 적성, 수업 이해력, 수업의 질이고 필요 시간을 결정하는 요소는 지구력과 학습 기회이다.

② 적성, 수업 이해력, 지구력은 개인차 변인이며, 수업의 질과 학습 기회는 수업 변인이다.

③ 완전학습이 일어나기 위해서는 필요시간을 감소시키고 사용 시간을 연장하여야 한다. 필요 시간을 감소하기 위해서는 학습 적성의 계획적인 계발과 수업의 질적 개선, 수업 이해력의 향상이 선행되어야 하며, 사용 시간을 늘이기 위해서는 학습 지속력을 증가시키고 학습에 허용된 시간을 효율적으로 사용하여야 한다.

④ 적성: 과제를 완전학습하는 데 소요되는 시간.

⑤ 수업 이해력: 학습자가 수업 내용을 이해하는 능력. 수업 이해력에는 일반 지능과 언어 능력이 포함된다.

⑥ 수업의 질: 교사가 학습 과제를 어떻게 효과적으로 조직하여 학생들에게 제시하는가의 문제. 수업의 질을 높이기 위해서는 학습의 목표와 방법을 학습자가 이해할 수 있도록 명백히 설명하고, 학습 과제의 각 단계를 명확한 계열에 따라 조직하며, 개별화 수업을 해야 한다.

⑦ 학습 기회: 어떤 과제를 학습할 때 학습자에게 실제로 주어지는 시간. 투입된 시간의 양보다는 그 시간을 얼마나 유효적절하게 활용했느냐가 중요하다.

⑧ 지구력: 학생이 학습을 위하여 사용하기를 원하는 노력과 시간. 지구력을 증가시키기보다는 지구력의 절대량을 줄이는 것이 효과적이다. 이를 위해 개인차에 맞게 학습 자료를 조절하고 학습자 특성에 맞는 개별 지도, 피드백의 적절한 활용, 교수의 질의 개선 등이 필요하다.

2) 특 징

완전학습 이론가들은 전통적인 집단 수업 절차를 수정하여 학습 수준에 따라 더 많은 학습 시간을 제공하고 형성평가의 결과에 따라 적절한 보완적 수업을 받을 수 있도록 하면 완전학습이 달성된다고 믿는다. 그러한 관점에서 개발된 것이 개별화 처방 수업 프로그램(Individually Prescribed Instruction)이다.

이와 같은 완전학습은 다음과 같은 특징을 갖는다.

① 기존의 적성-학습 인과설을 부정한다.

② 학업 성취의 정상분포를 거부한다.

③ 기존의 교육이론이 학업성취의 예언 연구에 기초하고 있는데 반해, 완전학습은 이를 수긍하지 않는다. 정말 잘 가르쳤다면 능력이 부족한 사람도 거의 목표를 달성하기 때문이다.

3) 효 과

학급 내의 약 95%의 학생이 주어진 학습 과제의 약 90% 이상을 완전히 학습해내는 완전학습이 보통의 수업 교실에서 쉽게 달성될 수 있는 것인지는 확실치 않다. 그러나 컴퓨터 등의 현대 교수공학과 프로그램 학습 절차를 적용하면 훨씬 수준높은 개별화 수업을 제공할 수 있을 것이다.

특히 완전학습은 비교적 짧은 시간에 평균적인 학생이 완전학습에 도달할 수 있도록 수업 목표를 세분하고 행동적으로 기술한다는 점에서 우수아보다는 부진아에게 효과가 있으며, 고차적인 사고 능력보다는 기능이나 개념의 이해에 효과가 있을 것으로 기대된다.

2 수업 절차

Bloom은 완전학습을 위한 수업 전개 절차를 크게 수업 전 단계, 수업 단계, 수업 후 단계의 3단계로 구분하고 이를 다시 세분하여 모두 10단계로 구분하였다. 그 단계는 다음과 같다.

그림 6-1

완전학습 모형의 절차

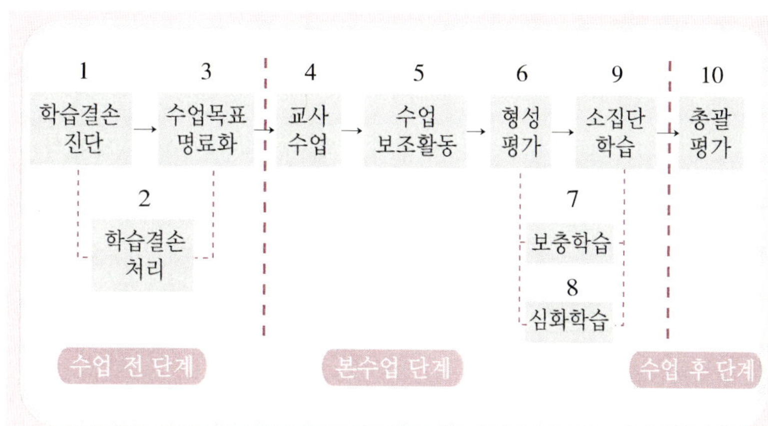

단계 1과 2

수업 전에 미리 학습 결손을 진단하고 중요한 학습 결함이 발견되면 그 결함을 제거하기 위한 적절한 학습 기회를 제공한다. 이를 위해 자율적인 가정 학습을 택하는 것이 좋다.

단계 3

목표는 평균 정도의 학생이 단위 수업 시간과 같이 비교적 짧은 기간에 완성할 수 있는 것으로써, 행동적 용어(해결한다, 설명한다, 기술한다, 등)를 포함해야 한다.

목표는 의미 있게 연결된 내용으로 묶여져야 한다. 예를 들어, 수 세기, 덧셈 등과 같은 영역으로 묶여진다.

각 영역에 있는 목표는 순서상의 계열을 이루어야 한다.

핏츠버그 대학교에서 개발한 개별처방식 수업에는 수학과의 경우 13개 영역에서 400개 이상의 행동 목표가 포함되어 있다.

단계 4와 5

학습 기회를 제공하여 밀도 있게 지도하며, 연습, 실험, 실습, 여러 가지 자료 제공 등 보조 활동이 이루어진다.

단계 6, 7, 8

교과 학습 단위별로 개개인의 학습 활동이 학습 목표를 달성했는지 확인하고 학습자에게 학습 진전에 관한 정보를 제공해 준다. 이때 심화 학습과 보충 학습을 할 수 있는데, 과외 보충 수업이나 적절한 프로그램을 통한 자율적인 가정학습을 실시할 수도 있다.

단계 9

제2차 학습 기회로 자율적, 협력 학습의 기회를 제공한다.

3 유의점

단위 수업에 관심을 갖고 있는 다른 수업모형과는 완전학습모형은 수업 전 단계와 수업 후 단계가 동시에 강조된다. 또한 수업을 진행하는 절차에 대해서는 이 모형이 제시하지 않고 있다. 그러므로 완전학습모형을 적용하고자 할 때 수업 목표를 달성하기 위해 여러 가지 자료의 준비 및 제시 방법, 수업 진행 절차 등에 대해 연구를 많이 해야 할 것이다.

또한, 수업 목표가 평균 정도의 학생이 단위 수업 시간과 같이 비교적 짧은 기간에 완성할 수 있는 것으로써 행동적 용어로 제시되기 때문에 목표의 달성과 평가가 쉬운 반면, 고차적인 사고를 목표로 하는 수업에서는 이 모형이 적절하지 않을 수 있다. 즉, 감상하고 이해하는 것을 목표로 하는 수업, 단순 계산 기능이 아닌 고등수학적 사고를 요구하는 수학 수업 등에서는 다른 모형을 고려해야 할 것이다.

매 시간마다 수업 결손을 진단하는 것은 현실적으로 쉬운 일이 아니다. 그렇다고 해서 학기 단위나 학년 단위로 결손을 진단하는 것도 바람직하지는 않을 것이다. 그러므로 수업 결손 진단은 매 단원마다 실시하는 것이 바람직할 것이다.

참고문헌

박상호 · 임선빈(1995). 교육방법 · 교육공학. 서울: 집문당.
Joyce, B., & Weil, M.(1986). *Models of teaching*(3rd ed.). NJ: Prentice-Hall.

Chapter 07 개념학습모형

시나리오(속성모형)

1 문제제기

• 수업 목표를 분명히 제시한다.

김 교사는 자본주의와 공산주의 개념을 이해시키기 위해 속성모형 수업을 하였다. 수업목표를 말하고 수업방법은 강의식과 문답식 방법을 병행하였다.

2 속성제시와 정의

• 아동이 개념의 속성(특징)을 발견하거나 이해하도록 한다.

우선 김 교사는 다음과 같이 두 개념을 정의하였다. 자본주의란 사유재산과 경제활동의 자유가 인정되는 경제를 말하며, 공산주의란 개인 재산이 인정되지 않으며 모든 경제 활동이 국가의 계획에 의해 이루어지는 경제를 말한다.

3 결정적 속성과 비결정적 속성 검토

- 결정적 속성을 제시한다.
- 비결정적 속성을 제시한다.

그리고 김 교사는 두 개념의 결정적 속성과 비결정적 속성을 다음과 같이 말해 주었다. 자본주의의 결정적 속성은 첫째 사유 재산을 법으로 보장한다. 둘째 시장 제도에 의한 경제의 운영과 경제 문제를 해결한다. 셋째 기업 활동이 정부의 통제로부터 벗어나 있다. 그리고 비결정적 속성으로는 첫째 물건을 자유롭게 살 수 있으며 자기에 맞는 직업을 선택할 수 있다. 둘째 자기 능력과 노력한 만큼 소득을 얻는다. 셋째 민주주의의 이념을 갖는다. 공산주의의 결정적 속성은 첫째 사유 재산을 인정하지 않는다. 둘째 공업, 농업 등의 모든 생산 활동에 정부가 면밀한 계획을 세운다. 셋째 공장 등 모든 생산 수단이 정부의 소유로 되어있다. 공산주의의 비결정적 속성은 개인적, 사회적 욕구가 무시된다. 둘째 빈곤한 평등을 낳게 된다. 셋째 사회주의 이념을 갖는다.

4 예와 비예의 검토

- 속성에 맞는 예와 예가 아닌 것을 제시한다.

김 교사는 백화점에서 상품을 자유롭게 고르고 있는 장면과 집단농장에

속성모형	원형모형	상황모형
① 개념의 정의 ② 개념의 속성 ③ 개념의 특징 ④ 개념의 예 ⑤ 개념에 대한 문제	① 개념의 대표적인 예 ② 개념의 예가 아닌 것(문제점) ③ 개념의 정의 ④ 개념의 특징 ⑤ 개념에 대한 문제	① 문제 상황 ② 개념의 정의 ③ 사회적 상황(개념에 관한) ④ 개념의 예가 아닌 것(문제점) ⑤ 개념의 특징 ⑥ 개념에 대한 문제

(1) 속성모형

① 문제제기: 수업목표와 배울 개념에 대한 안내를 한다.

② 속성제시와 정의: 아동이 배울 개념을 정의한다.

③ 결정적 속성과 비결성적 속성 검토: 배울 개념의 결징적 속성과 비결정적 속성을 제시한다.

④ 예와 비예의 검토: 배울 개념의 속성에 맞는 예와 예가 아닌 것을 제시한다.

⑤ 가설 검증: 새로운 대상에 이 속성이 잘 적용되는지 시험한다. 즉 배운 개념을 다른 상황에 적응해 본다.

⑥ 개념의 형태, 종류, 관계 등 개념분석: 배운 개념을 토대로 관련 개념과 확대된 개념 사용을 통해 배운 개념의 위치를 파악한다.

⑦ 관련 문제 검토: 배운 개념과 관련되어 제기될 수 있는 여러 가지 문제를 검토한다. 또한 배운 개념이 포함된 발전된 개념이나 일반화 등의 적용을 한다.

(2) 원형모형

① 문제제기: 수업목표와 배울 개념에 대한 안내를 한다.

② 원형 또는 예 제시: 원형, 즉 전형적인 예를 제시한다.

③ 예가 아닌 것 제시: 예가 아닌 것을 제시하여 개념을 분명히 이해시킨다.

④ 속성 검토: 개념의 속성들을 제시하여 개념을 정리한다.
⑤ 개념 분석: 배운 개념을 토대로 관련 개념과 확대된 개념 사용을 통해 배운 개념의 위치를 파악한다.
⑥ 문제 검토: 배운 개념과 관련되어 제기될 수 있는 여러 가지 문제를 검토한다. 또한 배운 개념이 포함된 발전된 개념이나 일반화 등의 적용을 한다.

(3) 상황모형

① 문제제기: 수업목표와 배울 개념에 대한 안내를 한다.
② 상황 및 경험의 진술: 개념이 사용되는 상황을 설명해 주고 그 상황에서 가능한 경험들을 설명하거나 아동으로부터 경험을 듣는다.
③ 예와 비예의 검토: 배울 개념의 속성에 맞는 예와 예가 아닌 것을 제시한다.
④ 속성 검토: 개념의 속성들을 제시하여 개념을 정리한다.
⑤ 개념 분석: 배운 개념을 토대로 관련 개념과 확대된 개념 사용을 통해 배운 개념의 위치를 파악한다.
⑥ 문제 검토: 배운 개념과 관련되어 제기될 수 있는 여러 가지 문제를 검토한다. 또한 배운 개념이 포함된 발전된 개념이나 일반화 등의 적용을 한다.

3 유의점

개념학습은 여러 학습 모형 중에서도 매우 핵심적 위치를 점하고 있다. 왜냐하면 우리의 교육과정은 거의 개념 중심으로 구성되기 때문이다. 그것은 지식의 구조 자체가 개념의 관계이기 때문이다. 그러므로 이러한 개념들을 어떻게 하면 쉽고 정확하게 이해할 수 있을까 하는 점이 수업모형의 기본적인 목표였다. 여기서 소개된 세 모형들은 어느 교과 어느 학년에 관계없이 다 적용할 수 있는 모형들이다. 특히 원형모형은 복잡한 개념보다는 구체적인 개념이나 상위, 하위 개념을 이해하는 수업에 적합하다. 복잡한 개념을 복잡한 속성들의 열거로 이해하는 것보다는 원형모형처럼 전형적인 예나 상황모형처럼 어떤 상황에서 그 개념이 사용되는 것을 체험함으로써 더 잘 이해할 수 있기 때문이다. 그러나 간단한 개념들은 번거롭게 예를 들거나 상황을 주는 것보다는 간단한 속성의 진술로 충분히 개념을 이해할 수 있다. 상위, 하위 개념들도 분명한 속성을 통해서 그 위계에 의해 쉽게 이해될 수 있다.

원형모형은 속성을 잘 찾아내기 힘든 범주를 효과적으로 나타낼 수 있기 때문에 추상적 개념 이해에 매우 효과적이다. 개념 중에는 굳이 언어로 표현할 때 오히려 더 혼란스러운 것들이 많기 때문에 오히려 개념이해에 혼란을 준다. 그러므로 추상적인 개념일수록 원형모형이 효과적이다.

상황모형은 아동의 생활 속에서 또는 가상현실 속에서 그 맥락에서 사용되는 개념을 직접 또는 간접으로 경험하는 것이기 때문에 원형모형이나 속성모형보다 재미있는 수업을 할 수 있고, 파지효과도 지속성이 높은 수업효과를 얻을 수 있다. 그러나 교사가 그러한 상황을 연출하고 유지하는데 기술적 어려움과 시간과 노력이 많이 드는 단점이 있다. 그리고 속성모형이나 원형모형이 쉽게 할 수 있는 개념까지 모두 상황모형을 사용할 필요는 없다. 최근 연구에 의하면 상황모형은 아동에게 매우 생경한 개념이나 어려운 개념을 가르칠 때 효과가 있는 것으로 알려져 있다(조영달, 1999).

참고문헌

김동혁(1999). 초등 사회과 경제교육에서의 개념학습. 인천교대석사학위논문.
구정화(1995). 사회과 동위개념의 효과적인 학습방법 연구. 서울대박사학위논문.
차경수(1995). 현대의 사회과교육. 서울: 학문사.

Eysenck, M. W. & Keane, M. T.(1995). *Cognitive psychology*: A student's handbook: UK: Lawrence Erlbaum.

Howard, R. W.(1987). *Concepts and Schemata*. London: Cassel.

Smith, E. E. & Medin, D. L.(1981). *Categories and concepts*. MA: Harvard Univ. Press.

Tennyson, C. L. & Tennyson, R. D.(1980). Content structure and instructional control strategies as design variables in concept acquisition. *Journal of Educational Psychology*, 74(4), 499-505.

Yoho, R. F.(1986). Effectiveness of four concept teaching strategies on social studies concept acquisition and retention. *TRSE*, 14(3), 57-74.

Chapter 08 귀납적 사고모형

시나리오

- 적용교과: 슬기로운 생활
- 적용단원: 동물과 식물
- 수업목표: ① 동물과 식물의 특징을 안다.
  ② 귀납적으로 개념 형성하는 과정을 경험한다.

1 수업 계획

- 교사는 귀납적 추론 과정을 지도하기에 적절한 소재를 선정하였다.

어 교사는 2학년 슬기로운 생활에서, '산과 들에 사는 동물과 식물을 열거하고 동물과 식물의 특징을 말할 수 있다.'를 수업 목표로 정하고 귀납적 사고모형을 적용하기로 하였다.

2 1단계: 목록화 및 열거

- 교사는 공동체험 학습을 갔던 장수공원에서 볼 수 있었던 것을 생각나는 대로 발표하게 하였다.
- 가능하면 식물과 동물 이름이 많이 나오게 유도하고, 발표되는 것을 칠판에 기록하였다.

여러분은 지난번에 공동체험 학습으로 장수공원에 갔었지요? 시내버스도 타고 가다가 내려서 들판을 걸어가기도 했지요? 가면서 산이나 들에서 본 것에 대해 생각해 보고 발표해 보세요. 비둘기랑 참새도 보고 애기똥풀도 보았지요?라고 말하면서 바른 자세로 발표하게 지도해갔다.

발표된 것에는 비둘기, 민들레, 개미, 지렁이, 진달래, 철쭉, 다람쥐, 나비, 참새, 보리, 애기똥풀, 무, 케일, 소나무 등이 있다.

3 2단계: 집단화

- 발표한 내용을 두 가지로 나누어 보게 하였다.
- 나누게 된 기준을 발표하게 하였다.

여러분들이 발표한 것들이 칠판에 많이 적혀 있군요. 지금부터 여러분들은 종합장을 반 나누어 칠판에 있는 것들의 특징을 잘 생각하면서 두 가지로 나누어 보세요. 라는 선생님의 지도에 학생들은 조원들과 논의하면서 칠판에 적힌 것들을 나누어 기록하였다.

기록이 끝나면 두 가지로 나눈 기준이 무엇인지 발표하게 하였다. 발표된 내용에는 녹색의 잎이 있는 것과 없는 것, 꽃이 피거나 열매가 있는 것, 알이나 새끼를 낳는 것 등의 기준도 있었다.

4 3단계: 명명, 범주화

- 각 집단에 대해 이름을 붙이고 그런 집단에 속하는 다른 대상을 찾아보게 하였다.
- 각각의 특징을 발표하게 하였다.

분류된 각각의 집단에 대해 적절한 이름을 붙이게 하였다. 이름이 적절치 않거나 이름을 붙이지 못하면 교사가 적절한 이름을 붙여주기도 하였다. 녹색 잎이 있거나 열매기 있는 것을 식물이라고 하고 새끼나 알을 낳는 것을 동물이라고 한 다음, 식물과 동물에 어떤 것이 있는지 발표하게 하였다.

또, 식물과 동물에는 어떤 다른 특징이 있는지를 발표하게 하였다. 돌아다닐 수 없고 돌아다닐 수 있다, 소리를 낼 수 없고 소리를 낼 수 있다, 피가 없고 피가 있다 등의 답변이 나왔다.

5 정 리

- 교사는 동물과 식물의 특징을 정리하여 준다.
- 동물과 식물 개념을 형성하게 된 귀납적 사고 과정을 의식시킨다.

자료의 목록을 만들고 분류하여 집단화하며, 집단에 이름을 붙여 동물과 식물 개념을 형성하게 된 과정을 의식시키고, 동물과 식물의 특징을 정리하여 준다.

1 이 론

1) 이론적 기초

19세기 영국의 철학자 휴웰(William Hewell)은 "연역은 일반적 진리로부터 개별적 진리를 추론하는 것이요, 귀납은 개별적 진리로부터 일반적 진리들을 추론하는 것"이라고 규정하였다. 그러나 이와 같이 전제와 결론의 특수(particular)와 일반(general)에 의해 연역과 귀납을 구별하는 데 대하여 현대 미국의 논리학자 코피(Irving M. Copi)는 다음과 같이 비판을 가하고 있다.

연역 추리에 있어서도 전칭 명제들로 구성된 전제들로부터 전칭 명제의 결론 즉 일반적 진리를 추론하는 경우도 있고, 또 특칭 명제들로 이루어진 전제들로부터 특칭의 결론을 추론하는 경우도 있으며, 한편 귀납추리에서는 전칭 명제들로 이루어진 전제들로부터 전칭 명제의 결론을 이끌어내는 경우도 있고, 또 특칭 명제를 결론으로 가지는 경우도 있다. 따라서 일반적 진리로부터 특수한(=개별적) 진리를 이끌어내는 것을 연역, 특수한 사실들로부터 일반적 진리를 결론으로써 얻는 추리를 귀납이라 하는 것은 옳지 못하다. 연역과 귀납의 차이는, 연역은 전제들과 결론의 관계가 필연적이고 귀납은 개연적이라는 데 있다.

이러한 비판에도 불구하고 귀납 또는 귀납적 추리란 개별적이고 구체적인 사실들을 관찰하고 실험하여 그것들을 묶어 설명하는 보편적인 법칙들 또는 원리들을 발견하고 확립하는 사고 과정이라고 말할 수 있다. 다만 그 추리의 결론은 연역적 추리의 결론과는 달리 개연적이다.

귀납적 사고나 연역적 사고 등과 같이 사고가 학습될 수 있는가에 대해서는 찬성하는 증거와 반대하는 증거가 있다. 그러나 Hilda Taba는 사고는 배울 수 있고, 사고는 개인과 자료 간의 능동적 관계이며, 사고의 과정은 순서적 계열에 의해 발생한다는 가정하에, 학생들의 귀납적 사고 과정을 개발시켜주기 위해 귀납적 사고모형을 개발하였다. 그녀는 귀납적 사고 과정은 세 가지 과제, 즉 개념 형성, 자료의 해석, 원리의 적용으로 구성된다고 보고, 각 과정을 유도하기 위한 세 가지 교수 전략을 개발하였다. 여기서 Taba의 개념 형성은 기본적으로 브루너의 설명과 동일하다. 그러나 그녀는 사고력은 개념 형성에만 그치는 것이 아니라 자료에 내재하는 관련점을 서로 연결시키고 이러한 관계로부터 일반화를 유도하며 알려진 사실로부터 가설을 설정하고 새로운 현상을 예측하고 설명하기 위하여 추론하고 일반화시키는 행위라고 보았다.

2) 특 징

Hilda Taba의 귀납적 사고모형은 사회과를 위해 개발된 것이다. 이 모형을 약간 수정하여 다른 교과에 사용할 수 있으나, 이와는 별도로 교과마다 나름대로 귀납적 사고모형을 개발하기도 하였다.

귀납적 사고모형은 많은 양의 정보를 학습하고 처리하는 데 사용될 수 있으며, 특정한 지식의 전달보다는 사고 능력을 개발하는 데 초점이 맞춰진다.

3) 효 과

귀납 모형은 학생들에게 개념 형성을 가르치고 동시에 개념을 가르치기 위해 설계되었다. 그러나 귀납적 사고를 하는 과정에서 지식의 성격에 대해서도 자각하게 된다. 그러므로 이 모형의 효과는 다음과 같다.

2 수업 절차

1) 수업단계

Hilda Taba의 개념 형성, 자료의 해석, 원리의 적용이라는 세 가지 귀납적 교수 전략은 다음과 같다.

표 8-1 개념 형성

표면적 활동	내면적인 지적 조작	유도 질문
1. 목록과 열거	변별(분리된 아이템 확인)	너는 무엇을 보았니?, 들었니?, 주목했니?
2. 집단화	공통 성질을 확인하기 추상화하기	어떤 것을 함께 묶을 수 있니? 어떤 준거에서?
3. 명명, 범주화	아이템의 상, 하위 위계 순서를 결정하기	이 집단을 무엇이라고 부르겠니? 무엇이 무엇에 속할까?

표 8-2 자료의 해석

표면적 활동	내면적인 지적 조작	유도 질문
1. 결정적 관계를 확인	변별(분리된 아이템 확인)	너는 무엇을 주목했니?, 보았니?, 알았니?
2. 관계를 탐색하기	범주를 서로 관련짓기 인과 관계를 결정하기	왜 이것이 일어났을까?
3. 추론하기	주어진 것을 넘어서기 결과(implication)를 찾기 외삽하기	이것은 무엇을 의미하니? 그로 인해 어떤 심상이 떠오르니? 어떤 결론을 내리겠느냐?

표 8-3 원리의 적용

표면적 활동	내면적인 지적 조작	유도 질문
1. 결과의 예측, 익숙하지 않은 현상을 설명, 가설 설정	문제나 상황의 본질을 분석하기 관련된 지식을 상기하기	만약 ~하면 무슨 일이 일어날까?
2. 예측과 가설을 설명하고 (하거나) 지지하기	예측이나 가설에 이르는 인과적 고리를 결정하기	이런 일이 왜 일어난다고 생각하느냐?
3. 예측을 입증	논리적 원리나 사실을 이용하여 필요충분조건을 결정하기	왜 이것이 일반적으로(또는 개연적으로) 참이 될까?

이 전략은 그대로 수업의 단계로 사용할 수 있다. 물론 개념 형성, 자료의 해석, 원리의 적용이라는 세 가지 단계를 모두 한 시간에 거치는 것은 불가능하다. 그러나 수업 복표에 따라 어느 한 과세 또는 두 과제를 결합하여 진행하는 것은 가능할 것이다.

이 전략이 사회과 교육과정 구성 과정에서 개발되었으며, 이 교수 모형에 의해 수업하면 학습된 정보의 양과 개발 조직된 개념의 양도 증가하고 기억도 증진된다는 보고도 있다. 그러나 다른 교육과정에서 이를 그대로 적용하는 것은 무리가 있을 수 있으며 따라서 적절히 이를 변형할 필요도 있을 것이다.

앞의 시나리오는 Taba의 첫 번째 과제인 개념 형성의 3단계에 국한되어 있으나, 다음의 수업 예는 두 번째 과제인 자료의 해석 3단계에 초점을 두고 진행한 수학과에서의 귀납적 사고 과정이다.

교사는 다음과 같은 뺄셈 문제를 학생들에게 부과하고 이를 해결하게 한다.

$$\begin{array}{r} 52 \\ -25 \\ \hline \end{array} \quad \begin{array}{r} 86 \\ -68 \\ \hline \end{array} \quad \begin{array}{r} 73 \\ -37 \\ \hline \end{array}$$

① 결정적 관계를 확인

교사는 학생들이 문제를 해결하고 난 다음 무엇을 알게 되었는지, 무엇을 주목하였는지 확인한다. 학생들은 답이 모두 9의 배수가 된다거나 아니면 답의 각 자리 수의 합을 구하면 9가 된다는 것을 주목하게 된다.

② 관계를 탐색하기

교사는 왜 그런 일이 생겼는지를 묻는다. 어떤 뺄셈 문제에서도 이런 일이 일어나는지, 아니면 다른 이유가 있는지를 질문하고, 학생들은 주어진 뺄셈 문제가 특별한 종류임을 인식하게 된다. 즉, 두 자리 수에서 각 자리 수를 바꾸어 빼는 문제라는 것을 알게 된다.

③ 추론하기

그리하여 '두 자리 수에서 자리 수를 바꾸어 빼면 그 차의 자리 수의 합은 9가 된다'는 일반화된 생각, 즉 추론을 하게 된다.

이 추론이 맞는지를 다른 문제를 만들어 확인해 볼 수 있다.

④ 원리의 적용

더 나아가 세 자리 수에서도 각 자리 수를 바꾸어 빼면 답의 자리의 수를 모두 합하면 그 결과가 일정할 것이라는 가설을 설정하게 될 수도 있다.

한편 수학과의 경우는 다음과 같이 귀납적 추론에 대해 많은 연구가 있어 왔다.

표 8-4 귀납적 추론의 학습지도흐름 분석내용

수업과정 \ 단계	한국교육개발원	Polya	片桐重男	강문봉	정은실
1단계	문제해결 동기 유발	문제인식	문제 파악	문제 인식	문제 파악
2단계	문제조건 및 정보 파악	관찰 (추측하기)	자료 정리	실험 · 관찰	자료 수집
3단계	규칙성 발견	가설(일반화)	공통 규칙, 성질 찾기	추측하기	추측하기

4단계	규칙성 확인 및 검토	특수한 예로 가설 검증하기	다른 자료로 공통 규칙, 성질 확인해 보기	추측의 검사	특수한 경우의 확장을 통한 추측의 검사
5단계	다른 해결 전략 발견	계속 가설 검증하기	일반화 검증하기	새로운 추측 (추측 반박, 추측 정당화)	일반적인 사실로 받아들이기

이런 연구에 기초하여 안승학은 다음과 같이 귀납적 사고를 지도하기 위한 수업모형을 제안하였다.

표 8-5 귀납적 추론 교수-학습 지도 단계 및 각 단계별 주요활동

교수-학습 지도 단계	귀납 추론 주요 활동
문제인식	• 아동에게 문제 제시하기 • 아동의 문제해결 의욕 불러일으키기
자료수집 및 관찰	• 문제의 조건 · 정보 파악하기 • 실험을 통하여 문제의 조건에 맞는 자료 수집하기 • 수집된 자료를 관찰하기
추측하기	• 자료의 관찰을 통해 공통 규칙 · 성질 발견하기 • 추측한 공통 규칙 · 성질을 수학적(식 또는 간결한 용어 표현)으로 표현하기
추측검증	• 특수한 예로 추측을 확인 및 검토하기 • 추측의 반례를 찾았을 경우, 자료수집 및 관찰단계로 돌아가기 • 추측을 일반화로 확실히 받아들이기
정리 및 발전	• 일반화된 사실을 확대 적용해 보기 • 새로운 추측을 해보기 • 다른 해결 전략 알아보기 • 추측을 연역적으로 증명하기

3 유의점

이 모형은 특정한 개념의 이해나 그러한 개념의 형성을 목적으로 사용되기도 하지만, 귀납적으로 사고하는 그 자체를 지도하는 데 사용되기도 한다. 어느 쪽에 초점이 있느냐에 따라 지도상의 강조점이 달라질 수 있음을 유의해야 한다.

또, 자료를 수집하고 분류하고, 일반화하는 데는 교사의 발문이 매우 중요하다. 상황에 따른 적절한 발문을 해야 한다.

참고문헌

강문봉(1995). 귀납적인 교수 방법의 재고. **대한수학교육학회 논문집** 제5권 제1호, 1995, 65-72.

박선화(1991). 귀납적 방법. **제7회 수학교육학 세미나**, 317-350.

안승학(1999). 아동의 귀납적 추론능력을 향상시키기 위한 지도방법에 관한 연구. 인천교대 교육학 석사 논문.

우정호(2000). **수학 학습-지도 원리와 방법**. 서울대학교 출판부.

최명관(1985). **논리학개론**. 숭전대학교 출판부.

Joyce, B., & Weil, M.(1986). *Models of teaching*(3rd ed.). NJ: Prentice-Hall.

Chapter 10 인지발달모형

시나리오

김 교사는 직사각형의 넓이 공식과 평행사변형의 넓이 공식을 배운 학생들에게 공식의 차이를 분명히 인식시키고 싶어서 갈등 상황을 제시하기로 하였다.

1 단계별 과제의 대면

- 학습자의 발달 단계에 최적합한 문제 상황을 제시한다.
- 학습자의 오개념을 도출한다.

김 교사는 학생들에게 성냥개비 4개로 정사각형을 만들게 하고, 이어서 찌그러뜨려서 평행사변형을 만들게 하였다. 그리고 처음의 정사각형과 나중의 평행사변형의 두 도형의 넓이가 같은지, 아니면 어느 것의 넓이가 더 큰지를 물었다.

〈도형 1〉　　〈도형 2〉

많은 학생들이 한 도형을 옆으로 찌그러뜨려서 생긴 것이므로 넓이가 같을 것이라고 생각할 것이다. 특히 변의 길이가 모두 같기 때문에 그런 생각은 자연스럽다고 김 교사는 판단하였다.

2 탐구

- 아동의 반응을 유도하여 정당화를 요구한다.
- 반대 질문을 하고 아동의 반응을 알아본다.

실제로 많은 아동들은 두 도형의 넓이가 같다고 대답하였다. 교사는 그 이유를 물었고 학생들은 '그냥 같다'거나 '처음에 같은 도형이기 때문에'라고 대답하였다. 교사는 두 도형의 넓이를 구하는 공식과 가로의 길이와 세로의 길이, 밑변과 높이를 재어보게 하였다. 학생들은 <도형 1>의 세로와 <도형 2>의 높이가 다르다는 것을 알고 공식을 알고 있음에도 불구하고 넓이가 같다는 생각은 변하지 않았다.

교사는 색종이로 미리 만들어둔 정사각형과 평행사변형의 두 도형을 학생들에게 주고 겹쳐보게 하였다. 그리고 평행사변형을 오려서 직사각형으로 만들어 보게 하였을 때 학생들은 당황하기 시작하였다.

교사는 이 상황을 더욱 탐구하게 하였다. 학생들은 사각형을 더욱 찌그러뜨려서 납작하게 만들수록 넓이가 더 작아지게 됨을 이해하게 되었다. 또한

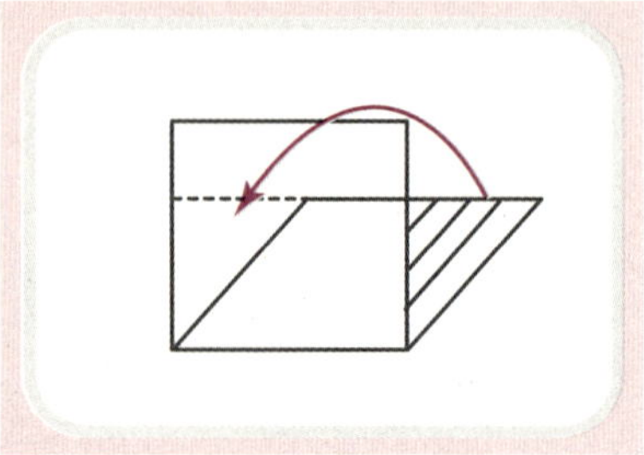

어느 경우든 둘레의 길이는 변하지 않고 있음도 알게 되었다.

좀 더 다양한 탐구 활동을 위해 교사는 Geometer's Skethpad와 같은 컴퓨터 소프트웨어를 사용하게 하였다.

3 전 이

- 관련된 과제를 제시하여 아동의 추론을 알아본다.
- 반대 질문을 던져본다.

교사는 변의 길이와는 상관없이 원래의 사각형과 넓이가 같은 도형을 만들어 보게 하였다. 학생들은 도형이 납작해지면 넓이가 작아지기 때문에 납작하지 않게 만들려고 노력하였고, 그러한 과정에서 도형의 등적변형을 이해하고 발견하게 되었다.

1 이 론

1) 이론적 기초

인지발달모형은 피아제의 발달 이론에 근거한 것이다. 피아제는 인간은 여러 단계에서 더욱 복잡한 수준의 사고로 점점 발달해 간다고 믿는다. 각 단계는 그가 사용하는 지적인 구조인 schema의 획득 여부에 의해 결정지어진다. schema는 일정한 방식으로 세계를 조직하며 개인이 환경과 상호작용할 때 사용하는 전략이기도 하다.

생활의 과정에서 아동들은 새로운 경험들을 자신이 가지고 있는 schema에 동화시킨다. 그러나 기존 schema로 동화시키지 못하는 경우에 아동은 자신의 schema을 점진적으로 변화시켜 이를 해결하게 하는데, 이것이 조절이다. 조절 과정을 통해 더욱 복잡하고 정교한 schema로 발달하게 된다.

피아제에 의하면 schema는 모든 사람에게 일정한 순서로, 비교적 예정된 속도로 일어난다. schema는 일정 기간 동안 평형을 유지하게 되고 이것이 단계를 이루는데, 일정한 단계에서는 일정한 유형의 사고만이 가능하다.

피아제의 발달 단계는 다음과 같다.

① 감각운동기(0~2세)

② 전조작기(2~7세)

③ 구체적 조작기(7~11세)

④ 형식적 조작기(11~16세)

피아제는 지능 발달의 단계에 관한 연구에 주로 전념해 왔으나, 그의 연구는 교육계에 상당한 충격을 주었고 이를 교육에 적용하려는 연구가 많이 진행되었다. 피아제 이론에 대한 실험을 근거로 하여 류희찬은 다음과 같은 학습 원리를 도출하였다.

(1) 학습 원리 1. 학습은 내적 구성의 과정이다.

학습은 단순한 관찰을 통해서는 이루어지지 않는다. 학습은 외부의 환경에 능동적으로 반응하여 새롭게 무엇을 구성하는 활동이다. 그러나 단순히 활동을 한다는 것이 학습 보장하는 것은 아니다. 그 활동 가운데 반영적 추상화의 과정이 내재되어 있어야 한다. 학습은 교사에 의한 설명이나 시범에 의존할 수 없다. 어떤 경우든 자신의 인지 구조를 재구성하지 않으면 안된다.

(2) 학습 원리 2. 학습은 발달에 종속한다.

학습이란 자신의 인지 구조로 외부의 대상을 해석하려는 시도에서 시작된다. 이는 Piaget의 용어로는 동화 과정이다. 이 동화의 과정이 만족스럽지 않는 경우, 자기 자신의 인지 구조를 변경시킨다. 이 과정이 조절이다. 어떤 경우든 새로운 개념이나 경험에 적절히 반응하기 위해서는 최소한의 능력(capacity)을 갖추고 있어야 한다. 단순히 경험한다고 학습되는 것은 아니다. 그 경험에 맞는 적절한 인지 구조를 갖지 않으면 안 된다.

(3) 학습 원리 3. 학습은 갑작스러운 통찰이 아닌 점진적인 조직화이다.

학습은 갑작스러운 통찰에 의해 이루어지지 않는다. 이해는 행동 뒤에 오게 된다. 학습은 행동하는 순간이 아니라 그 행동을 의식화할 때 이루어지는 것이다. 이해하지 못한 상태에서도 규칙에 맞게 행동할 수 있는 경우가 많다. 단순히 활동의 가능 여부가 학습의 준거가 될 수가 없다. 흔히 Piaget의 이론을 딴 대부분의 상업성 활동주의가 성공하지 못하는 것도 활동에만 비중을 두었기 때문이다. 학습을 위해서는 그 활동 과정을 점진적으로 조직하는 의식화의 과정이 필요하며 그 의식화의 정도만큼 학습이 이루어진다.

(4) 학습 원리 4. 지식의 성장은 의문, 모순 등에 의한 촉진된다.

학습은 주체와 객체 사이의 관계이다. 이 관계는 수정과 재수정의 끊임없는 과정이다. 아동은 계속적인 approximation을 통해 학습한다. 그들은 과제에 행동을 가하고 그들의 행동의 결과를 관찰한 다음 그 결과를 수정하거나 자신의 기재를 바꾼다. Self-correction의 과정은 initial expectation과 그들의 행동의 경로가 사이의 모순을 관찰하는 능력으로부터 온다.

만약 동화 노력이 실패로 돌아가면 모순이 발생하고 아동은 비평형 상태에 놓이게 된다. 이 모순을 보상하기 위해 아동은 재평형화를 시도한다. 이러한 가운데 아동의 앎은 더욱 풍부해지게 된다.

(5) 학습 원리 5. 의문, 모순, 사고의 재조직은 사회적 상호작용에 의해 촉진된다.

외부와의 적절한 접촉은 학습을 촉진한다. Doise와 그의 동료(1975)는 교사나 동료와의 접촉은 학생들로 하여금 좀 더 많은 속성을 주목하게 하였다고 보고하고 있다. 동료들과 같이 학습하게 되면 동료로부터 자신이 알지 못한 다른 관점이 있다는 것을 배울 수 있다. 따라서, 자신의 추론에 더 유연해지게 된다. 흔히 제네바 학파의 학습관은 자발적이라고 주장되고 있다. 그러나 Piaget 학파에게 자발적이란 교사에 의한 직접적인 강의가 아닌 것을 의미한다(Gallagher & Reid, 1981).

피아제의 이론에 근거하여 개발된 교수 모형에는 여러 가지가 있다. 라바뗄리(Lavatelle)에 의해 개발된 4~11세 아동을 위한 피아제식 교육과정은 교육과정을 강조하며, 와이카트(Weikart)의 모형은 하루의 활동을 계획 시간(20분), 작업시간(40분), 그룹 평가 시간(10분), 정돈(15분), 간식 및 그룹별 시간(30분), 활동 시간(20분), 하교 지도(10분)로 구성되며 풍부한 견학과 사회극 놀이도 포함시키고 있다. 까미와 드브리의 프로그램도 있는데, 이 세 가지 프로그램 모두 비구조적인 학습 활동, 놀이, 사고의 역할, 주입식 교수방법의 지양이라는 공통점을 가지고 있다.

그런데 아동의 발달을 도와주고 좀 더 높은 수준의 사고를 가능하게 하기 위해서는 임상법의 사용이 요구된다. 임상법은 아동의 능력의 한계를 검사함으로써 아동의 추론의 단계를 알아내는 것이다. 사고의 수준에 대한 가설을 근거로 하여 면담자는 그 수준의 사고에서 요구되는 점들이 충족되었다는 것이 확인될 때까지 계속 질문을 한다. 이런 상황에서 틀린 답과 맞은 답이 모두 유용한 정보가 된다.

여기서 제시된 인지발달모형은 임상법에 근거한 것이다. 수업 단계는 단계별 과제의 대면, 탐구, 전이의 3단계로 이루어진다.

2) 특 징

임상법은 발달 이론을 잘 알고 단계에 맞는 구조적 혹은 비구조적 과제를 포함하는 환경을 만들 수 있으며, 적절한 반대 질문을 할 수 있는 고도의 능력 있는 교사를 요구한다.

또한 여기서 제시되는 과제는 동화가 가능하도록 친근감이 있으며 동시에 조절이 일어나도록 새로운 것이어야 한다.

이 모델은 인지 발달과 사회성 발달에 적용할 수 있으며, 사고를 유발하는 모든 문제의 영역에 관련되며, 진단과 평가에도 이용될 수 있다.

이와 유사한 모형에는 갈등교수학습 모형이 있다.

(1) Swan의 모델

① 직관의 단계: 오개념을 드러내고 과제를 수행하는 단계

② 갈등의 단계: 1단계와 같은 과제를 수행하되 교사가 쉽게 이해할 수 있는 방법으로 제공

③ 해결의 단계: 1단계와 2단계의 상이점을 논의하는 단계

④ 강화의 단계: 2단계 방법의 연습

(2) Bell의 모델

① 자유활동 단계: 오개념을 자아내도록 계획된다. 그룹 또는 짝을 이용하는 것이 좋다.

② 논의 단계: 올바른 과정과 잘못된 과정에 대한 학급 전체의 논의

③ 통합 단계: 다양한 과점에서 약간의 실제적 연습

2 수업 절차

수업 단계는 단계별 과제의 대면, 탐구, 전이의 3단계로 이루어진다.

(1) 단계별 과제의 대면

- 학습자의 발달 단계에 최적합한 문제 상황을 제시한다.

여기서는 학생들에게 그들의 비논리적 사고력에 직면하게 하거나 그들을 혼동시키는 상황을 제시한다. 직면한 상황은 자료와 형태면에서 학습자의 발달 단계에 적절히 부합되어야 한다. 문제 상황은 동화가 가능하도록 친근감을 주어야 한다. 그러나 조절이 일어나도록 새로운 것이어야 한다. 대면 형태(언어적, 비언어적 또는 환경 조작)의 선정은 학습자의 발달 단계에 달려 있다.

(2) 탐 구

- 아동의 반응을 유도하여 정당화를 요구한다.
- 반대 질문을 하고 아동의 반응을 알아본다.

2단계는 학생들의 추론 단계를 결정하기 위해 학생들의 반응을 유도하고 살펴보는 것이다. 일반적으로 정당화를 요구하거나 반론적 질문을 제시하게 된다. "어떻게 생각하느냐?", "어느 쪽이 더 많은가 혹은 같은가?"와 같은 질문을 하여 아동의 반응을 유도하기도 하고, "그것을 어떻게 아느냐?"와 같은 질문을 던져 정당화를 요구하기도 하며, 몇 차례의 반대 질문을 하기도 한다.

(3) 전 이

- 관련된 과제를 제시하여 아동의 추론을 알아본다.
- 반대 질문을 던져본다.

3단계는 학생이 관련된 과제에서도 비슷하게 추론하는가를 알아보는 것이다. 교사는 문제를 내고 학생은 판단을 내리고 교사는 그 이유를 물어본 다음 반대 질문을 한다.

3 유의점

이 모델은 피아제의 발달 단계를 고려한 것이므로 단계에 맞는 과제는 사고의 특징을 반영하여야 한다. 즉, 초등학교에서는 전조작기적 사고를 하는 아동을 대상으로 하여 구체적 조작기의 사고를 하게 하려 하거나 구체적 조작기의 아동을 대상으로 하여 형식적 조작을 가능하게 하려고 의도할 때 사용될 수 있다. 그러나 그런 과제를 찾기는 매우 어렵다. 그러므로 단계적 특성에 가장 적합한 것은 아닐지라도 인지적 갈등이나 오개념을 유발시키는 과제, 직관적 이해와 논리적 이해 사이의 갈등을 유발시키는 상황을 제시하는 것으로도 이 모델의 의미를 살릴 수 있을 것이라고 생각한다. 예를 들면, 무거운 물건과 가벼운 물건 중에서 어느 것이 먼저 떨어질 것인지의 문제나, 소크라테스의 메논에 등장하는 주어진 정사각형의 넓이의 두 배가 되는 정사각형을 만드는 문제 등이 그런 소재가 될 수 있을 것이다.

교사는 문제를 주도하거나 힌트를 주지 않도록 주의해야 한다.

'옳은' 대답에서와 마찬가지로 '틀린' 대답에서도 그 까닭을 물어보는 것이 중요하다.

교사는 추론의 단계에 대한 확신이 들 때까지 반대 질문을 하여 끊임없이 아동의 사고를 실험해 보아야 한다.

참고문헌

류희찬(1991). Piaget의 발생적 인식론, **제 7회 수학교육학 세미나 자료집**, 수학교육학세 미나그룹, 129-144.

Joyce, B., & Weil, M.(1986). *Models of teaching*(3rd ed.). NJ: Prentice-Hall.

3 개인적 비유

- 학생들은 앞에서 선택한 비유가 된다.

교사는 학생들에게 여러분이 오늘의 주인공 '고장난 자물쇠'가 될 것이라고 한다. 눈을 감고 30초간 고장난 자물쇠가 되었다고 생각하고 어떤 느낌이 드는지를 말하게 한다.

열쇠 수선공을 기다리는 마음, 잠겨진 채로 고장이 나면 상당히 아프거나 피곤할 것이다, 어쩌면 열리는 경우가 있을 텐데 그러면 너무나 기쁠 것이라는 등의 반응이 나왔다.

4 압축된 갈등

- 학생들은 단계 2와 3에서 기술한 것을 택하고, 여러 개의 압축된 갈등을 제안하며, 그중 하나를 택한다.

교사는 개인적 비유에서 생겨난 압축된 갈등을 요구한다. 예를 들면 사랑과 미움과 같은 내용으로 이야기하게 한다.

학생들은 천사와 악마, 전쟁과 평화, 즐거운 고통, 슬픈 미소 등과 같은 갈등을 제안하였으며, 교사는 학생들에게 호감이 가는 단어를 택하게 하였다. 학생들은 슬픈 미소를 택하였다.

5 직접적 비유

- 학생들은 압축된 갈등에 기초하여, 다른 직접적 비유를 하고 선택한다.

교사는 슬픈 미소의 의미를 우리가 갖고 있는 학용품이나 수업과 관련된 내용과 비교하여 이야기하게 한다. 학생들의 반응 중에서 가장 호감이 가는 것으로 선택한 것은 "잃어버린 필통을 찾았는데, 그 속에 아끼던 샤프 연필이 없어진 것을 알았을 때"이다.

6 최초의 과제를 재검토

- 교사는 학생들에게 최초의 과제나 문제로 되돌아 가게 해서 마지막 비유와(나) 모든 창조적 문제해결 경험을 사용하게 한다.

교사는 맨 처음 생각하였던 '시험'과 지금의 의견인 '다시 찾은 필통 속에 없어진 샤프 연필'을 관련지어 이야기하게 하였다. 아끼던 학용품은 어떤 것들인지, 필통을 찾아서 기쁘겠지만 뚜껑을 열어 본 필통에 가장 아끼던 것이 안 보였을 때 어떤 느낌이 드는지를 말하게 하였다. 그리고 시험과 연관지어 말하게 하였다. 학생들의 반응에는 다음과 같은 것들이 있다.

시험은 다시 찾은 필통 속에 없어진 소중한 샤프 연필과 같이 결정적인 순간에는 생각이 안 나 애를 태우거나 속이 상하기도 한다.

시험을 볼 때 아는 문제를 보면 다시 찾은 물건처럼 마음이 아주 기쁩니다.

교사는 시험을 샤프 연필이 없어진 것을 알았을 때와 연관지어 각자 글을 쓰게 하였다.

1 이 론

1) 이론적 기초

창조적 문제해결법(synectics)은 창의성 개발을 위해 William J. J. Gordon

과 그의 동료(1961)가 설계한 것이다. 우리가 어떤 일을 할 때 기존의 해결 방법이나 표현 방법이 충분하지 않을 때 synectics를 사용한다. 이것은 사물을 보고 표현하고 문제에 접근하는 새로운 수단을 창조하기 위해 약간 비논리적인 세상으로 우리를 이끌기 위해 고안된 것이다.

창조적 문제해결법은 기본적으로 다음을 가정하고 있다.

① 창의성은 일상 활동에서 중요하다.

② 창의적 과정은 설명될 수 있고 창의성은 개발될 수 있다.

③ 창의적 발명은 모든 분야에서 비슷하며 그 밑바탕에 있는 지적 과정은 동일하다.

④ 개인적 발명이나 집단적 발명 모두 아주 비슷하다.

창조적 문제해결법은 또한 창의성의 심리적 과정에 관해 다음과 같은 가정으로부터 개발되었다.

① 창의적 과정을 의식화시키고 창의성에 도움을 주는 명백한 보조자료를 개발하면 개인이나 집단의 창의적 능력을 직접적으로 증가시킬 수 있다.

② 정서적 요소는 지적인 것보다 더 중요하며 비합리성은 합리성보다 더 중요하다.

③ 문제해결 상황에서 성공의 가능성을 높이기 위해서는 정서적이고 비합리적인 요소들이 이해되어야 한다.

창조적 문제해결법에는 은유적 활동이 매우 중요하다. 은유적 활동을 통해 창조성이 의식적 과정이 되는 것이다. 은유에 의해 개인을 다른 사람의 입장에 놓이게 함으로써 어떤 대상이나 아이디어를 다른 대상이나 아이디어와 비교하거나 유사성을 파악하게 된다. 그렇게 해서 친숙한 것과 친숙하지 않은 것을 연결시키거나 친숙한 아이디어로부터 새로운 아이디어를 창조하는 창조적 과정이 일어난다. 은유에는 개인적 비유와 직접적 비유, 압축된 갈등의 세 가지가 있다.

(1) 개인적 비유(유추)

개인적 비유는 비교할 아이디어나 대상에 감정이입할 것을 요구한다. 개인적 유추는 공감적 참여를 강조하고 자아를 잊을 것을 요구한다. 자아를 잊어서 개념적 거리가 커질수록 유추가 새로워지고 학생들이 창조하고 혁신할 가능성이 높아진다.

Gordon은 개인적 비유에 포함되어 있는 네 가지 수준을 다음과 같이 확인하였다.

① 사실의 일인칭적 서술: 차의 엔진의 예를 들어, "나는 기분이 나쁘다고 느낀다.", "나는 뜨거움을 느낀다."와 같이 말하는 것을 의미한다.

② 감정을 수반한 일인칭적 동일시: 개인은 일반적인 정서를 말하지만 새로운 통찰을 나타내지는 않는다. "나는 강렬함을 느낀다."와 같은 것이다.

③ 생물에 대한 감정이입적 동일시: 학생은 정서적 및 근육운동 지각적으로 비유의 대상과 동일시한다.

④ 무생물에 대한 감정이입적 동일시: 이 수준은 최상의 공언을 요구한다. 사람은 그 자신을 무생물적 사물로 보고 공감적 관점에서 문제를 탐색하려고 노력한다. "나는 이용당함을 느낀다. 나는 언제 출발하고 정지할지를 결정할 수 없다. 어떤 사람이 내게 그렇게 한다."

(2) 직접적 비유(유추)

직접적 비유는 두 대상이나 개념의 단순한 비교이다. 어떤 아이디어나 문제에 대한 새로운 관점을 제시하기 위하여 실제 주제나 문제 상황의 조건을 다른 상황에 바꾸어 넣는 것이다.

(3) 압축된 갈등

단어가 상반되거나 모순되어 보이는 대상에 대한 두 단어의 서술이다.

예) 친절한 적(friendly foe), 인명 구조 파괴자(life-saving destroyer), 안전한 공격(safe attack)

2) 특 징

창조적 문제해결법은 다른 모형과 쉽게 결합될 수 있다. 역할 놀이, 집단 탐구, 정보처리 모형에서 탐색된 개념을 확장시킬 수 있고 개인적 수업모형에 의해 나타나기 시작한 문제와 감정의 풍요성을 확장시킬 수 있다.

창조적 문제해결법은 쓰기에 보다 적합하게 적용될 수 있으나 예술과 과학 등에도 사용할 수 있다. 또한 창조적 문제해결 활동의 결과나 전달 방법은 항상 글로 쓰여져야 함은 말 할 필요는 없으며 역할놀이의 형태나 그림이나 도표, 단순히 행동의 변화일 수도 있다.

2 수업 절차

창조적 문제해결법은 시나리오에 제시된 것처럼, 새로운 것을 창조하기 위하여 사용될 수도 있고 낯선 것을 친숙하게 하기 위해 사용될 수도 있다. 그러므로 창조적 문제해결법의 수업 절차는 두 가지로 진행된다.

(1) 전략 1: 새로운 것을 창조하기 위한 수업 전략

이 전략은 친숙한 것을 낯설게 하는, 즉 오래된 문제나 아이디어, 산물을 새롭고 창조적인 관점에서 보게 하는 모형이다. 이때 은유는 개념적 거리를 창출하기 위해 사용된다.

단계 1: 현재의 조건을 기술	단계 2: 직접적 비유
교사는 학생들에게 상황이나 주제를 그들이 지금 이해한 대로 기술하게 한다.	학생들은 직접적 비유를 제안하고 그중 하나를 택하여 이를 보다 깊이 탐색(기술)한다.
단계 3: 개인적 비유	**단계 4: 압축된 갈등**
학생들은 단계 2에서 선택한 비유가 '된다.'	학생들은 단계 2와 3에서 기술한 것을 택하고, 여러 개의 압축된 갈등을 제안하며, 그 중 하나를 택한다.

단계 5: 직접적 비유	단계 6: 최초의 과제를 재검토
학생들은 압축된 갈등에 기초하여, 다른 직접적 비유를 하고 선택한다.	교사는 학생들에게 최초의 과제나 문제로 되돌아가게 해서 마지막 비유와(나) 모든 창조적 문제해결 경험을 사용하게 한다.

(2) 전략 2: 낯선 것을 친숙하게 하는 수업 전략

이 전략은 새롭고 친숙하지 않은 아이디어를 더욱 의미 있게 하는 모형으로써, 내용적으로 새롭거나 어려운 자료에 대한 학생의 이해와 내면화를 증가시키는 것을 목적으로 한다. 이때 은유는 분석을 위해 사용되며 전략 1에서처럼 개념적 거리를 창조하기 위해 사용되지는 않는다.

단계 1: 실재적인 것의 투입	단계 2: 직접적 비유
교사는 새로운 주제에 대한 정보를 제공한다.	교사는 직접적 비유를 제시하고 이를 학생에게 기술하게 한다.
단계 3: 개인적 비유	**단계 4: 비유의 비교**
교사는 학생들이 직접적 비유가 '되게' 한다.	학생들은 새로운 자료와 직접적 비유 사이의 유사점을 확인하고 설명한다.
단계 5: 차이점의 설명	**단계 6: 탐색**
학생들은 어디서 비유가 적합하지 않은지를 설명한다.	학생들은 최초의 주제를 그 고유한 용어로 재탐색한다.
단계 7: 비유의 생성	
학생들은 그들 자신의 직접적 비유를 제시하고, 유사점과 차이점을 탐색한다.	

예를 들어 새로운 주제인 민주주의를 지도하기 위해 친숙한 주제인 신체를 비교하게 하고, 민주주의와 신체 사이에서 발견한 관계를 열거하게 할 수 있다.

두 전략 간의 차이는 비유의 사용에 있다. 전략 1에서 학생들은 논리적인 강요없이 일련의 비유를 통해 나아가며 개념적 거리가 증가하고 상상은 자유롭게 흐른다. 그러나 전략 2에서는 학생들이 비유를 해 나갈 때 두 아이디어를 연결시키고 관계를 확인하려고 노력한다.

3 유의점

첫째 창조적 문제해결법은 교사가 주도하며 학생은 은유적 문제해결에 참여하면서 열린(open-ended) 토론에서 자유를 갖는다.

둘째 교사는 개인이 규정된 사고 패턴에 억매이는 정도와 창조적 반응을 일으킬 것 같은 심리적 상태를 유발하려고 시도하는 정도에 주목해야 한다.

셋째 교사 자신이 비합리성을 사용해야 한다.

넷째 교사는 학생의 모든 반응을 받아들여야 한다.

다섯째 특히, 전략 2에서, 비유란 완벽하게 적합할 수는 없다는 것을 주의해야 하며, 학생들에게도 이를 주지해야 한다.

참고문헌

Joyce, B., & Weil, M.(1986). *Models of teaching*(3rd ed.). NJ: Prentice-Hall.

Chapter 12 다중지능모형

시나리오

1 MI 수업을 준비한다.

- 구체적인 MI 수업목표 또는 주제(topic)에 초점을 맞춘다.
- 다중지능이론(MI)을 근거로 핵심적인 질문(key MI questions)을 한다.
- 가능한 활동을 고려해본다.
- 머리를 쥐어짜기(brainstorming).
- 적절한 활동을 선택한다.
- 활동을 계열화한다.

- 단 원: 3. 쾌적한 환경(6~7/7차시)
- 학습주제: 환경오염과 대책
- 학습목표: 환경오염 실태와 원인을 알아보고 그 대책을 세울 수 있다.
- 학습자료: VTR 자료, 디지털 카메라, 화보, 역할극 소도구, 학습 안내판, 레고, 채색용구

학습주제와 관련된 MI 질문을 다음과 같이 만들었다.

- 우리 주변에는 어떤 곳이 오염되어 있나?
- 환경오염으로 병든 물고기는 겉모습, 움직임이 어떠할까?
- 환경오염으로 병든 물고기들은 사람들에게 무어라고 말할까?
- 환경을 오염시키는 사람들에게 어떠한 내용의 편지글을 보내면 좋을까?
- 깨끗한 환경과 오염된 환경 속에서는 각각 어떤 음악 소리가 흘러나올까?
- 깨끗한 환경과 오염된 환경은 각각 어떤 색으로 나타낼 수 있을까?
- 환경을 오염시키지 않기 위해 우리가 할 수 있는 일에는 어떤 것들이 있을까?
- 연못이나 어항 속에 있는 물고기를 잘 기를 수 있을까?

가능한 MI 활동을 다음과 같이 구성하였다.

- 강과 바다의 오염된 사진을 유형별로 분류하기
- 오염된 물고기의 모습 마임으로 표현하기
- 오염된 물고기가 되어 사람에게 편지글 쓰기
- 환경오염에 대한 역할극 꾸미기
- 환경오염에 대하여 동시, 편지글로 나타내기
- 깨끗한 환경과 오염된 환경을 나타내는 음악 나타내기(가락짓기)
- 깨끗한 환경과 오염된 환경을 색으로 나타내어 보기
- 환경오염을 마인드 맵으로 나타내기
- 연못(어항)에 있는 물고기 돌보기

2 MI 수업을 실천에 옮긴다.

- 도입
- 전개
- 정리

우선 도입부분에서 <개인이해 지능>을 사용하기 위하여 학습 분위기를 조성하였다. '사랑의 마음 열기'를 낭송하며 명상음악을 통하여 물 속의 자연을 생각하게 하였다. 그리고 학습 문제를 제기하기 위해 강물(바닷물)의 오염으로 죽어가고 있는 물고기 사진과 비디오를 시청하고 왜 물고기들이 왜 저렇게 죽어가고 있을까? 하는 질문을 통해 '강과 바다의 오염 실태와 원인을 알아보고 그 대책을 세워보자'는 학습 문제를 찾아내게 하였다.

전개부분에서 <신체운동적 지능>과 관련하여 '환경오염으로 병든 물고기의 겉모습을 표현하기', '환경오염으로 병든 물고기의 겉모습은 어떠한가?(등이 굽은 모양, 지느러미가 늘어진 모양 등 다양하게 나타내기)'의 활동을 하였고, <신체운동적 지능>과 관련하여 '환경오염으로 병든 물고기의 움직이는 모습을 마임으로 표현하기', '환경오염으로 병든 물고기는 어떻게 움직일까?(조용한 분위기에서 병든 물고기가 움직이는 모습을 표현해 본다.)'의 활동을 하였다. <공간적 지능>과 관련하여 '깨끗한 환경과 오염된 환경을 색으로 나타내어 보기', '깨끗한 환경과 오염된 환경은 각각 어떤 색으로 나타낼 수 있을까?(크레파스, 사인펜 또는 색연필로 나타내고 그 이유를 설명해 보도록 한다.)'의 활동을 하였다. 그리고 모둠별 활동과제를 안내하고 순서에 따라 해결하도록 하였다. 활동과제는 다음과 같다.

- 활동 과제 1: 강과 바다가 오염된 모습의 사진을 분류하고 스크랩하기
- 활동 과제 2: 네 마디 가락 짓기(깨끗한 환경과 오염된 환경에서 흘러나오는 음악)
- 활동 과제 3: 병든 물고기가 되어 사람들에게 편지 쓰기 또는 동시 짓기
- 활동 과제 4: 환경오염과 관련하여 모둠별로 역할극 꾸미기

<논리수학적 지능>과 관련하여 '강과 바다의 오염 사진을 유형별로 분류하며 그 실태를 설명하게 하여 오염의 원인을 찾고, 그 결과가 심각함을 인식하도록 하였다. <음악적 지능>과 관련하여 리듬악기 또는 가락악기로 두 가지 음악을 연주하였는데 이는 음악을 감상하며 깨끗한 환경과 오염된 환경의 음악을 구분하려 한 것이다. <언어적 지능>을 위해 자기가 쓴 편지

또는 동시를 발표하게 하여 편지글과 동시의 표현을 감상하며 내면화할 수 있는 기회가 되도록 하였다. <대인관계 지능>과 관련하여 모둠별로 환경본존과 관련한 역할극을 하고 느낌이나 실천 방법을 발표하게 하였다. <자연이해의 지능>과 관련하여 '깨끗한 환경의 이로운 점 알기(강과 바다가 건강하게 되면 우리 생활에 어떤 점이 이로울까?}', '강과 바다의 미래의 이용 계획 발표하기(관광자원, 해저 도시, 해상 공원으로 만들어 활용할 수 있다.)'의 활동을 하였다.

수업정리 단계에 와서 <언어적 지능>과 관련하여 환경오염을 막기 위해 우리가 해야 할 일은 무엇인지 말해보기를 하였고, <공간적 지능>과 관련하여 '강과 바다의 오염에 마인드 맵 그려보기'를 하여 마인드 맵의 중심낱말, 즉 오염, 실태, 원인, 대책, 이용 계획 등을 알아보게 하였다. 그리고 차시예고를 하였다.

3 MI 수업에 대한 반성을 한다.

- MI 활동 가운데 이용한 것과 이용하지 않은 것을 생각해 본다.
- 수업에서 잘된 것은 무엇인가, 잘되지 않은 것은 무엇인가, 다음에 바꾸어 볼 것은 무엇인가를 생각해 본다.
- 학생의 학습을 평가한다.

교사는 MI 활동 가운데 잘 이용한 것과 하지 못한 것, 그리고 적절한 맥락에서 적절한 지능을 개발하도록 하였는지를 반성해 보았다

1 이 론

1) 이론적 기초

전통적으로 지능은 선천적으로 타고나는 것이고, 개인의 지능은 크게 변

하지 않는 것으로 여겼으며, 지능검사의 문항에 조작적으로 답하는 능력으로 정의되었고, 지능검사는 주로 언어적 능력, 논리-수학적 능력과 약간의 공간적 능력을 측정하였다.

Gardner의 다중지능이론은 "인간의 두뇌, 진화, 문화 간의 차이에 대하여 우리가 알고 있는 것을 근거로 생각해 볼 때, 인간이 공유하고 있는 인간의 능력은 무엇인가?"에 초점을 두고, 인간이 적어도 8가지 지능을 가지고 있다고 주장한다. 지능은 문제를 해결하거나 한 가지 이상의 문화에서 가치 있다고 여겨지는 것을 만들어 내는 능력이며, 사람은 각각의 지능을 가지고 있는 정도와 각각의 지능을 혼합하여 이용하는 면에 개인차가 있다. 또한 각각의 지능과 관련된 두뇌의 부위와 문화에 따라서 차이는 있지만, 각각의 지능은 향상될 수 있다.

다중지능이론은 교육목표, 교육과정, 수업 그리고 평가에 많은 것을 시사하며, 지금까지 학교교육에서 소홀히 여겨온 영역에서 지적발달을 촉진시킬 수 있다는 것을 보여주고 있다. 예를 들면, 다른 사람과의 상호작용 능력, 운동과 무용 능력, 예술활동 등은 지적능력을 향상시키는 교육영역이 된다. 교사는 어떤 학문분야의 주제도 다양한 지능을 자극하는 다양한 방법으로 가르칠 수 있다고 본다. 교사가 학생의 여러 가지 지능과 교육과정의 이해를 함께 고려하며 창의적으로 수업할 때, 학생들에게 학교 밖에서도 적용할 수 있는 진정한 학습이 이루어질 수 있다. 또한 조기에 지적성향을 파악함으로써, 학생이 자신을 이해하는 가운데 학습을 보다 용이하게 할 수 있고, 다른 분야에서의 성공에도 도움이 될 수 있어, 교육과정과 수업에 대한 앞으로의 연구에 많은 시사를 하고 있다.

다중지능이론은 고정된 기술과 전략으로 이루어진 프로그램이 아니라, John Dewey의 진보주의 교육정신에 근거를 둔 교육철학, 학습에 대한 태도, 교육에 대한 메타모델(meta-modal)이다. 이와 같은 다중지능이론은 미국과 세계 여러 나라에서 수업방식의 혁신을, 그리고 인간이 단일한 그리고 고정된 지능을 가지고 있다는 생각에 대한 반발을 자극하고 있다.

(1) 다중지능이론의 기본가정

다중지능이론의 기본가정은 다음과 같다.

첫째, 모든 사람은 8가지의 지능을 모두 가지고 있다.

다중지능이론은 적합한 한 가지 지능을 결정하기 위한 "type theory"가 아니라, 인지적 기능에 대한 이론으로, 모든 사람이 8가지 지능 모두를 가지고 있다고 여긴다. 이 8가지 지능은 개인에 따라 독특한 방식으로 기능을 발휘한다. 모든 또는 거의 모든 기능 면에서 높은 수준의 기능을 발휘하는 사람도 있다-예, 독일의 시인, 정치인, 과학자, 철학자였던 Johann Wolfgang Goethe. 반면에 발달장애자들은 지능의 기본적인 면 외에는 모든 면에서 부족한 듯하다. 대부분의 사람들은 이 양극 사이의 어딘가에 있다. 몇 가지 지능은 고도로 발달해 있고, 몇 가지 지능은 알맞게 발달해 있으며, 그 외의 지능은 상대적으로 덜 발달되어 있다.

둘째, 대부분의 사람은 상당히 높은 수준까지 각 지능을 발달시킬 수 있다.

어떤 영역에서 자신이 선천적으로 부족하기 때문에 어떻게 할 수 없다고 생각하는 사람이 있을 수 있으나, Gardner는 적절한 격려, 보완, 수업만 주어진다면, 모든 사람이 8가지 지능을 모두 상당히 높은 수준까지 개발할 수 있다고 한다. 그는 적절한 정도의 음악적 재능을 생물학적으로 타고난 사람이 올바른 환경하에서(예, 관심이 큰 학부모, 유아기에서부터 고전음악을 접하는 것, 조기 수업) 바이올린이나 피아노 연주를 고도의 수준까지 할 수 있게 되는 예로 Suzuki Talent Education Program을 들고 있으며, 이와 같은 교육적 모델은 다른 지능 면에서도 찾아 볼 수 있다(Edwards, 1979).

셋째, 지능들은 흔히 복잡한 방식으로 함께 기능을 발휘한다.

Gardner에 의하면 각 지능은 픽션(fiction)으로 실생활에서 단독으로 존재하는 지능은 없다(희귀하게 볼 수 있는 석학이나 두뇌가 손상된 사람의 경우를 제외하고는). 여러 가지 지능은 항상 상호작용을 한다. 예를 들면, 어린이가 공차기 놀이를 할 때, 그에게는 신체-운동적 지능(달리고, 차고, 잡기 위하여), 공간적 지능(운동장의 적절한 방향으로 달리고, 나르는 공의 궤도를 예상하기 위하여), 언어적 및 대인관계 지능(게임 중에 논쟁을 하게 될 때 성공적으로 문제점에 대한 주장을 하기 위하여)이 요구된다. 이 지능들은 각각의 본질적인 특징을 살펴보고, 이들을 효과적으로 이용하는 방법을 살펴보기 위하여 다중지능이론의 배경에서 유리시켜 다루어졌다.

넷째, 한 범주 내에서도 지적으로 되는 데는(to be intelligent) 여러 가지 방법이 있다.

특정한 영역에서 지적으로 여겨지기 위하여 갖추고 있어야 할 일련의 표준적인 특성이 있는 것은 아니다. 읽지 못하는 사람도 이야기를 잘하거나 말할 때 어휘력이 풍부하기 때문에 고도의 언어적 지능을 지닐 수 있다. 운동장에서는 서툴게 보이는 사람도 카펫을 짤 때나 세밀한 작업을 요구하는 바둑판을 만들 때는 탁월한 신체-운동적 지능을 지닐 수 있다. 다중지능이론에서는 지능들 간에 또는 한 지능 내에서 사람들은 자신의 재능을 다양한 방법으로 보일 수 있다는 것을 강조한다.

다중지능이론에서는 지능을 ① 문제해결력, ② 적절한 전후관계와 자연스러운 상황에서 산물을 만들어내는 능력으로 보는 가운데, 8가지 지능들이 상대적으로 자율적이며, 동등한 것으로 본다. 한 영역에서 뛰어난 사람이 다른 지능영역에서 열등할 수 있다.

(2) 인간능력의 8가지 범주: 8가지 지능

Gardner는 지능을 사람들의 생활 속에서 다양한 방식으로 기능을 발휘하는 것을 볼 수 있는 기능적인 개념으로 보며, 다음과 같이 7가지(최근에 8번째의 자연이해 기능을 추가함)로 범주화하고 있다(Armstrong 1994).

① 언어적 지능(linguistic intelligence)

말(예, 웅변가, 연설가, 정치가, 변호사, 소설가)을 할 때 또는 글(시인, 극작가, 편집자, 언론인)을 쓸 때, 단어를 효과적으로 사용할 수 있는 능력을 가리킨다. 이 지능에는 구문론 즉, 언어의 구조, 음성학 즉, 언어의 소리, 의미론 즉,

언어의 의미를 다루는 능력 그리고 실용적 차원 즉, 언어의 실제적 사용이 포함된다. 언어의 실제적 사용에는 수사학(다른 사람들이 특정한 방식으로 행동하도록 하기 위하여 언어를 이용하는 것), 기억술(정보를 기억하기 위하여 언어를 이용하는 것), 메타언어(언어에 대하여 이야기하기 위하여 언어를 이용하는 것)가 포함된다.

전통적으로 언어적 능력은 논리-수학적 능력과 함께 중요시되어 왔다. 아동의 언어발달은 문화의 차이에 관계없이 상당히 일정하다.

언어적 지능을 촉진시키는 활동은 다음과 같다.

첫째, 사전에서 어떤 단어를 골라서, 다른 사람과 대화를 할 때 그 단어를 이용한다.

둘째, 단어 게임이나 단어 퍼즐을 구하여 언어에 관한 게임을 한다.

셋째, TV 드라마나 탐정영화를 보고 다음 장면을 이야기해 보거나 후편을 써본다.

일반적으로 언어적 지능은 올바른 언어사용을 분석하고 기억하는 능력, 사물을 표현하고 유머감각을 지니는 능력, 사실을 설명하고 가르치고 배우는 능력, 말의 구절과 의미를 이해하고, 다른 사람이 무엇을 하도록 확신시키는 능력들을 가리킨다.

② 논리-수학적 지능(logical-mathematical intelligence)

숫자를 효과적으로 이용하는 능력(예, 수학자, 회계사, 통계학자)과 추론을 잘하는 능력(예, 과학자, 컴퓨터 프로그램어, 논리학자)을 가리킨다. 이 지능에는 논리적 패턴과 관계, 진술과 명제(if-then, 원인-결과), 기능 그리고 그 외의 추상적 관련(related abstractions)에 대한 민감성이 포함된다. 논리-수학적 지능과 관련된 사고과정에는 범주화, 분류, 추론, 일반화, 계산, 그리고 가설검증이 포함된다.

전통적으로 논리-수학적 지능은 I.Q. 검사와 관련하여 많이 연구되어온 영역이다. 논리-수학적 지능을 촉진시키는 활동은 다음과 같다.

첫째, 12개의 사물을 모양, 색깔, 크기, 용도 등의 준거에 따라 분류함으로써 분석적 사고를 연습하며, 분류 근거를 제시해 본다.

둘째, 단계적으로 지시에 따를 것이 요구되는 프로젝트를 수행해 본다.

셋째, 패턴이 숨어 있는 숫자의 계열을 만들어 보고, 다른 사람이 그 패턴을 발견할 수 있는지를 알아본다.

일반적으로 논리-수학적 지능은 추상적 패턴을 확인하고 귀납적으로 추론하고, 연역적으로 추론하고, 관계와 결합을 구별해내고, 복잡한 계산을 해내고, 과학적으로 추론하는 과학적 사고에 관한 능력을 가리킨다.

③ 공간적 지능(spacial intelligence)

시각적-공간적 세계를 정확히 지각하는 능력(예, 사냥꾼, 스카우트, 안내자)과 이러한 지각을 근거로 변형하는 능력(예, 실내 장식가, 건축가, 예술가, 발명가)을 가리킨다. 이 지능에는 색깔, 선, 모양(shape), 형태(form), 공간, 그리고 이 요소들의 관계에 대한 민감성을 포함한다. 또한 이 지능에는 시각화하는 능력, 시각적 또는 공간적 아이디어를 그림으로 나타내는 능력, 그리고 공간적 기반(spacial matrix)에서 적절히 적응하는 능력을 포함된다.

공간적 문제해결에는 항해를 하거나 지도의 기호체제를 사용할 수 있는 능력, 여러 각도에서 사물을 시각화하거나 체스게임을 하는 것과 같은 것이 포함된다. 왼쪽 뇌가 언어적 능력과 관계가 있는데 반하여, 오른쪽 뇌는 공간처리능력과 관계가 있다(Link, 1985).

공간적 지능을 촉진시키는 활동에는 다음과 같은 것이 있다.

첫째, 여러 친구들과 구름을 쳐다보면서 그 속에서 동물, 사람, 사물, 얼굴, 숨겨진 형상을 찾을 수 있나 알아본다.

둘째, 점토, 그림물감, 사인펜을 써서 아이디어, 의견, 감정을 표현하도록 노력해본다. 모습, 모양, 유형, 디자인, 질감, 색깔을 사용하여 표현해 본다.

셋째, 흥미 있는 주제나 아이디어를 근거로 몽타주를 만들어 본다. 잡지에서 그림을 많이 오려내어 말하고 싶은 순서로 배열해 본다.

일반적으로 시각적-공간적 지능은 사물을 정확하게 지각하고, 사물 사이의 관계를 확인하고, 사물을 그림으로 나타내고, 이미지를 조작하거나, 공간에서 갈 길을 찾아내고, 마음속에서 그림(mental picture)을 그려보고, 묘사하는 능력을 말한다.

④ 신체-운동적 지능(bodily-kinesthetic intelligence))

아이디어나 느낌을 표현하기 위하여 몸 전체를 이용하는 면에서의 전문적 능력(예, 배우, 무언극 배우, 운동경기자, 무용가), 사물을 만들고 변형하기 위하여 손을 이용하는 재능(예, 공예가, 조각가, 기계공, 외과의사)이 포함된다. 이 지능에는 자기감응(propreceptive)능력, 촉감과 관련된 능력과 함께, 조절(coordination), 균형, 기민성, 힘, 유연성, 속도가 포함되다.

신체적 움직임을 통하여 아동은 인지적 발달은 경험하게 되며, 신체-운동적 지식은 지능의 여러 가지 준거를 충족시킨다. 무언극을 하거나 테니스를 치는 것은 수학문제를 푸는 것과는 다르나, 무용으로 감정을 표현한다든가, 스포츠로 게임을 하거나 발명품을 만들어냄으로써 새로운 것을 창조하는 능력은 신체의 인지적 사용의 형태로 문제해결능력으로 간주되어야 한다.

신체-운동적 지능을 촉진하는 활동에는 다음과 같은 것이 있다.

첫째, 공연을 관람한 후에, 집단의 모든 구성원이 몸짓, 행동, 동작 등의 신체적 언어를 이용하여 공연에 대한 반응을 표현하다.

둘째, 일상생활에서 신체를 이용하는 작업을 할 때, 자신의 신체를 주의깊게 관찰하고, 신체가 어떻게 기능하는지를 알아본다.

셋째, 아이디어, 의견, 느낌, 연극을 표현하기 위하여 역할놀이를 해본다.

일반적으로 신체-운동적 지능은 정신과 신체를 연결하고, 동작을 통제하고, 몸 전체에 대한 의식을 확장하는 등의 능력을 말한다.

⑤ 음악적 지능(musical intelligence)

음악적 형태를 지각하고(예, 음악 애호가처럼), 변별하고(예, 음악 비평가처럼), 변형하고(예, 작곡가처럼), 표현할 수 있는(예, 연주가처럼) 능력을 가리킨다. 이 지능에는 악곡의 리듬, 음의 고저 즉 멜로디, 음색에 대한 민감성이 포함된다. 개인은 음악에 대하여 형상적(figural), 하향식(top-down)으로 이해하거나(전반적이고 직관적인), 공식적(formal) 또는 상향식으로 이해하거나(분석적이며 기술적), 또는 두 가지 방식을 다 이용하여 이해할 수 있다.

악기에 대한 관심이 많고 어떤 악기를 빨리 배울 수 있다는 것은 생물학적으로 구분되는 특징이 있다는 것을 의미한다. 예를 들어, 자폐 아동도 악기를 잘 연주해낼 수 있다는 것은 음악적 지능이 독립되어 있다는 것을 나타낸다. 음악적 지능도 다른 지능검사 이상으로 지능의 본질적 속성을 설명하며, 음악적 능력과 해석을 뒷받침한다는 증거는 여러 면에서 찾아볼 수 있다.

음악적 지능을 촉진시킬 수 있는 활동에는 다음과 같은 것이 있다.

첫째, 다양한 음악의 유형을 나열하고, 각 유형마다 몇 분씩 들어보고 그 느낌, 이미지, 기억에 대하여 써본다.

둘째, 목소리만을 이용하여 느낌(공포, 만족, 분노, 괴로움, 유쾌한 기분 등)을 표현해본다. 의미를 전달하기 위하여 다양한 음량, 음조, 음색, 불협화음을 사용해본다.

셋째, 다양한 음악효과, 음악, 박자, 음색을 이용하여 이야기를 읽으며, 이야기를 설명하는 연습을 해본다.

일반적으로 음악적 지능이란 음질을 지각하고, 멜로디와 리듬을 창작하고, 소리에 대하여 민감하고, 음악의 구조를 이해하는 능력을 가리킨다.

⑥ 대인관계 지능(interpersonal intelligence)

다른 사람의 기분, 의도, 동기, 느낌을 지각하고 구분하는 능력을 가리킨다. 이 대인관계 지능에는 얼굴표정, 음성, 몸짓에 대한 민감성, 다양한 종류의 대인관계에 관한 암시를 구분하는 능력, 실용적인 면에서 그러한 암시(집단이 어떤 행동 방향을 따르도록 영향력을 행사하기 위하여)를 효과적으로 이용하는 능력이 포함된다.

대인관계 지능은 유능한 성인이 다른 사람의 잘 드러나지 않는 의도, 욕구를 알아낼 수 있게 하는 능력이다. 이러한 기능은 종교지도가, 정치지도자, 교사, 치료사, 부모들에게서 볼 수 있다. 예를 들면, 헬렌 켈러를 가르친 설리반은, "내가 풀어야 할 가장 어려운 문제는 어떻게 하면 헬렌의 마음을 상하게 하지 않으며 그녀를 훈육하고 통제할 수 있을까"라고 말했다. 헬렌의 변화를 가져온 것은 헬렌에 대한 설리반 선생님의 통찰력이었다. 여기서 대인관계 지능은 언어에만 의존하는 것이 아님을 알 수 있다.

뇌의 앞부분이 대인관계 지능과 관련되며, 이 지능의 손상은 다른 종류의 문제해결에는 손상을 주지 않으나, 사고를 당한 후에 아주 다른 사람으로 변하는 인성의 변화를 가져온다.

대인관계 지능에 생물학적 근거는 인간에게만 의존하는 두 요인을 들 수 있다. 첫째 요인은 어머니와의 친밀한 관계를 포함하는 인간의 아동기의 욕구의 연장이다. 어린 시절에 어머니와 같이 지내지 못한 사람은 정상적인 대인관계 발달에 문제가 생긴다. 둘째 요인은 인간관계에서의 사회적 상호작용의 중요성이다. 선사시대에도 사냥 등의 기능은 사람들에게 참여와 협동을 요구하였다. 오늘날 사회에서 중시되는 지도성, 집단응집력, 조직력 등은 이 지능에 해당한다.

대인관계 지능의 촉진방법은 다음과 같다.

첫째, 다른 사람을 격려하고 지원하는 여러 가지 방법(예, 얼굴표정, 몸짓, 언어적 표현)을 생각해본다. 매일 주변에 있는 사람들에게 용기를 주고, 지원해 주는 일을 실천해본다.

둘째, 자신과 다른 의견을 지닌 사람의 말을 경청하려고 노력한다. 그의 의견을 해석하려 하지 않고, 자신의 견해를 말하려 하지 않으며, 그의 사고에 초점을 맞추고 이해하려고 노력한다.

셋째, 집단에 자발적으로 참여하고, 집단의 긍정적 및 부정적 행동을 주의 깊게 살펴본다.

일반적으로 대인관계 지능은 협동작용(synergy)을 창출하고 유지하며, 다른 사람의 관점에서 사물을 판단하고, 집단과 협력하고, 언어적 및 비언어적으로 의사소통하는 능력을 의미하며, 개인의 정체감 유지에도 중요하다.

⑦ 개인이해 지능(intrapersonal intelligence)

자신을 알고(self-knowledge), 이를 근거로 적응하는 행동을 하는 능력을 가리킨다. 이 개인이해 지능에는 자신을 정확히 아는 것(장점과 단점) 즉, 자신의 내적 기분, 의도, 동기, 기질, 욕구에 대한 의식, 자기훈련(self-discipline), 자기이해, 자기존중의 능력이 포함된다.

개인이해 지능은 복합적이고 고도로 분화된 여러 가지 감정을 알아내어 상징화하는 능력이다. 그러므로 내적 성찰력을 지니고 감정을 기술할 수 있는 소설가, 자신의 감정에 대하여 깊이 이해하고 있는 상담자, 집단구성원을 지도하기 위하려 자신의 풍부한 내적 경험을 이용하는 현명한 지도자에게서 볼 수 있다.

개인이해 기능은 자신의 삶에 대한 느낌을 파악하는 능력, 감정의 범위와 감정을 구별하는 능력, 자신의 행동을 유도하고 이해하는 수단으로써 감정을 묘사하고 나타내는 능력을 의미한다. 이 지능은 매우 개인적이기 때문에 언어, 음악, 또는 다른 형태의 표현적 지능이 요구된다.

개인적 지능인 개인이해 지능과 대인관계 지능은 둘 다 개인과 인간의 의미에 대한 문제를 해결하기 위한 노력으로 특징지어진다. 자신에 대한 개인적인 감각은 개인에 관한 모든 종류의 정보를 나타내는 상징인 동시에 개인이 자기 자신을 구성해내는 상징이다. 또한 개인적인 지능에는 문화가 중요한 역할을 한다. 개인적 지능은 문화의 상징적인 체계를 이용하고 학습함으로써 그 특징적인 형태를 갖게 된다.

개인이해 지능을 촉진시키기 위한 활동에는 다음과 같은 것이 있다.

첫째, 여러 상황에서 자신이 사용한 사고전략과 사고유형을 평가해본다.

둘째, 하루의 중요한 사건을 기록하는 반성일지를 쓴다. 그림, 음악, 점토, 시를 이용하여 그 사건에 대한 자신의 느낌을 표현해 본다.

셋째, 자신이 관찰자가 되어 자신의 사고, 느낌, 기분을 살펴본다. 어떤 상황에서 생기는 분노, 유쾌함, 불안 등의 정서 유형을 관찰한다.

일반적으로 개인이해 지능은 집중하고, 주의를 기울이고, 자신의 사고를 평가하고, 다양한 감정을 이해하고, 표현하여, 다른 사람과의 관계에서 자신을 이해하고, 높은 수준의 사고와 추리를 하는 능력을 가리킨다.

최근에 Gardner는 다음의 자연이해 지능을 추가하였다.

⑧ 자연이해의 지능(naturalist intelligence)

살아 있는 것(예, 식물 동물)을 구분하는 능력, 자연계(구름, 바위, 천체의 배치)의 여러 특성에 대한 민감성을 가리킨다. 이 지능은 사냥꾼, 수집가, 농부로의 발달사에서 중요하였고, 식물학자나 주방장의 역할에서 중요한 위치를 차지하고 있다. 또한 대부분의 소비사회에서는 다양한 자동차들, 화장품들 등을 구분할 때 드러나는 자연이해 지능이 이용되고 있다. 과학의 어떤 분야에서 중시되는 이러한 종류의 패턴 인식도 자연이해 기능에 근거하고 있을 수 있다.

(3) 다중지능이론의 이론적 근거

Gardner는 자신이 주장하는 이론의 근거를 제시하기 위하여 각 지능이 단순한 재능, 기능, 적성이 아닌 지능으로 여겨지기 위하여 충족시켜야 할 기본적인 준거로 다음과 같이 8가지를 제시하였다.

① 두뇌손상에 의하여 유리될 가능성

Boston의 재향군인 병원(Boston Veterans Hospital)에서 일할 때, Gardner는 두뇌의 특정부위가 손상된 사람들을 접했다. 두뇌부상으로 한 가지 지능이 손상된 경우가 있었다. 예를 들면, Broca 영역(좌측 전엽)이 손상된 사람은 언어적 지능의 상당한 부분이 손상되어 말하고 읽고 쓰는데 많은 어려움을 겪어도, 여전히 노래하고, 수학 문제를 풀고, 춤추고, 자신의 느낌에 대하여 깊이 생각해보고, 다른 사람과 관계를 맺을 수 있다.

Gardner는 8가지의 비교적 자율적인 두뇌체제가 존재한다고 주장하고 있으며, 이것은 1970년 대에 관심을 끌었던 "좌뇌/우뇌" 학습모형의 보다 정교한 최신 이론이다.

② Savants, 천재 등의 예외적인 아동의 존재

Gardner에 의하면 평평한 지평선을 배경으로 거대한 산이 솟아 있는 것과 같이 하나의 지능이 높은 수준에 있는 사람을 볼 수 있다. savants란 한 가지 지능에서 부분적으로 탁월한 능력을 보이나, 다른 지능은 낮은 수준에 있는 사람들을 가리킨다. 예를 들면, 영화 Rain Man(실제 이야기에 근거를 둠)에서 Dustin Hoffman은 논리-수학적 savant인 Raymond의 역할을 한다. Raymond는 여러 자리의 숫자를 빨리 암산하며, 다른 놀라운 수학적 재능을 발휘한다. 그러나 친구관계가 서툴고, 언어기능이 낮으며, 자신의 생활에 대한 통찰력도 결여되어 있다. 그림을 매우 잘 그리는 savants, 음악에 대하여 놀라운 암기력을 가지고 있는 savants(한 번 들은 후에 곡을 연주하는), 복잡한 자료를 읽지만 그 의미를 이해하지 못하는 savants(hyperlexics)도 있다.

③ 독특한 발달사와 전문가들에서 볼 수 있는 명료한 궁극적인 성과 (end-state performance)

Gardner에 의하면 지능은 어떤 문화에서 가치롭게 여겨지는 행동을 할 때 발달하게 되며, 그러한 행동 면에서의 개인의 발달은 어떤 발달 패턴을 따르게 된다. 지능에 근거를 둔 행동은 고유한 발달 패턴을 가지고 있다. 아동초기에 상승하는 시기가 있고, 일생에서 고유한 극정 시기가 있으며, 나이가 들어감에 따라서 급속히 또는 점차로 쇠퇴해 가는 등의 패턴이 있다. 예를 들면, 음악에서 작곡은 가장 어린 시기에 고도로 발달되며 문화적으로 가치롭게 여겨지는 것으로, Mozart는 4살에 작곡을 시작하였다. 많은 작곡가와 연주가들이 80대와 90대에도 활동적인 것을 보면, 작곡과 관련된 능력은 나이가 들어도 비교적 쇠퇴하지 않는 듯하다. 반면에 고도의 수학적 능력은 작곡만큼 일찍 나타나는 것 같지는 않으나, 정점은 인생에서 비교적 이른 시기에 나타난다. Blaise Pascal, Karl Friedrich Gauss의 경우와 같이, 많은 위대한 수학적 및 과학적 아이디어는 10대에 이루어졌다. 수학 발달사를 보면 독창적인 수학적 통찰력이 40대 이후에 생긴 경우는 거의 없다.

그러나 40대, 50대, 그리고 그 이후에도 성공적인 소설가가 될 수 있으며, Grandma Moses처럼 75세 이후에도 미술가가 될 수 있다. Gardner에 의하면 8가지의 지능을 이해하기 위하여 몇 가지의 발달 이론을 이용할 필요가 있다. Piaget는 논리-수학적 지능에 대한 종합적인 설명을 하고 있으며, Erik Erickson은 개인적 지능(personal intelligence)의 발달에 대한 이론을 제시하며, Noam Chomsky와 Lev Vygotsky는 언어적 지능의 발달을 설명하고 있다.

Gardner(1993b)에 의하면 정말 예외적인 사람의 생애에서 지능의 궁극적인 상태를 연구함으로써 그의 정점에 달한 지능을 가장 잘 알아낼 수 있다. 예를 들면, Beethoven의 Eroica 교향곡을 연구하여 음악적 지능을 알 수 있다.

④ 발달사와 발달가능성

Gardner는 8가지 지능은 모두 인간(그리고 생물의 다른 종류)의 진화에 근거를 두고 있다고 본다. 예를 들면, Lascaux의 동굴의 벽화에서 그리고 꽃을 찾기 위하여 적절한 방향으로 날아가는 곤충에서 공간적 지능을 살펴볼 수 있다. 음악적 지능은 초기 악기의 고고학적 증거에서, 그리고 다양한 새들의 울음소리에서 찾아볼 수 있다.

다중지능이론은 역사적인 면에서도 살펴볼 수 있다. 지능에 따라서는 오늘날보다 과거에 보다 중요시되던 것도 있다. 예를 들면, 신체-운동적 지능은 대부분의 사람들이 시골에 살면서 곡식을 수확하고 저장하는 능력을 가지고 있던, 100년 이상 전에 더 가치롭게 여겨졌을 것이다. 지능에 따라서는 미래에 보다 중시될 것도 있다. 사람들이 필름, TV, 비디오테이프, CD-ROM 등을 통하여 정보를 받아들이는 비율이 높아짐에 따라서 공간적 지능이 점점 더 가치롭게 여겨질 것이다.

⑤ 심리측정 결과의 뒷받침

Gardner는 대안적인 평가방식을 주장하지만, 그에 의하면 표준화 검사를 이용한 인간능력의 측정결과는 대부분의 지능에 대한 이론(많은 학습양식에 대한 이론과 함께)은 다중지능이론의 타당성을 확인시켜주고 있다. 예를 들면, Wechester Intelligence Scale for Children에는 언어적 지능(예, 정보, 어휘), 논리-수학적 지능(예, 산수), 공간적 지능(예, 사진 배열), 그리고 다소 적은 편이지만 신체-운동적 지능(예, 물체조립)이 포함되어 있다. Vineland Society Maturity Scale Coopersmith Self-Esteem Inventory 등에는 개인적 지능(personal intelligence)이 포함되어 있다.

⑥ 실험심리학 연구의 뒷받침

Gardner에 의하면, 심리학 연구를 살펴보면, 지능이 각기 독자적으로 작용하는 것을 알 수 있다. 예를 들면, 연구대상자들이 읽기와 같은 구체적인 기능을 완전히 학습하지만, 다른 영역에 그 능력을 전이하지 못하는 연구에서, 언어적 능력이 논리-수학적 지능에 전이되지 못하는 것을 알 수 있다. 또한 기억, 지각, 주의집중과 같은 인지적 능력에 관한 연구에서, 사람에 따라서는 단어 기억력은 탁월하나 얼굴 기억력은 낮고, 음악소리에 대하여는 예민한 지각력을 가지고 있으나 말소리에 대한 지각력은 낮다. 이러한 인지적 능력들은 각기 특유한 지능과 관련되어 있다. 그러므로 사람들은 각 인지적 영역에서 8가지 지능에 대하여 서로 다른 수준의 능력을 나타내게 된다.

⑦ 확인해낼 수 있는 핵심적 운용기술 또는 일련의 운용기술

Gardner에 의하면 컴퓨터 프로그램에 일련의 운용기술(예, Window)이 필요한 것과 마찬가지로, 각 지능은 그 특유의 다양한 활동을 일으키는데 도움이 되는 핵심적인 운용기술을 가지고 있다. 예를 들면, 음악적 지능에서는 가락(pitch)에 대한 민감성이나 다양한 멜로디 구조를 식별하는 능력이 이러한 운용기술의 요소가 될 수 있으며, 신체-운동적 지능에서는 다른 사람의 신체적 움직임을 모방할 수 있는 능력, 건축물을 짓기 위하여 기존의 섬세한 운동근육의 일상적인 움직임을 숙지할 수 있는 능력이 핵심적인 운

용기술에 포함된다. Gardner는 앞으로 이러한 운용기술이 컴퓨터로 시뮬레이터될 수 있을 정도로 정확히 확인될 것으로 보고 있다.

⑧ 상징체제를 이용한기호화 가능성

Gardner에 의하면 지능적 행동을 가장 잘 나타내는 것은 인간의 상징을 이용할 수 있는 능력이다. 이 페이지에 쓰인 "고양이"라는 단어는 특정한 방식으로 이루어진 기호의 집합이나, 여러분에게는 일련의 연상, 이미지, 기억을 불러일으킬 것이다. Gardner에 의하면 상징화(symbolize)할 수 있는 것은 인간을 대부분의 다른 동물과 구분짓는 중요한 요인이며, 8가지 지능은 모두 상징화가 가능하며, 각기 특유한 상징체제 또는 표시법(symbol or notational system)을 가지고 있다. 언어적 지능의 경우에는 한국어, 영어, 불어, 스페인어 등의 많은 구두언어와 문자언어가 있으며, 공간적 언어에는 중국어와 같은 표의문자와 함께, 건축가, 공학자, 다자이너 등이 이용하는 많은 그래픽 언어가 포함된다.

(4) 다중지능이론과 교육과정수업

다중지능이론은 교육목표, 교육과정과 수업, 평가에서 전통적인 사고와는 다른 열린 사고가 가능하게 한다. 보다 많은 가능성을 지닌 존재로 인간을 보기 때문에 교육목표가 전과 다를 수 있고, 교육과정 · 교수법에서 보다 창의적이고 다양할 수 있으며, 교육평가 면에서도 새로운 평가–수행평가, 실제적 평가, 모음집을 이용한 평가 등–를 이용하게 된다.

다중지능이론은 교사들이 교실에서 지배적으로 이용되고 있는 언어적 및 논리적 전략이외에 다양한 기술, 도구, 전략을 지니고 있어야 한다고 하는 면에서 교육에 가장 큰 기여하고 있다. 연구자들이 미국 전역에서 1,000개 이상의 학급을 관찰한 Goodlad의 "A Study of Schooling" 프로젝트에 의하면, 수업시간의 약 70%가 교사의 말–주로 교사가 학생에게 하는 말(지시어, 강의)–이었고, 그다음으로 많이 볼 수 있는 것이 학생들이 워트북이나 학습지(worksheet)를 지시어에 따라 하는 것이었다. 이러한 상황에서 다중지능이론은 교사의 일방적인 교수행위에 대한 구체적인 치료책일 뿐 아니라 학습에 대한 제한된 접근법을 벗어나기 위한 모든 교육혁신을 조직하고 종합하는 메타모델(metamodel)의 기능을 발휘할 수 있을 것이다(Armstrong, 1994).

① 다양한 형태의 교수에 대한 역사적 배경

수업의 근거가 되는 철학으로서의 다중지능이론은 새로운 개념은 아니다. Plato도 "강요하지 말고 초기교육은 아동에게 즐거움이 되도록 하여야 한다. 그러면 타고난 소질은 더 잘 발견할 수 있을 것이다"라고 말한 것을 보면, 다양한 교수활동의 중요성을 의식하고 있었던 것 같다(Plato 1952, p. 399). 보다 최근으로 내려와서 현대교육의 선구자들은 거의 모두 언어를 이용한 교육 이상의 수업체제를 개발하였다. 18세기의 철학자 Jean Jacques Rousseau는 Emile에서 아동은 말(words)이 아닌 경험을 통하여 학습을 해야한다고 주장하였다. 스위스의 개혁자 Johann Heinrich Pestalozzi는 구체적인 경험을 근거로 하는 신체적, 도덕적, 지적 훈련을 중시하는 통합교육과정을 강조하였다. 현대 유치원의 창시자인 Friedrich Froebel은 장난감(manipulatives)을 이용한 직접적인 경험, 게임하기, 노래하기, 원예, 동물 돌보기 등으로 이루어진 교육과정을 개발하였다. 20세기에는 Maria Montessori(예, 촉각문자 tactile letters, 자신의 속도에 맞추어 이용할 수 있는 자료 self-paced materials), John Dewey(예, 사회의 축소판으로서의 학급)와 같은 혁신자들은 다중지능이론을 근거로 한 기술과 유사한 기술(multiple intelligence-like)에 근거한 수업체제를 개발하였다. 또한 요즈음 거론되고 있는 여러 가지 교육모형들도 다른 용어를 이용하고 있지만 본질적으로 다중지능 체제라고 볼 수 있다. 예를 들면, 협력학습(cooperative learning)은 대인관계 지능을 강조하고 있으나, 구체적인 활동에서는 학생들이 다른 지능을 이용할 수 있다. 총체적 언어학습법(whole language approach)에서는 언어능력 함양이 가장 중요하지만, 근본적인 목표를 달성하기 위하여 음악, 직접적인 경험, 성찰(일지 기록을 통한), 집단활동이 이용된다. 불가리아의 정신과 의사인 Georgi Lozanov에 의하여 개발된 교육방법인 Suggestopedia에서는 학생의 학습잠재력을 발현시키기 위하여 드라마와 시각 보조물(visual aids)이 이용되나, 학생들이 음악을 필수적으로 들어야 하기 때문에 음악이 학습 촉진에 중요한 역할을 한다.

다중지능이론은 훌륭한 교사들이 해온 것처럼, 학생의 '마음'이 깨어 있게 하기 위하여 교과서와 흑판 이외의 것을 이용하려고 한다. 위대한 교사를 다루고 있는 최근의 영화에서도 이 점이 강조되고 있다. 죽은 시인의 사회Dead Poets Society(1989)에서 예비교(prep school) 교사인 John Keating(배역에는 Robin Williams)은 축구공을 차면서 그리고 고전음악을 들으면서 문학 작품의 구절을 낭송하도록 하였다. 다중지능이론은 교사가 자신이 가장 선호하는 교수법에 대하여 깊이 생각해보고, 그 교수법이 성공적인 이유(또는 어떤 학생에게는 성공적이며, 어떤 학생에게는 그렇지 못한 이유)를 생각해 볼 수 있게 한다. 또한 교사들이 보다 다양한 학습자에게 도움을 줄 수 있기 위하여 보다 다양한 교수법, 자료, 기술에 관심을 갖도록 돕는다.

② 다중지능이론과 교사

다중지능이론을 근거로 수업하는 교사(MI teacher)는 전통적인 교사와는 다르다. 전통적인 교사는 교실의 전면에 서서 강의하고, 흑판에 쓰고, 학생에게 주어진 읽을 과제나 인쇄물에 대하여 질문하고, 학생들이 쓰는 과제를 마칠 때까지 기다린다. 반면에 MI 교사는 수업방식을 언어적에서 공간적, 음악적 등으로 여러 가지 지능을 창의적으로 결합하며, 끊임없이 교수법을 바꾼다.

다중지능이론은 대부분의 시간을 교사들이 학생들을 직접 가르치며 보내는 지극히 전통적인 상황에서 학생들이 대부분의 경우에 자기지시적으로 학습하는 다양한 수업상황에서 이용될 수 있다. 전통적인 수업도 8가지 지능을 자극하기 위하여 계획된 다양한 방식으로 이루어질 수 있다. 리드미칼한 목소리로 중요한 점을 강조하며 강의하고(음악적), 중요한 것을 설명하기 위하여 흑판에 그림을 그리고(공간적), 이야기할 때 극적인 몸짓을 하며(신체-운동적), 학생들에게 반성할 시간을 주기 위하여 멈추며(개인이해), 대인관계가 활발하게 이루어지도록 질문을 하는(대인관계) 교사는 교사중심적인 측면에서 다중지능이론의 원칙을 이용하고 있는 것이다.

③ 다중지능이론과 수업자료 · 교수법

다중지능이론에 근거한 수업에서 이용할 수 있는 기술과 자료는 다음과 같다.

- 언어적 지능

강의, 대집단 및 소집단 토의, 책, 학습지(worksheets), 소책자(manuals), 머리를 쥐어짜기(brainstorming), 글짓기활동(writing activities), 단어게임, 함께 나누는 시간(sharing time), 학생의 발표(student speeches), 이야기하기(storytelling), 맹인용의 녹음 책과 카세트(talking books and cassettes), 즉흥적 연설(extemporaneous speaking), 논쟁, 일지기록, 일제 읽기(choral reading), 개별적으로 읽기(individualized reading), 수업시간에 일어나서 소리내어 읽기(reading to the class), 언어적 사실을 기억하기, 자신의 말을 녹음하기, 워드 프로세서를 이용하기, 출판하기(예, 학급신문을 만들기)

- 논리-수학적 지능

흑판을 이용한 수학문제, 소크라테스식 질문, 과학적 시범, 논리적 문제해결 연습, 분류와 범주화(classification and categorizations), 규칙을 만들어 내기(creating codes), 수량화와 계산(quantifications and calculations), 컴퓨터 프로그램 언어(computer programming language), 과학적 사고, 교과목에 대한 논리적-계열적 제시, Piaget의 이론에 근거한 인지확장적 연습(Piagetian cognitive stretching exercises), 발견적 교수법(heuristics)

- 공간적 지능

차트 · 그래프 · 도표 · 지도, 시각화(visualization), 사진, 비디오 · 슬라이드 · 영화, 시각적 퍼즐 · 미로(visual puzzles and mazes), 3차원적 조립용품 세트(3-D construction kits), 미술감상, 상상력이 풍부한 이야기하기(imaginative story telling), 그림을 이용한 은유(picture metaphors), 창의적인 공상(creative daydreaming), 그림, 콜라주(collage), 기타 시각예술, 아이디어 스케칭, 시각적 사고 연습(visual thinking exercise), 그림을 이용한 표현(graphic symbols), 머릿속 지도(mind-maps)와 같은 시각적 조직자 이용, 컴퓨터 그래픽 소프트웨어, 시각적 패턴 찾기, 눈의 착시 현상(optical illusions), 색깔 단서(color cues), 망원경 · 현미경 · 쌍안경, 시각적 의식화 활동(visual awareness activities), 그리고 색칠하기(draw and paint), 컴퓨터를 이용한 디자인 소프트웨어(computer-assisted-design-software), 그림을 이용한 문자해득 경험(picture literacy experience)

- 신체-운동적 지능

창의적 움직임, 직접경험을 통한 사고(hands-on thinking), 현장학습(field trips), 무언극, 학급극장(classroom theatre), 협력적 및 경쟁적 게임들, 신체적 자각 연습(physical awareness exercise), 모든 종류의 직접적 경험, 공예(crafts), 몸을 사고의 기준으로 이용하기(body maps), 운동기능 지각에 대한 심상(kinesthetic imagery)을 이용하기, 요리, 원예, 기타 잡다한 활동들, 손으로 조작하는 활동들(manipulatives), 시각적 실제에 대한 소프트웨어(visual reality software), 신체적 움직임을 통한 개념학습(kinesthetic concepts), 체육교육 활동(physical education activities), 의사소통을 위하여 신체언어와 손 시그날을 이용하기(using body language/hand signals to communicate), 촉각을 이용한 자료와 경험(tactile materials and experiences), 신체 이완 연습(physical relaxation exercises), 몸을 이용한 대답(body answers)

- 음악적 지능

음악을 이용한 개념학습(musical concepts), 노래하기 · 콧노래하기 · 휘파람 부르기, 녹음된 음악을 연주하기(playing recorded music), 피아노 · 기타 · 그 외의 도구를 이용하여 실제로 음악을 연주하기, 집단이 함께 노래 부르기(group singing), 효과음악(mood music), 음악감상, 타악기 연주, 리듬 · 노래 · 랩(raps) · 단조로운 노래(chants), 배경음악을 이용하기, 오래된 가락

(tunes)을 개념과 연결하기, 녹음된 발췌곡으로 교육과정을 보완하기(discographies), 개념을 설명하기 위하여 새로운 멜로디를 만들기, 마음속의 음악적 심상에 귀를 기울이기(listening to inner musical imagery), 음악을 이용한 소프트웨어(music software), 기억에 도움을 주는 음악(supermemory music)의 이용

- 대인관계 지능

협력적 집단, 대인 간의 상호작용(interpersonal interaction), 동배 지도(peer teaching), 판지를 이용한 게임(board game), 반대연령자 지도(cross-age tutoring), 집단적인 머리를 쥐어짜기 시간(group brainstorming session), 동배들과 함께 나누기(peer sharing), 지역사회에 참여(community involvement), 도제제도(apprenticeship), 모의활동(simulations), 학문적 클럽(academic clubs), 상호작용에 관한 소프트웨어(interactive software), 파티나 사교적 모임을 학습상황으로 이용(parties or social gatherings as contexts for learning), 사람이 몸으로 아이디어나 개념을 표현하기(people sculptures)

- 개인이해 지능

독립적 학습(independent study), 솔직한 기분을 나타내는 순간(feeling-toned moments), 자기속도로 학습하기(self-paced instruction), 개별화 프로젝트와 게임, 연구를 위한 개인적 공간(private spaces for study), 일 분간의 반성 시간(one-minute reflection periods), 흥미 센터(interest centers), 자신과 학습내용과의 관계를 찾기(personal connections), 숙제의 선택(options for homework), 선택할 수 있는 시간(choice time), 스스로 학습하는 프로그램화된 수업(self-teaching programmed instruction), 영감을 주는/동기를 유발하는 교육과정(inspirational/motivational curricula), 일지기록, 목표설정 시간

- 자연이해의 지능

-관찰하기: 동물원, 농장, 수족관, 숲에 가기, 자연현상을 관찰하기, 항성 별 혜성 공간을 관찰하기, 등산 캠핑을 하기, 바다 조수 연못에 가

보기, 강 호수 공원에 가보기, 자연에 관한 비디오 보기

-관찰한 것을 기록하기: 특징을 열거하기, 변화 · 발달단계를 기록하기, 색깔 · 크기 · 형태 · 기능을 기록하기, 일지를 기록하기

-분류하고 범주화하기: 색깔 크기 형태 기능에 따라 분류하기, 분류체제를 생각해내기, 분류체제(taxonomy system)와 명칭을 기록하기, 자연품목을 분류하고 범주화하기: 단추, 파스타(pasta) 요리 등, 그래픽 조직자(graphic organizers)를 이용하기

-자연 속에서 또는 자연과 함께: 자연에 대하여 사진 찍기, 학급의 애완동물을 돌보기, 표본을 채취하기, 꽃 · 야채 기르기, 나무 심기

(5) 다중지능이론과 평가

다중지능이론에서는 학생을 평가하기 위하여 다양한 방법을 이용하여야 한다고 주장한다. 어떤 수업목표도 적어도 8가지의 서로 다른 방법으로 가르쳐질 수 있는 것과 같이, 어떤 교과목도 적어도 8가지의 서로 다른 방식으로 평가될 수 있는 것으로 본다. 그리고 학생들이 다양한 방법 가운데 한 가지로 어떤 구체적인 기능, 교과목, 내용영역에서의 능력을 보일 수 있어야 한다고 본다.

다중지능이론에서는 새로운 평가 방식이 적절한 것으로 본다. 규준 지향적이기보다는 준거 지형적 평가, 수준점에 도달한 정도, 자신의 과거의 성과에 비교하여 변화한 정도에 보다 더 초점을 맞추고 있으며, 실제적 평가(authentic assessment), 모음집을 이용한 평가(portfolio assessment), 수행평가(performance assessment) 등을 이용한다. 특히, 평가는 학생들이 학습한 것을 적용할 실생활과 유사한 상황에서 학습한 것을 보이도록 하는 실제적 평가가 이용되어야 한다고 주장한다. 또한 지난 10년간 모음집을 이용한 평가에서 언어적, 그리고 논리-수학적 지능을 요구하는 것에 초점이 맞추어진데 반하여, 다중지능이론에 근거한 평가에서는 모음집에 8가지 지능 모두에 근거한 자료가 포함되어야 한다고 주장한다.

실제적 평가를 위하여 다양한 도구, 측정치, 방법이 이용될 수 있다. 실제적 평가에서 일차적으로 중요한 것은 관찰(observation)이다. Howard Gardner(1983, 1993)에 의하면 학생이 각 지능의 상징체제를 조작하는 것을 관찰하는 가운데 그의 다중 지능을 가장 잘 평가할 수 있다. 그다음으로 실제적 평가를 실시할 때 중요한 것은 학생의 산물(products)과 문제해결 과정을 조사(documentation)하는 것이다. 학생의 성취는 다음과 같이 다양한 방식으로 확인될 수 있다.

- 일화기록(anecdotal records)

각 아동에 대하여 일지를 기록하고, 중요한 학구적 및 비학구적 성취, 동료 및 학습자료와의 상호작용 등을 기록한다.

- 학습 샘플(work samples)

언어, 수학, 미술 등 다양한 영역에서의 학생의 학습샘플을 포함하는 파일을 각 아동에 대하여 준비한다.

- 녹음 카세트(audio cassettes)

읽기 샘플, 농담, 이야기(story), 수수께끼, 기억한 것, 의견 등과 함께 노래, 악기연주 등과 같은 음악적 능력을 녹음하기 위하여 카세트를 이용한다.

- 녹화

다른 방법으로는 기록하기 힘든 것(예, 학교연극에서 역할을 해내는 것, 축구에서 패스한 볼을 잡는 것, 기계를 수리한 방법을 보여주는 것 등)과 학생들이 완수한 프로젝트를 발표하는 것을 녹화한다.

- 사진

학생들이 만든 것으로 보관될 수 없는 것(예, 3차원적 구성물, 발명품, 과학과 미술 프로젝트)을 사진 찍어 둔다.

• 학생의 일지

학생들은 글짓기 목록, 도표, 낙서, 그림과 같이 학교에서 경험한 것을 계속적으로 일지에 기록한다.

• 학생보관 차트

학생들은 자신의 학습 진전도에 대한 기록을 차트와 그래프(예, 읽은 책의 수, 교육목표에 대한 진전도)로 보관한다.

• 소시오그램

학급구성원 간의 우호적인 관계, 부정적인 관계, 중립적인 관계 등을 시각적으로 기록한다.

• 비형식적인 검사

특정한 영역에 대한 학생의 이해도를 질적으로 알아볼 수 있는 표준화검사를 만든다.

• 표준화검사의 비형식적 이용

시간제한을 완화하고, 대답을 그림, 3차원적 구성물, 음악 등으로 제시할 수 있게 하는 등 실시지침을 엄격히 지키지 않는 가운데 표준화 검사를 실시한다. 학생들이 실제로 아는 것을 알아내고, 학생의 사고전략을 알아보기 위하여 틀린 것을 탐색하고, 검사 결과를 그 내용에 대한 대화를 자극하기 위하여 이용한다.

• 학생면담

정기적으로 학생과 만나 학업에 대한 진전도, 흥미와 목표 등에 대하여 대화하고, 그 내용을 기록하여 학생에 대한 파일에 보관한다.

• 체크리스트

수업시간에 다룬 중요한 기술과 내용으로 된 체크리스트를 이용하여 비형식적인 준거지향 평가체제를 개발하고, 학생들이 성취했는지 확인한다.

• 교실지도

교실지도를 만들어 복사해 놓고, 매일 움직임 패턴, 활동, 학급의 다양한 곳에서의 상호작용, 관계 있는 학생의 이름 등을 지도 위에 표시한다.

• 달력에 기록

학생들에게 달력에 자신의 활동을 기록하도록 하고, 매달 말에 수집한다.

(6) 다중지능이론을 근거로 한 평가에 관한 프로젝트

다중지능이론의 기본적인 철학과 일치하는 평가모형을 개발하기 위한 몇 가지 프로젝트가 이루어지고 있다. 이 프로젝트 가운데 많은 것은 Howard Gardner와 Harvard 대학의 그의 동료들에 의하여 이루어지고 있는 Project Zero의 도움을 받고 있으며, 유치원, 초등학교, 중학교, 고등학교 수준에서 이루어지고 있다. Massachusetts 주의 Tuft University in Medford의 Elliot Pearson Children's School에서 소규모로 실험된 유아교육 프로그램으로 다중지능이론에 근거한 평가모형에 초점을 맞추고 있는 Project Spectrum, 학생들의 메타 인지적 기능과 학교와 관련된 활동에 대한 이해를 돕기 위하여 중학교에서 이루어진 P1FS(Practical Intelligence for School), Pennsylvania의 Pittsburgh Public Schools 학구에서 이루어지고 있는 고등학교 예술 프로그램인 Arts Propel, Indiana 주의 Indianapolis Public Schools 학구의 초등학교에서 이루어지고 있는 Key School 등을 예로 들 수 있다.

그 가운데 Key School Project의 경우를 살펴보면, 교사들은 학습 진전도에 대한 평가에서 녹화를 폭넓게 이용한다. 학년 초에 면담에서 학생들이 희망, 두려움, 목표 등에 대하여 이야기할 때 녹화가 이루어지고, 학기 중에 학생들이 학습 프로젝트를 발표할 때 3번 녹화가 이루어지며, 학년 말에 학생들이 성취한 것을 평가하기 위하여 녹화된다. 이러한 녹화 모음집을 이용한 평가(video portfolios)는 매 학년 이루어지며, 학부모, 교사, 행정가, 학생 자신에게 평가에 대한 중요한 정보를 제공하게 된다.

2) 특 징

MI(Multiple Intelligence)는 인간의 지능에 대한 개념이기 때문에 어떤 교육방법을 처방하거나 강요하지 않는다. 그러므로 교사와 행정가는 자유롭게 자신과 학생의 욕구에 가장 적절한 교육을 실천할 수 있다.

또한 MI에 근거한 수업을 위하여 교육청이나 행정가의 승인을 받을 필요도 없다. MI에서는 교사들이 따라야 할 공식적인 절차나 정책 없이, 자유롭게 자신의 장점과 아동에 대한 지식을 근거로 일할 수 있으며, MI는 거의 어떤 수업방식에도 적합하기 때문에 교사는 다중지능이론을 수업의 틀(instructional framework)로 이용할 수 있다.

모든 학생의 지력을 개발(intellectual development of all students)을 위하여 이용되고 있는 성공적인 다중지능 프로그램에서 볼 수 있는 기본적인 특징은 다음과 같다(Campbell & Campbell, 1999).

- 교사는 학생들이 지적인 면에서 다양한 방식(in multifaceted ways)으로 유능하다고 믿는다.
- 학교의 임무, 문화, 교육과정은 지적 다양성(intellectual diversity)을 촉진한다.
- 교사는 학생을 면밀히 관찰하고, 이에 따라 수업을 적절히 조정한다.
- 학생의 학습은 적극적(active)이고, 직접적(hands-on)이며, 다양한 방식(multimodal)으로 이루어진다.
- 학업의 부족한 면을 개선하기 위하여 학생의 강점이 이용된다.
- 학생들은 개별화된 교육을 경험할 기회를 가지면서 기본기능도 습득할 수 있다.
- 학생들은 독립적 프로젝트(independent project)를 주도하고 완수하는 가운데 자율적 학습 기능(autonomous learning skills)을 개발한다.
- 학생들은 지능의 강화와 관련하여 학교와 지역사회의 전문가의 도움을 받는다.
- 학생들은 교과의 핵심적인 개념에 대한 깊이 있는 이해를 위하여 다 연

령 집단(multi-age grouping) 또는 교과에 대한 통합적 접근(interdisciplinary perspectives)을 통하여 학습한다.

- 학생들은 학급에서 학습한 것을 실세계에서 적용한다.
- 평가는 수업과 마찬가지로 다양한 방식으로 이루어지며, 수행평가, 전통적인 시험, 다양한 원천으로부터의 피드백, 학생의 적극적인 자기평가(self-assessment)를 포함한다.

3) 효 과

MI(multiple intelligence) 프로그램의 효과는 다양한 측면에서 이야기되고 있다. MI 프로그램을 이용한 6학교들은 서로 다른 이유에서 서로 다른 특징을 지니고 있는 프로그램을 만들어 이용하였다. 그러나 다음과 같이 공통적으로 나타난 효과를 제시하였다(Campbell & Campbell, 1999).

- 교사들이 특별히 시험을 대비하여 가르치지 않고 교육과정에 충실한 수업을 하였으나, 주와 국가 수준의 시험에서 좋은 성적을 거두었다. 그러므로 MI가 기본교과를 경시하지 않으며, 오히려 기본기능에 대한 성취를 향상시킬 수 있다고 볼 수 있다.
- 백인 학생들과 소수민족 출신의 학생들 간의 학업성취의 차가 줄어들거나 없어졌다. MI 학교의 학생들은 모두 기본기능을 습득하였고, 비판적이고 창의적인 능력을 개발하였고, 힘든 그러나 개별화된 학교과제를 성공적으로 완수하는데서 오는 만족감을 경험하였다.
- 학교의 재구조화(restructuring)는 반드시 외부로부터의 프로그램, 자원, 시설과 설비, 교육청이나 주의 지시에 의하여 이루어지는 것이 아니라, 의미 있는 재구조화는 교사의 마음과 학생이 지니고 있는 가능성의 성격에 대한 교사의 믿음에서 시작하는 한다는 것이 MI 학교에서 이루어진 가장 놀라운 발견이다.

학생들이 몇 가지 영역에서 적성을 가지고 있다고 믿음으로써 교육자는

(3) MI 수업에 대하여 반성한다.

① MI 활동 가운데 이용한 것과 이용하지 않은 것을 생각해 본다(수업관찰 도구 이용).

② 수업에서 잘된 것은 무엇인가, 잘되지 않은 것은 무엇인가, 다음에 바꾸어 볼 것은 무엇인지를 생각해 본다.

③ 학생의 학습을 평가한다.

학생평가에서는 기본내용에 대한 숙지정도를 파악하기 위하여 전통적인 퀴즈나 테스트를 포함할 수 있다. 평가는 보다 실제적인 형태(authentic format)를 취하여 학생의 강점, 부족한 점, 시간의 흐름에 따른 발달을 보다 실제적으로 파악하기 위하여 porfolio와 process-portfolio를 통하여 샘플을 수집하고, 행동목표를 이용하고, 행동관찰, 노래녹음, 녹화를 이용할 수 있다.

3 유의점

교사는 궁극적으로 자신이 해야 할 일은 학생이 지니고 있는 학습잠재력을 개발하는 것이라는 생각을 지니고 있어야 하며, '모든 학생이 학습할 수 있다'는 생각을 가지고 그 신념을 뒷받침하는 MI 활동을 이용해야 한다.

참고문헌

김명희 · 김양희.(1996). 중등학생의 다중지능분석. **교육논총** 12. 한양대학교 한국교육문제연구소.

Armstrong, Thomas.(1994). *Multiple Intelligences in the classroom,* Alexandria, Virginia: ASCD(Association for Supervision and Curriculum Development).

Brant, Ron.(1988). "On Assessment in the Arts: A Conversation with H. Gardner", *Educational Leadership*, Vol. 45(4).

Campbell, L., & Campbell, B.(1999). *Multiple intelligences and student achievement: Sucessstories from six schools*. Alexandria, Virginia: ASCD.

Checkley, Kathy(1997). "The First Seven and the Eighth: A Conversation with H. Gardner" *Educational Leadership*, Vol. 45(4).

Edwards.(1979). *Drawing on the right side of the brain.* Los Angeles: Jeremy P. Tarcher.

Gardner, Howard.(1983). *Frames of Mind: The Theory of Multiple Intelligences. New York*: Basic Books.

______________(1993). *Multiple Intelligence: The Theory in Practice*. New York: Basic Books.

______________(2000). *Intelligence reframed: Multiple intelligences for the 21st century*. New York: Basic Books.

______________(2000). The disciplined mind: Beyond facts and standarized tests, the K-12 education that every child deserves. New York: Penguin.

Kagan, S., & Kagan, M.(1998). *Multiple Intelligences: The complete MI book. San Clement*, CA: Kagan Cooperative Learning.

Lazear, David(1992). *Teaching for Multiple Intelligences.* Bloomington, Ind: Phi Delta Kappa.

Link, Frances.(1985). Essays on the intellect. Association for Supervision & Curriculum Development.

Plato.(1952). *The Dialogue of Plato*. Chicago: Encyclopedia Britannica.

Silver, H., Strong, R., & Pernini, M.(2000). So each may learn: Integrating learning styles and multiple intelligences. Alexandria, Virginia: ASCD (Association for Supervision and Curriculum Development)

Chapter 13 탐구학습모형

시나리오

1 문제의 발견 및 인식

- 학생들은 관찰 및 자료 탐색을 통하여 탐구할 문제를 파악한다.
- 학습 문제를 제시한다.

교사는 책상 위에 자를 올려놓고 학생들로 하여금 손으로 쳐보도록 한다. 다음으로 자 위에 신문지를 걸쳐 놓은 후 자를 쳐보도록 하고 두 결과를 비교하게 한다.

교사는 학습 문제(공기가 무게를 가지고 있는지 알아보자)를 제시한다.

2 가설 설정

- 기존 지식을 동원하여 가설을 설정한다.
- 교사는 학생들이 세운 가설을 검토하여 반증이 가능한 좋은 가설로 다듬어준다.

교사는 학생들로 하여금 가설을 설정하게 한다.

학생들은 "공기는 무게를 가지고 있다", "공기는 무게를 가지고 있지 않다" 등의 가설을 설정한다. 학생이 제시한 가설이 검증이 불가능한 경우 교사는 이를 수정해준다.

3 자료 수집을 위한 실험 설계

- 실험에 관여하는 다양한 변인을 확인한다.
- 독립 변인, 종속 변인, 측정 변인 등을 확인한다.
- 통제 변인을 확인한다.

교사는 공기가 무게가 있을 경우 또는 없을 경우 어떠한 일이 발생할지 학생들에게 질문한다. 학생들은 "공기가 들어 있는 풍선이나 배구공이 공기가 들어 있지 않은 풍선이나 배구공보다 더 무겁다" 또는 "공기가 들어 있는 풍선이나 배구공의 무게는 공기가 들어 있지 않은 풍선이나 배구공의 무게와 같다." 등과 같이 대답을 한다.

교사는 공기가 들어 있는 풍선이 공기가 들어 있지 않은 풍선보다 무겁다는 것을 어떻게 검증할 수 있을지 학생들에게 질문한다. 학생들은 공기가 들어 있는 풍선과 들어 있지 않은 풍선의 무게를 비교하면 된다고 대답한다.

교사는 실험을 공정하게 하기 위한 조건을 질문한다.

학생들은 두 풍선의 무게가 처음에는 같아야 한다고 대답한다.

교사는 실험에 필요한 안전사항이나 기법 등을 알려준다.

4 자료 수집 및 처리

- 확인된 변인을 통제하면서 실험을 수행한다.
- 기본적 탐구 기능을 숙달시킨다.

학생은 계획한 바에 의하여 자료를 수집한다.

- 크기가 같은 두 개의 풍선에 공기를 가득 넣는다.
- 풍선의 가운데쯤에 셀로판테이프를 붙인다(공기를 뺄 때 풍선이 찢기지 않도록).
- 양팔 저울의 양쪽 접시에 두 개의 풍선을 올려 놓고 수평이 되도록 한다.
- 하나의 풍선을 셀로판테이프 붙인 곳을 바늘로 찔러 공기를 빠져 나오게 한다.
- 양팔 저울이 어느 쪽으로 기우는지 확인한다.

5 자료 해석 및 가설 검증

- 논리적 사고력을 발휘하여 가설의 성립 여부를 결정한다.
- 다른 사람과의 의사소통을 위하여 표, 기호, 그래프 등을 활용한다.

교사는 학생들에게 실험 결과를 확인하도록 한다.

- 공기가 빠지지 않은 쪽의 접시가 아래로 기울어진다.

교사는 실험 결과에 대한 이유를 묻는다.

- 공기가 빠지지 않은 풍선이 무겁기 때문이다.

6 잠정적인 결론 및 일반화

- 검증된 가설을 바탕으로 탐구 문제에 대한 잠정적 결론을 내린다.
- 제한된 범위 내에서 일반화를 시도한다.

교사는 결론을 내리도록 유도하고 발전 과제를 제시한다.

- 공기는 무게를 가지고 있다.

- 기압은 공기의 무게 때문에 생긴다.
- 위로 올라갈수록 공기의 양이 적어져 기압도 낮아진다, 등

1 이 론

1) 이론적 기초

'탐구'라는 용어는 영어의 'inquiry'를 뜻하며, 이 말은 여러 동의어를 지니고 있어 문제해결(problem solving), 발견(discovery), 혹은 반성적 사고(reflective thinking)와 구별없이 사용되기도 한다. 또한 학자에 따라 탐구를 나름대로 정의하여 한마디로 탐구의 정의를 내리기는 쉬운 일이 아닐 것이다. 하지만 대체적으로 탐구란 지식을 발견하고 창조해 가는 탐구 과정, 방법 및 활동을 의미하며, 이론·법칙·원리를 형성하여 이를 근거로 가설을 형성하고, 이 가설을 검증하여 새로운 사실을 얻는 일련의 순환적 과정이라고 볼 수 있다.

과학적 탐구 방법을 과학의 교수·학습에 도입한 대표적인 프로그램으로 1962년에 미국과학교육진흥회에서 개발한 SAPA(Science A Process Approach)를 들 수 있다. 이 프로그램은 종래의 과학 프로그램 구성의 틀이 주로 개념이나 개념 체계에 둔 것과는 달리 탐구 과정을 중심으로 교육과정을 구성하고, 탐구 과정에 따라 내용을 통합하였으며, 탐구 과정을 여러 단계의 행동 범주로 체계화하였는데 우리 나라의 6차 과학 교육과정과 7차 과학 교육과정의 탐구 영역의 틀은 이 프로그램의 영향을 많이 받은 것으로 생각되고 있다.

SAPA에 제시되어 있는 탐구 과정은 기초 탐구 과정 8개, 통합 탐구 과정 5개로 구성되어 있는데, 각각의 탐구 과정을 보다 구체적으로 설명하면 다음과 같다.

(1) 기초 탐구 과정

① 관찰: 관련 지식과 오감을 사용하여 사물과 현상에 대해 문제와 관련된 필요한 정보와 자료를 얻는 과정

② 시・공간 관계의 사용: 사물을 3차원으로 표현하며, 사물의 단면도 등을 알고 속도 등을 측정하는 과정

③ 수의 사용: 수직선상에 수를 표시하고, 비의 식을 소수로 나타내며, 평균치, 비, 어림산 등을 하는 과정

④ 측정: 관찰을 수량화하는 활동으로 측정 도구의 선택과 사용, 단위 선택, 측정 범위와 구간, 어림셈, 오차와 정확도, 반복 가능성 등에 대한 이해가 필요함

⑤ 분류: 어떤 목적을 가지고 사물을 그 공통적인 속성이나 조건에 따라 같은 범주로 묶거나 다른 범주로 구분하는 것

⑥ 의사소통: 타인에게 알 수 있도록 사물의 성질을 기술하는 것을 말하며, 그래프를 그리고 그래프상에 나타난 상관성, 경향성을 언어를 사용하여 기술하는 과정이 포함됨

⑦ 예상: 관찰이나 측정 결과에 기초하여 규칙성을 파악하고 나중에 관찰되거나 일어날 현상이 구체적으로 어떻게 될지 미리 판단하는 것

⑧ 추리: 관찰한 사실을 해석하고 설명하는 과정으로 사실 자체가 아니라 사실 뒤에 숨은 내용의 사실을 뛰어넘어 직접 지각할 수 없는 현상을 포착하는 과정

(2) 통합 과정

① 조작적 정의: 관찰할 수 있는 행동에 의하여 특정 개념을 정의하는 것

② 변인 통제: 공정한 검증을 할 수 있도록 실험을 설계하기 위해 실험 및 조사에 영향을 주는 여러 조건을 확인하고 독립 변인과 종속 변인 이외의 다른 변인을 일정하게 통제하는 과정

③ 자료 해석: 관찰이나 실험으로 얻은 자료를 분석하고 예상이나 추리

를 통해 가설과 연관시켜 의미 있는 관계나 경향을 찾아가는 과정

④ 가설 설정: 이미 알고 있는 사실과 개념이나 관찰을 근거로 하여 문제에서 제기된 변인 사이의 관계를 경험적으로 검증할 수 있도록 진술하는 것

⑤ 실험: 앞에서 설명한 여러 가지 탐구 과정을 고려하여 실제로 실험을 수행하는 과정

넓은 의미로는 자연을 탐구하는 모든 방법이 탐구의 범주에 들 수 있으므로 경험학습, 발견 학습, 가설 검증 학습 등이 모두 탐구 학습에 포함될 수도 있다. 하지만 좁은 의미로 탐구 학습을 정의할 때는 가설 검증이 학습 단계에 포함되는 경우로 제한하는 것이 의미상의 혼란을 줄일 수 있을 것이다. 이러한 탐구학습 모형의 범주에 해당되는 학습모형도 허명의 탐구학습 모형, Eggen과 Kauchak과의 탐구학습 모형 등 여러 종류가 있으나 여기에서는 이러한 탐구학습모형의 전형이라 할 수 있는 Schwab의 탐구학습 모형을 다루기로 한다.

탐구학습모형은 학생들을 작은 과학자로 간주한다. 즉 소박하지만 학생이 직접 가설을 설정하고, 이 가설을 검증할 수 있는 실험 과정을 계획한 후, 직접 실험을 수행하여 결과를 얻어 가설을 검증하는 단계를 거치도록 하고 있다.

또한, 탐구학습모형은 과학의 본성 중에서 반증주의에 바탕을 두고 있다. 발견학습모형에서는 자료가 먼저 제시되고 일반화를 하도록 요구하는데 비하여, 탐구학습모형에서는 문제를 인식하고 가설을 설정하는 과정이 제일 먼저 요구된다. 이러한 과정은 자연에 대한 문제나 의문을 가지고 이를 해결하기 위하여 가설을 형성하고, 자료를 모으고, 분석함으로써 가설을 검증하고 결론을 유도하는 과학자의 과정과 비교하여 절차상 큰 차이가 없다고 할 수 있다.

탐구학습모형은 가설 설정이나 일반화와 같은 고차적 사고 수준을 요하기 때문에 일반적으로 형식적 조작이 가능한 학생에게 적용하는 것이 바람

직하며, 초등학교의 경우 저학년이나 중학년보다도 고학년의 학생에게 더 적합한 모형으로 알려져 있다. 하지만 초보적인 수준의 가설 검증은 교사의 적절한 안내가 수반된다면 초등학교 중학년 수준에도 적용할 수 있을 것으로 생각된다.

2) 특 징

탐구학습모형의 일반적 특징은 다음과 같다.

첫째, 이 모형은 과학의 본질적인 과정인 가설 검증 절차를 체득하는 모형이다. 즉, 과학자가 연구하는 방법을 경험함으로써 과학적인 방법을 익힐 뿐만 아니라 과학 지식을 얻은 방법까지 배우게 된다.

둘째, 이 모형에서는 자료 수집 이전에 가설 설정이 이루어져야 하므로 가설을 세울 수 있는 상당한 기존 지식이 필요하다. 또한 가설의 근거가 직접 수집된 데이터에 의한 것이 아니므로 여러 개의 가설이 가능하고 잘못된 가설을 세울 가능성도 상당히 높다고 할 수 있다. 하지만 틀린 가설 역시 문제해결의 열쇠를 제공할 수 있기 때문에 옳은 가설 못지않게 중요하다고 할 수 있다.

셋째, 이 모형에서는 실험 설계가 중요하다. 발견학습에서의 실험은 자료 수집이 목적이지만 탐구 학습에서의 문제해결은 실험 결과에 의해 좌우되므로 실험 설계가 제대로 되어 있지 않으면, 결론 자체가 무의미해질 수 있다.

넷째, 변인을 찾아내고 변인 통제를 정확히 해야 한다. 실험에서 고려해야 할 변인으로는 독립 변인, 종속 변인, 통제 변인을 들 수 있다. 독립 변인이란 관심을 가지고 있는 실험에 직접적으로 영향을 미치는 변인 즉 원인에 해당되는 것이라 할 수 있으며, 종속 변인은 독립 변화의 영향을 받아 변화하는 요인 즉 결과에 해당한다고 할 수 있다. 통제 변인은 독립 변인 이외에 실험 결과에 영향을 미칠 수 있는 다른 변인 즉, 합리적인 실험 결과를 얻기 위해 일정하게 유지해야만 하는 변인을 의미한다.

3) 효 과

초등학교 6학년 학생들을 대상으로 30차 시분의 탐구수업모형(가설 검증 수업모형)을 적용한 결과 실험 집단은 통제 집단에 비하여 탐구 능력이 보다 신장되었음이 보고되었다.

2 수업 단계

1) 문제의 발견 및 인식

학생들이 관찰 및 자료 탐색을 통하여 탐구할 문제를 파악하는 단계이다. 경우에 따라서 교사가 적절한 수준의 질문이나 안내를 함으로써 학생들의 문제 발견이나 인식을 도와줄 수도 있다. 교사가 질문을 통하여 학생들의 문제 발견을 도울 때, 학생들이 활동의 초점을 알고 가설 형성의 관점을 알 수 있도록 질문을 던져야 한다.

2) 가설 설정

제기된 문제에 대한 잠정적 해답 즉, 가설을 설정하는 단계이다. 학생들은 이때 기존 지식을 동원하게 되며, 문제해결 방안으로 제시된 가설은 필요한 자료를 수집하는 방향을 제시할 수 있을 때, 좋은 가설이라 할 수 있다. 그러므로 교사는 학생들이 세운 가설을 검토하여 자료 수집이 가능한 형태로 다듬어주는 것이 좋다. 또한 가설은 반증이 가능한 것이어야 한다. 즉, 실험이나 자료 수집을 통하여 옳고 그름을 판단할 수 있는 내용과 형태를 지닌 것이어야 한다. 위와 같은 가설 설정 능력은 상당히 어려운 능력이라 할 수 있으므로 교사는 질문과 토의를 통하여 학생들을 잘 이끌어주도록 한다.

3) 자료 수집을 위한 실험 설계

가설을 검증하기 위하여 제일 먼저 고려해야 할 사항은 다양한 변인의 확인이다. 독립 변인과 종속 변인은 무엇인지를 알아내고, 종속 변인에 영향을 줄 수 있는 다른 변인에는 어떤 변인이 있는지를 확인하며, 그 변인을 통제하는 방법을 고안해야 한다. 또한 종속 변인을 측정하기 위한 계획도 수립해야 한다. 예를 들어 "물을 많이 줄수록 강낭콩이 잘 자란다"라는 가설을 검증하려면 독립 변인으로는 물의 양이 될 것이고, 종속 변인으로는 강낭콩의 성장일 될 것이다. 통제해야 할 변인으로는 '햇빛의 양'이나 '영양소의 양' 등이 될 수 있을 것이다.

종속 변인을 확인하기 위한 측정 변인에는 '잎의 수', '강낭콩의 전체 높이', '뿌리의 길이' 등 많은 변인을 생각해 볼 수 있다. 실험 설계 단계에서 이러한 여러 변인들을 확인하여 구체적인 측정 변인을 확정해야 한다. 이와 더불어 실험에 필요한 기구나 사물을 알아보며, 적절한 실험 절차를 구안하는 것도 이 단계에서 이루어진다. 이러한 실험 계획과 준비 과정을 통하여 교사는 학생들의 과학에 대한 소질과 능력을 길러주고 창의성을 배양하도록 한다.

4) 자료 수집 및 처리

윗 단계에서 확인한 변인을 통제하면서 실험을 하여 자료를 수집하는 단계이다. 이 단계에서는 실험을 주도적으로 수행하는 능력과 실험에 필요한 기능과 기술을 익히고 발휘하도록 지도해야 한다. 여기에서는 관찰, 분류, 측정과 같은 기본적 탐구 기능이 익숙해지도록 지도하는 것도 중요하다.

5) 자료 해석 및 가설 검증

자료 수집 단계에서 얻어진 내용들을 해석하여 문제에 대한 잠정적인 해답 즉 가설이 성립되는지의 여부를 판가름하는 단계이다. 자료의 해석 능력은 학생들이 이미 알고 있는 지식에 영향을 받을 수 있으며, 논리적 사고력을 최대한 발휘하여 주어진 범위 내에서 타당하고 의미 있는 해석이 이루어지도록 지도해야 한다. 또한 자료 해석 과정에서는 독특한 기호, 표, 그래프 등을 활용하여 다른 사람과의 의사소통을 분명히 할 수도 있다. 일반적으로 실험 결과와 가설이 잘 부합되면 가설을 수용하며, 그렇지 않은 경우에는 가설을 버리거나 수정하여 다시 새로운 탐구에 돌입하도록 한다.

6) 잠정적인 결론 및 일반화

가설 검증 수업의 종결 단계이다. 검증된 가설들을 바탕으로 특정 탐구 문제에 대한 잠정적인 결론을 내리거나 제한된 범위 안에서 일반화를 시도해보는 단계라 할 수 있다. 또한 어떤 문제에 대한 대답을 종결하기 전에 그 결론을 새로운 상황과 연계시켜 생각해야 한다.

3 유의점

탐구학습 모형을 적용할 때의 유의점은 다음과 같다.

첫째 모든 학습 내용이 탐구학습에 적절한 것은 아니다. 어떤 학습소재가 탐구학습 모형에 적절한지의 여부를 판단할 수 있는 좋은 방법 중의 하나는 해당 학습 문제가 인과관계(cause and effect relation)로 진술될 수 있는지를 검토해보는 것이다. 가설을 설정하려면 이러한 인과관계가 반드시 필요하기 때문에 인과관계를 설정할 수 있는 소재라면 탐구학습 모형을 적용할 수 있는 것으로 판단할 수 있다.

둘째 탐구학습 모형은 과학자의 탐구를 기반으로 한 일련의 단계로 이루어지기 때문에 모든 과정을 학생들에게 맡겨두면 정해진 수업 시간에 활동을 완수하기 어려울 가능성이 높다. 때문에 시간의 제약을 받을 경우, 교사는 적절한 시점에서 발문 등의 방법으로 학생들이 활동을 원활하게 수행하도록 도움을 줄 필요가 있다.

셋째 앞에서 언급한 바와 같이 탐구학습의 설계 과정에서 독립 변인, 종속 변인, 고정 변인, 측정 변인 등을 확인하고 고정 변인을 잘 통제하는 것은 지적 수준이 낮은 학생에게 상당히 부담을 줄 수 있다. 그러므로 이 모형은 가급적 고학년에서 적용하는 것이 바람직하며, 중학년의 경우에는 독립 변인이나 고정 변인이 단순하고 직관에 의해 이러한 변인이 쉽게 파악되는 경우에 한하도록 한다.

넷째 학생들이 가설을 잘 세우지 못하더라도 즉각적인 해답을 주거나 책망할 필요는 없다. 가설이 잘못 세워져 검증할 수 없으면, 새로운 가설을 세우도록 옆에서 도와줄 필요는 있을 것이다. 시행착오 학습은 탐구 활동의 중요한 요소의 하나임을 새겨둘 필요가 있다.

다섯째 학생들이 데이터를 분석할 때에는 그들이 얻은 결과를 일반화하도록 지도해야 한다. 이런 일반화 과정을 통하여 학생들이 얻은 결과가 새로운 국면에서 유용하게 활용될 수 있다.

참고문헌

윤기옥 · 송용의 · 김재복역(1998). 수업모형. 형설출판사.

William Glasser, M. D.(1965). *Reality Therapy*. Harper & Row Publishers.

________________(1969). *Schools without Failure*. Harper & Row Publishers.

Chapter 14 역할놀이모형: 사회적 행동과 가치의 탐색

시나리오

1 집단의 관심을 집중시키기

- 문제를 확인해 내거나 안내하기
- 문제를 명료화하기
- 문제를 포함하고 있는 이야기를 해석하고 문제점을 탐색하기
- 역할놀이를 설명하기

교사는 먼저 학생들에게 자기에게 필요한 일을 스스로 결정해 본 경험을 발표해 보게 한다. 학생들은 물건을 사본 경험, 어떤 학원을 갈 것인지, 피아노를 배울 것인지, 여행을 갈 것인지 아닌지 등 여러 가지 학생들이 경험한 것을 이야기한다.

교사는 학생들에게 교과서 96쪽과 99쪽의 사례를 먼저 읽어보도록 하였다. 이 중에서 자신과 가장 비슷한 경험을 가지고 있는 것을 선택하도록 하였다. 학생들은 조용히 책을 읽은 후 3개의 사례 중에서 '내' 경험과 가장 관련이 있는 경우를 선택하였다. 학생들은 사례 1을 가장 많이 선택하였다.

교사는 다시 학생들에게 사례 1에 대한 학생들의 실제 경험을 물어보았다. 학생들은 자신들의 경험을 발표하였다. 학원에 관련된 경험 중에서 가정에서 문제가 되었던 경험을 물어보았다. 학생들은 남자아이들의 경우는 피아노를 어머니의 권유로 시작하였지만 실제로는 피아노를 배우고 싶지 않은데 억지로 다니다 보니 가끔 빼먹기도 하고, 연습을 하지 않아 진도가 잘 나가지 않는다는 것에 가장 공감을 표시하였다. 여학생들의 경우에는 어머니께서 교과 성적을 올리기 위하여 속셈학원을 다닐 것을 권유하여서 속셈학원에 다니기는 하지만 내용도 재미없고 가는 것도 귀찮아 억지고 다니고 있지만, 어머니께 혼이 날까 봐 그냥 학원에 다니는 것이 문제라는 것에 공감을 표시하였다.

교사는 학생들에게 위의 사례의 공통적인 문제점이 무엇인지 질문을 하였다. 학생들은 첫째가 학원에 다녀야 한다는 결정을 어머니께서 하셨고, 처음에는 그런대로 하였지만, 점차 싫증을 느끼고 있다는 점, 그리고 계속적으로 하기 싫은 것을 어머니의 강요에 의해 하다 보니까 학원을 빼먹는다든지, 학습효과가 떨어진다든지의 문제가 발생하고 있다고 지적하였다.

교사는 학생들에게 남녀 각각 2조씩으로 나누어서 남학생들은 피아노 학원과 관련된 사례, 여학생들은 속셈학원과 관련된 사례에 관한 문제상황을 어떻게 해결하는 것이 좋은지 사건과 문제해결과정과 바람직한 방향으로 문제를 해결할 수 있는 상황을 설정하여 각각 대본을 써서 역할놀이를 통하여 우리의 문제를 자율적으로 해결하는 능력을 길러보자고 제의하였다.

2 참여자 선정하기

- 역할들을 분석하기
- 역할 실연자를 선정하기

학생들은 각 조에서 쓴 대본대로 등장인물과 관찰자와 과정기록지를 선정하였다. 한 조의 예를 들면 민호는 지금 다니고 있는 속셈학원의 선생님이 무섭고 재미없기 때문에 계속 다니기 싫다고 하였다. 그런데 어머니께서는 학원을 다니지 않으면 학업성적이 떨어지고 공부하는 습관을 잃어버리기 때문에 계속 학원에 다녀야 한다는 입장을 고수하셨다. 아버지는 선생님 때문에 학원을 옮긴다는 것은 옳지 않지만, 스스로 공부할 수만 있다면 다니기 싫은 속셈학원을 굳이 다니지 않아도 될 것 아니냐는 입장이시다. 그런데 아버지는 민호를 믿을 수 없기 때문에 엄마의 말씀이 옳다고 하신다. 그러나 민호 할아버지는 아이는 그저 잘 먹고 튼튼하게 자라면 그만이라고 학원에 다니지 말라고 하신다. 하지만 민호는 그런 할아버지의 말씀에도 마음이 편치 않다. 그래서 민호는 고민에 빠졌다는 내용이다. 우선 이 조는 우유부단하고, 자신이 하고 싶은 것을 끝까지 주장하거나 결정하지 못하는 보통 아이들로 성격을 정하고 그와 비슷한 한나를 정하였다. 그리고 어머니는 교육에 관심이 많으시고, 많이 엄하신 분으로 성격을 정하고 지영이를 엄마로 정하였다. 아버지는 교육에 관심이 많지만 매우 바쁘시고 대체로 아이들을 자유롭게 키우시고 싶어하는 아버지로 성격을 정해 그에 맞는 진희를 아버지로 정하였다. 할아버지는 무조건 손자의 말이라면 언제나 좋다고 하시는 우리의 할아버지의 모습을 할아버지의 성격으로 정하고 유나를 할아버지로 정하였다.

3 사전준비를 하기

- 행동의 순서를 결정하기
- 역할에 대하여 다시 설명하기
- 문제상황의 속사정을 파악하기

학생들은 각 조별로 대본에 따라 행동의 순서를 정하였다. 그리고 각자의 역할을 다시 설명하였다. 교사는 각 조를 돌아다니며 문제 상황과 문제의 전개방식, 역할담당자와 각 담당자의 역할에 대하여 질문을 하였다. 학생들은 각자의 역할과 진행과정을 설명하였다.

교사는 각 조에서 문제의 속사정을 물었다. 학생들은 원하는 것은 무엇이며, 어떻게 결정하는 것이 문제에 당면한 사람에게 가장 좋은 쪽으로 해결하는 것인지 질문을 하였다. 위의 조에서 민호는 어머니께서 권하여서 속셈학원에 다니긴 했지만, 어차피 자신도 동의한 것이고, 다니다 보니 숙제를 간혹 해가지 않는다던가, 놀다가 늦거나 가고 싶지 않아 결석을 해서 학원 선생님께 혼났기 때문에 자신에게도 책임이 있기 때문에 가족의 의견을 들어 가능한 학원을 다니되, 새로운 마음가짐을 가지고 이번에는 민호 자신의 의지에 의해 일을 결정하고, 그에 따른 책임을 지는 것이 마땅하다는 입장을 가지고 있었다.

4 관찰자를 준비시키기

- 무엇을 관찰할지를 결정하기
- 관찰과제를 분담시키기

교사는 학생들에게 각 조에서 실연을 하는 동안 관객, 즉, 역할놀이를 보는 학생들이 주의를 기울여 볼 만한 관점을 설명하였다. 학생들은 인물들의 행동과 말을 통해 마음의 변화를 먼저 알아보고, 그 입장이 민호에게 유익한지를 평가해 보기로 하였다. 또 하나는 각자 인물들의 성격에 맞게 학생들이 역할놀이를 하였는지 평가해 보기로 하였다. 교사는 학생들에게 두 가지의 관점에서 하나를 선택하고, 인물들 중에서도 전체 인물을 다 보는 것보다는 그중의 한 명에 대해 관심을 갖고 관찰해 보도록 하였다. 그리고 문제의 발생에서부터 해결과정을 관찰해 보는 사람도 정하기로 하였다. 교사는 역할놀이를 하지 않는 학생들에게 각자의 관찰관점을 선택하고 평가해 두었다가 토론할 때 발표해 달라고 하였다.

5 실연하기

- 역할놀이를 시작하기
- 역할놀이를 계속하기
- 역할놀이를 중단하기

학생들은 자신들이 맡은 역할을 실제로 연기하였고, 나머지 학생들은 각자의 관찰 관점에 따라 관찰하고 평가하였다.

6 토론과 평가하기

- 역할놀이에서의 행동을 검토하기(사건, 입장, 현실성)
- 중요한 점에 초점을 맞추고 토론하기
- 다음의 실연을 준비하기

한 조의 역할놀이가 끝나면 교사는 학생들에게 문제 상황은 무엇이었는지, 각 문제의 해결방법에 대한 등장인물의 입장은 어떠했으며 주인공의 결정에 어떤 영향을 주었는지 설명하도록 하였다. 그리고 문제해결 방법이 바람직하게 되었는지 토론하였다. 학생들은 각자가 관찰한 관찰관점에 대하여 발표하였고, 교사는 대체로 학생들이 가지고 있는 의견을 종합하였다. 예를 들면, 토론 내용이나 수정해야 될 부분에서 대본의 내용이 이상해서 수정을 하였으면 좋겠고, 각자의 인물의 성격에 맞게 연기를 하지 않아 정말 그 인물이 어떤 생각을 가지고 있는지 혼란스러웠다고 하였다. 그리고 대부분이 내 편만 드는 할아버지도 좋고, 교육적이신 어머니도 좋지만, 나 자신의 문제는 결국 내가 결정을 해야 학원을 다니든 안 다니든 책임을 갖고 행동할 수 있을 것 같다는데 합의를 하였다.

그리고 각각의 역할을 담당한 학생들이 그 역할에 충실했는지도 평가하였다. 대부분의 학생들이 자신들의 역할에 매우 충실하였다고 평가하였다.

교사는 이 역할에서 다루어진 과정이 현실적으로 가능한 것인지 질문하였다. 학생들은 자기 경험으로 보아 가능하며, 실제적으로는 부모님의 결정이 영향을 많이 주지만, 자신들의 결정도 존중해 준다고 하였다.

교사는 학생들에게 여러 사람의 의견을 받아 대본과 행동을 수정하여 다시 한 번 실연하여 보자고 하였다. 학생들은 다시 조별로 모여 자신들의 대본을 수정하였고, 지적받은 부분과 토론되었던 내용을 토대로 수정하였다.

7 재실연하기

- 수정된 역할을 실연하기: 다음 단계 또는 행동 대안을 제시하기

학생들은 수정된 역할을 다시 실연하였다.

교사는 역할놀이를 하지 않는 관객 학생들에게 아까 가졌던 관찰관점을 가지고 다시 관찰할 것을 요구하였다. 학생들은 자신들의 관찰관점에 따라 역할놀이를 관찰하려는 준비를 한다. 처음보다는 학생들이 좀 더 의욕적으로 참여하려는 의지를 보였다.

8 토론과 평가하기

- 6단계와 같음

처음에는 토의되었던 내용이 잘 반영되었는지 평가하였다. 문제상황의 해결에 있어서 현실적인지, 각자의 인물의 입장이 잘 표현되었는지, 평가하고 발표하였다. 이전보다 열심히 역할놀이를 하였지만, 아직도 가족들의 의

견을 수용하거나 자신의 입장을 세우는 데는 부족하다는 이야기가 나왔다. 학생들은 그럴 수밖에 없는 까닭이 엄마나 아버지, 할아버지의 생각이 옳지만, 그래도 기쁘게 생활하려면 내가 학원에 계속 다닐 것인지, 다니면 무엇이 이익이 되고, 또 다녔을 때 지금과는 어떻게 생활이 달라져야 하는지 잘 계획을 세워야 될 것이라는데 의견을 모았다.

9 경험내용을 교환하기 및 일반화하기

- 문제상황을 실제 경험 및 현존하는 문제와 관련시키기
- 행동의 일반원칙을 탐색하기

교사는 이와 비슷한 상황에 있는 사람이 있는지 질문하였다. 손을 든 학생들에게 이 역할놀이 수업을 해보고 어떻게 행동을 할 것인지 질문을 하였다. 어떤 학생은 부모님께 솔직하게 말씀을 드려서 의견을 듣고, 나 자신에게 어떤 점이 유익한지 판단하겠다고 대답하였다. 이대로 하기 싫은 것을 억지로 하는 것보다는 한번 여러 입장을 생각하여서 결정하겠다는 의견도 있었다. 또 어떤 학생은 그래도 자신들의 부모님은 내 의견에 관계없이 학원에 다니기 싫다고 하면 무조건 반대하시고 야단들일 것이라고 하는 어린이도 있었지만, 대부분의 아이들은 자신의 일을 자신이 결정하는 것이 무엇보다도 책임을 갖고 행동을 할 수 있기 때문에 매우 중요하다고 하였다.

1 이 론

1) 이론적 기초

Chesler와 Fox(1966)는 역할이란 감정 말 행동의 일정한 형태의 계열로

수 있다.

① 여러 가지 행동패턴을 실제로 해본다.

실연과정에서 다양한 역할행동을 탐색해보는 가운데, 아동은 다양한 결과를 경험할 수 있는 기회를 가지게 된다.

② 실제 문제 또는 잠재적 문제를 다룰 준비를 한다.

가능한 역할을 실연하며 문제상황을 다룰 준비를 하는 가운데, 학생은 자신의 문제를 다루는 면에서 보다 자신감을 가지게 된다.

③ 다른 사람과 감정이입(empathy)을 경험한다.

다른 사람의 역할을 해보는 가운데 다른 사람의 입장과 관점을 보다 잘 이해할 수 있게 된다.

④ 공동의 관심사를 직접적이며 공개적으로 다룬다.

민감한 공동 관심사나 논점을 공개토론(public forum)으로 다루는 가운데 학급구성원이개인적인 차원에서 변호하지 않으며 어떤 입장을 취할 수 있다.

⑤ 설명을 추구한다.

일련의 사태가 어떻게 일어났는지를 마음속에 떠올릴 수 없다면 특히 아동에게는 많은 행동과 사회적 사태가 당혹스럽게 여겨질 수 있다. 역할놀이의 실연을 통하여 흔히 추상적인 것이 구체화되고, 모호할 수도 있었을 인간관계가 의미 있게 된다. 예를 들면 우리 사회의 나이 든 분들이 당면하는 문제를 역할놀이로 실현해 보는 것은 아동이 이와 같은 중요한 사회문제에 관심을 가지게 하는 좋은 방법이다.

⑥ 다른 방식으로 지식을 증명하다.

말이나 쓰기로 자신을 표현하는데 어려움을 느끼는 학생, 또는 학급에서의 토의에 참여하기를 꺼리는 학생은 흔히 역할놀이를 자신의 지식을 함께 나눌 수 있는 방식으로 여긴다.

⑦ 자기표현을 시험해 본다(test self-expression).

자신의 생각과 느낌을 표현하기를 꺼리는 학생은 자신의 생각과 느낌을 개인적인 차원에서 자신의 것으로 확인하기 전에 비위협적인 토론회에서 시험해 볼 수 있다.

(1) 유사개념

① 극화놀이(dramatic play), 사회극(sociodrama)

역할놀이의 기초가 되는 것이 극화놀이로 극화놀이는 인간활동을 극화하여 탐색(dramatic exploration of human activities)하는 가운데 교과목과 관련된 경험을 하도록 하는 것으로 역할에 대한 탐색과 내용습득에 초점을 맞추고 있다.

사회극은 극화놀이의 연장으로, 인간관계에 초점을 맞춘 집단탐구를 위한 도구이다. 극화놀이를 통하여 그들의 세계를 탐색해본 아동들은 사회극이나 역할놀이에서의 보다 구조화된 탐색을 자유롭게 상상력을 발휘하며 할 수 있는 능력을 지니게 된다. 교육방법으로써 역할놀이의 유용성에 관심이 있는 교사는 극화놀이를 역할놀이의 준비단계로 고려해 보는 것이 좋다(Shaftel & Shaftel, 1982).

② 인형극(puppetry)

아주 어린 아동에게 역할놀이를 시도하기 위하여 이용할 수 있는 방법이 인형을 이용하는 것이다. 교사는 역사적 사태나 사회적 문제를 실연하고 극화하기 위하여, 관습이나 규칙과 같은 사회적 현상을 설명하기 위하여 인형극을 이용할 수 있다. 아동은 인형을 장난감으로 생각하므로, 부끄럼을 타며 말이 없는 아동이 역할놀이에 참여할 수 있도록 인형이 이용될 수 있다. 일반적으로 모든 연령층의 아동과 성인까지도 인형을 이용한 학습을 즐긴다.

학교에서 이용할 수 있는 인형은 상업적으로 판매하는 것을 이용할 수도 있겠으나 교사와 학생이 만든 것이 역할놀이 시나리오에 나오는 구체적인 인물에 보다 더 적절한 경우가 많다. 나뭇가지에 붙인 종이접시, 손가락, 벙어리 장갑, 손 인형(mitt puppet) 등 손쉽게 만들 수 있는 것이 이용될 수 있다.

③ 모의게임(simulation game)

모의학습(simulation)은 흔히 모의게임이라고도 불리며, 실제와 같은 문제해결 경험을 할 수 있도록 하기 위하여 만들어진 게임과 같은 활동(gamelike activities)이다.

(2) 수업에의 적용

역할놀이모형은 가변적으로 몇 가지 중요한 교육목적을 위하여 이용될 수 있다. 즉, 역할놀이를 통하여 학생들은 자신 및 다른 사람의 감정을 인지할 수 있는 능력을 향상시킬 수 있고, 전에는 다루기 힘들었던 상황에 대처하기 위한 새로운 행동을 습득할 수 있고, 문제해결 기능을 개선할 수 있다.

이에 덧붙여 학생들은 행동과 연기를 좋아하기 때문에 역할놀이는 수업내용의 개발을 위한 좋은 방법이 될 수 있으며, 수업모형의 각 단계는 교사가 탐색하여야 할 학생들의 가치, 감정, 태도 및 문제해결책을 노출시키는데 도움이 된다.

① 학습집단 구성

학습활동에 따라서 학급구성을 변화시켜야 할 때가 있다. 예를 들어 전 학생이 모두 역할놀이에 참여하지 않고 소집단을 구성하여 번갈아 활동하게 할 수 있다. 이 경우에 각 집단은 역할놀이 활동에 필요한 정보를 수집하고 문제를 토의하여 해결방법을 탐색해야 할 것이다. 그리고 나서 차례로 학생들 앞에서 실시하는 것이다.

역할놀이는 대개 한 사람의 교사에 의하여 활동이 진행된다. 그러나 교사가 소집단을 나누거나 언제나 방해가 되는 학생들이 있을 경우에는 교사보조원이나 고학년 학생의 도움을 받으며 참여하지 않는 학생들을 감독하게 할 수 있다. 이때 유의할 점은 보조원들이 학생들과 친숙한 태도를 보여야 한다는 것이다. 보조원들은 교사가 조성해 놓은 좋은 분위기를 유지하고 역할놀이의 목적을 이해할 수 있어야 한다.

② 시간계획

역할놀이 활동은 융통성 있게 계획될 수 있다. 예를 들어, 학생들의 감성을 더 개발할 필요가 있다거나, 아이디어를 더 탐구할 필요가 있거나, 여러 가지 대안과 해결방법을 탐구해야 할 경우에는 토론과 재연을 위하여 수업시간을 연장할 수도 있다.

③ 교육내용

교사들이 역할놀이를 사용하는 데는 두 가지 이유가 있다. 하나는 역할놀이 상황이 주로 논의되고 분석되는 사회교육 프로그램을 체계적으로 시작하기 위하여 사용하는 것이며, 이를 위하여 특별한 종류의 문제 이야기(problem story)가 선택될 수 있다. 두 번째 이유는 학생들이 인간관계 문제를 다루는 것을 돕기 위하여 사용하는 것으로, 역할놀이를 통하여 학생들이 이러한 문제를 탐구하고 해결하는 것을 도울 수 있다.

이 모형을 이용하여 탐색할 수 있는 문제의 형태는 다음과 같다.

- 개인 간의 갈등(interpersonal conflicts): 역할놀이를 이용하여 개인 간의 갈등을 나타내어 학생들이 이를 극복할 수 있는 기능을 발견하게 한다.
- 집단 간의 관계(intergroup relations): 민족 및 인종 간의 고정관념 또는 권위주의에 근거하는 개인 및 집단 간의 문제 등을 역할놀이를 통하여 탐색하여, 고정관념과 선입견을 벗기고 서로 다르다는 것을 받아들이도록

돕기 위하여 사용될 수 있다.

- 개인적 갈등(individual dilemmas): 이러한 갈등은 개인의 내부에서 서로 다른 두 가지의 가치 간에, 또는 자신의 관심과 다른 사람의 관심 간에 갈등이 생겼을 때 나타난다. 어린이들의 도덕적 판단은 아직 자기중심적이기 때문에 이러한 문제는 특히 다루기 어려우며, 따라서 이러한 갈등 상황을 어린이에게 접근시키고, 이것이 왜 발생하였으며, 이에 대하여 무엇을 할 것인가를 이해하도록 돕는 것이 중요하다. 개인적 갈등은 동료집단의 요구와 부모의 요구 또는 동료 집단의 압력과 부모의 선호 사이에 차이가 있을 때 생긴다.
- 역사적 또는 현대적 문제(historical or contemporary problems): 과거 및 현재에 있어서 정책입안자, 법관, 정치지도자, 정치가 등이 어떤 문제 또는 사람에 관하여 결정을 내려야 하는 상황을 포함한다.

문제의 형태에 관계없이 학생들의 토의는 그들에게 중요한 것으로 여겨지는 상황의 어떤 측면에 초점이 맞추어질 것이다. 학생들은 표현된 감정, 말과 행동에서 나타난 역할놀이자의 태도와 가치관, 행동의 결과에 주의를 기울일 것이다. 교사는 실연 및 토의에서 이들 영역의 모두 또는 일부를 강조할 것이다. 상세한 교육내용의 계열에서는 다음에 초점을 둘 수 있다.

- 감정의 탐색
- 태도, 가치, 지각의 탐색
- 문제해결 태도 및 기능의 개발
- 교과내용의 탐색

이 가운데 어떤 아이디어 즉, 목표들이 적절히 탐색되려면, 교사가 특별히 강조하려고 하는 것을 택하여 탐색하여야 한다. 특히 학생이 모형을 이용하기 시작하는 초기에는 한 수업에 한 개 또는 두 개의 초점을 선정하는 것이 좋다. 물론 다른 측면도 고려될 필요가 있겠지만, 우선시 되는 정도가 달라야 한다.

표 14-1 수업의 초점이 될 수 있는 내용

1. 감정
① 자기 자신의 감정 탐색
② 타인의 감정 탐색
③ 감정의 실연 또는 방출(acting out or releasing feelings)
④ 타인과 자신의 지각을 바꾸기 위하여 보다 높은 지위의 역할(higher status roles) 경험

2. 태도 · 가치 · 지각
① 상위 문화와 하위문화의 가치확인
② 자신의 가치 및 가치 갈등의 명료화와 평가

3. 문제해결 태도 및 기능
① 가능한 해결책에 대한 개방성(openness)
② 문제를 확인하는 능력
③ 여러 가지 해결책(alternative solutions)을 도출하는 능력
④ 여러 가지 해결책이 타인과 자신에게 미칠 결과를 평가하는 능력
⑤ 결과를 경험하고 그 결과에 따라 최종결정을 내리기
⑥ 여러 가지 해결책의 이면에 있는 준거(criteria)와 가정(assumptions)에 대한 평가
⑦ 새로운 행동의 습득

4. 교과내용
① 참여자의 감정
② 역사적 현실(historical realities): 역사적 위기, 딜레마, 결정 등

자료: Chesler & Fox, Role-playing Method in the Classroom, 1966.

④ 문제상황의 선정

주제의 적절성은 학생의 연령, 문화적 배경, 문제상황의 복잡성, 주제의 민감성, 역할놀이에 대한 학생의 경험 등과 같은 많은 요소에 달려 있다. 일반적으로 학생과 교사 간의 래포(rapport)뿐만 아니라, 학생들이 역할놀이의 경험을 가지고 있고, 높은 수준의 집단 응집력과 다른 사람에 대한 수용성이 개발되면, 보다 민감한 주제를 다룰 수 있다.

학생의 성, 민족적 및 사회 경제적 배경도 주제 선정과 역할놀이에 대한

기대에 영향을 미친다(Chesler & Fox, 1966). 문화집단에 따라서 상이한 문제, 관심, 해결방안을 경험하게 된다.

문제상황에 관한 아이디어는 ㉠ 학생의 연령과 발달단계에 따른 개인적 및 사회적 관심, ㉡ 정직, 책임감과 같은 가치(윤리)체제, ㉢ 공격, 회피와 같은 문제 행동, ㉣ 상점에서 불평하기, 새로운 사람을 만나기와 같은 불편한 상황, ㉤ 민족주의, 성차별, 노동파업과 같은 사회적인 문제들로부터 이끌어낼 수 있다.

문제상황을 선택하는데 고려해야 할 점은 문제의 복잡성으로, 이것은 등장인물의 수나 문제의 추상성과 관련된 것이다. 문제상황의 복잡성의 수준에 대한 결정적인 규정은 없으나, 직관적으로 다음의 계열을 따르는 것이 합리적이다. ㉠ 한 명의 중심 인물(one main character), ㉡ 두 명의 중심인물과 대안적인 해결책들, ㉢ 복잡한 구성과 많은 등장인물, ㉣ 가치에 관한 주제, 사회적 문제, 지역사회 문제

표 14-2 문제상황의 원천

1. 발달단계에서 발생하는 문제
2. 성적, 인종적(ethnic), 또는 사회경제적 계층에서 생기는 문제
3. 가치(윤리)에 관한 주제
4. 어려운 정서(difficult emotions)
5. 각본(scripts) 또는 사람들이 하는 게임(games people play)
6. 어려운 상황(troublesome situations)
7. 사회적 문제(social issues)
8. 지역사회 문제

2) 특 징

역할놀이는 다음의 순서를 지닌다.

① 역할해석(role interpretation): 역할을 받아들이고, 자신이 선택한 방식으로 해석한다.

② 행동해석(action interpretation): 실연자(player)는 맡은 역할과 관련하여 대화내용, 무언극, 행동을 창조한다.

③ 상호작용(interaction): 역할놀이에서는 에피소드의 틀 속에서 어떤 방식으로든 상호작용하는 최소한 2명의 참여자가 있다.

④ 현실에 대한 헌신성(reality commitment): 실연자는 맡은 역할에 대하여 깊이 있게 생각하고, 이를 적절히 표현해야 한다.

역할놀이는 학생들에게 자신이 흔히 하는 행동유형을 멈추고 다른 사람의 행동, 배경, 감정 등을 표현하도록 한다. 역할놀이를 하는 동안 학생들은 개인 상호 간의 문제해결에 참여하게 되고, 사람들이 하는 일과 그 이유에 대한 이해 수준을 높일 수 있다. 이러한 활동에 참여함으로써 얻게 되는 통찰력은 흔히 실제 생활에 적용될 수 있다. 또한 역할 놀이는 학급전체의 학생들이 어떤 문제상황에 대하여 토론하고, 주어진 상황 속의 인물들이 다음에 할 수 있는 행동을 시연해 보며, 이와 같은 행동과정과 결과에 대하여 평가하고 일상생활에서 주어진 상황 속에서 스스로가 어떤 행동을 선택함으로써 어떤 결과가 올 것이라는 것을 이해하게 되고, 또 일의 결과란 자신의 행동뿐 아니라 자신이 어떻게 할 도리가 없는 다른 사람의 의견이나 행동에 영향을 받는다는 것을 깨닫게 된다. 이러한 역할놀이를 통해서 얻은 인간의 행동과 동기에 대한 통찰력이 실제 상황에 많은 도움이 된다. 즉, 교사들이 학생들에게 통찰력, 영향력, 의사결정능력, 상담기술, 문제해결능력, 의사소통기술 등을 길러 주고자 할 때에 역할놀이 수업모형은 효과적인 학습방법이 될 수 있다(Bank et al. 1981).

이와 같이 역할놀이는 교육에 관한 개인적・사회적 측면에 근거하고 있는 경험중심 교수-학습모형으로 학생들에게 하나의 상황에서 다양한 체험을 해보도록 함으로써 개인이 그의 사회적 세계 속에서 개인적 의미를 발견하고, 개인적 문제를 사회 집단의 도움을 받아 해결하는데 도움을 준다.

역할놀이모형을 이용한 수업에서의 사회체제, 교사의 반응 원칙, 지원체제는 다음과 같다.

첫째 이 모형은 구조화된 정도가 보통 정도이다. 교사는 각 단계를 시작시키고, 각 단계 내의 활동을 통해서 학생들을 안내하는 책임을 진다. 토의의 구체적인 내용과 실연은 주로 학생들에 의하여 결정된다.

둘째 교사의 행동에 관하여 다섯 가지 원칙을 제시할 수 있다. 첫째, 교사는 비평가적인 태도로 학생의 반응과 제안, 특히, 그들의 감정과 견해를 수용해야 한다. 둘째, 교사는 대안적인 관점을 인지하고 대조하면서 문제상황의 다양한 측면을 학생들이 탐색하도록 해야 한다. 셋째, 학생의 반응을 반영하고, 알기 쉽게 말하고, 요약함으로써, 교사는 학생들 자신의 관점과 감정에 대한 자각을 증진시킨다. 넷째, 교사는 동일한 역할을 나타내는 다양한 방법이 있을 수 있고, 이들을 탐색함에 따라 다양한 결과가 나올 수 있다는 것을 강조해야 한다. 다섯째, 문제를 해결하는 데는 다양한 방법이 있으며, 정답이란 없고, 해결방안을 평가하기 위하여 결과를 살펴보는 것이 중요하다는 것을 강조한다.

셋째, 수업자료와 관련하여 역할놀이에는 많은 자료가 요구되지는 않으나, 문제 이야기 또는 요약된 문제상황은 중요한 자료이다. 각 역할을 위한 양식, 현황 설명지를 만드는 것이 도움이 될 때도 있다. 이 용지에는 역할 또는 배역자의 감상을 기술하며, 경우에 따라서는 관찰자가 무엇을 살펴볼 것인가를 제시하고, 기록할 수 있는 지면을 포함시킬 수도 있다. 문제 이야기 또는 문제상황의 자료원으로는 영상자료, 소설 또는 단편소설을 들 수 있다. 문제이야기는 무대, 상황, 행동, 대화들을 기록한 짧은 해설이다. 배역들은 선택을 해야 되거나, 취할 행동에 대한 갈등에 직면하게 된다. 문제 이야기는 해결되지 않은 채로 끝나 있다. 상품화되어 있는 많은 자료에는 끝을 생략할 수 있거나 변경시킬 수 있는 이야기가 포함되어 있고, Shaftels의 책과 Chesler와 Fox의 책에는 문제 이야기가 포함되어 있다.

역할놀이 상황이 학생에게 친숙하지 않을 때에는 그림을 사용하거나, 필름을 보여주거나, 박물관에 가는 것도 바람직하다. 즉, 학생들이 세세한 정보를 충분히 알아 관련인물이 겪는 상황이나 현실뿐만 아니라 그들이 어떻게 행동할 것인가를 분명히 상상하게 한다.

3) 효 과

Clark(1986)에 의하면 역할놀이를 통하여 현실감 있는 의사소통 상황에 학생을 투입함으로써 학생들의 이해력을 향상시키고, 새로운 언어습득의 기회를 제공하며, 부수적으로 실제상황에 대한 정보를 얻는데 도움이 되고, Frances(1986)에 의하면 역할놀이가 언어적 기술의 습득, 의사소통기술의 향상, 타문화에 대한 이해, 대인관계 기술의 획득에 효과적이다.

Shaftel & Shaftel(1982)도 역할놀이 수업의 효과에 대하여 다음과 같이 말한다.

첫째, 자기중심적 사고에서 탈피할 수 있다.

역할놀이를 통하여 다른 사람의 관점에서 생각하고 행동해 봄으로써 타인의 입장을 이해하게 된다. 그러므로 자기주장만을 고집하는 편협한 자기중심적 사고에서 탈피하여 상대방의 의견도 포용할 수 있는 원만한 성격형성에 도움이 된다.

둘째, 자발적인 문제해결력을 증진시킨다.

역할놀이를 통하여 아동들이 생활 주변에서 일어날 수 있는 다양한 갈등상황에 대해 스스로 해결방안을 탐색하도록 함으로써 실제 문제상황에 당면했을 때 스스로 문제를 해결할 수 있는 능력을 증진시킨다.

셋째, 집단의식을 향상시킨다.

역할놀이는 보통 두 사람 이상이 관련되어 상호협동하여 수행하고, 개인이 해결하기 어려운 문제를 집단적으로 생각하고 토론하는 과정에서 최선의 해결방안을 도출해 낼 수 있다는 사실을 깨닫게 됨으로 집단의식을 증진시킨다.

넷째, 언어능력과 도덕관념을 발전시킨다.

역할놀이에 참여한 아동은 주어진 역할에 적합한 언어를 구사하기 위하여 노력하게 되고, 토론에 참여한 아동은 자기주장의 타당성을 설득하기 위하여 노력함으로 언어능력이 증진되며, 다양한 상황 속에서 역할을 수행하는 과정에서 각각의 상황에서 각각의 역할행동이 무엇인지를 서로 상의하

고 질문을 계속함으로써 보다 현실적인 해결책을 찾도록 한다. 이에 학생들은 새로운 질문에 대하여 현실적인 생활에서의 해결책을 찾기 위하여 생각하고 토론을 펼쳐 나간다.

(9) 경험교환 및 일반화

9단계는 학생들이 경험한 내용을 함께 나누고 일반화하는 단계이다. 이 단계에서 인간관계에 관한 상황에 대하여는 그 결과를 즉각적으로 일반화할 것을 기대하지 말아야 한다. 그러한 일반화를 위해서는 많은 경험이 필요하다. 교사는 아동들이 역할놀이 경험을 오래하고 난 다음에 문제상황에 대한 접근방법을 일반화하고, 그들의 접근방법의 결과를 일반화하기 시작할 수 있도록 토론을 구성해야 한다. 토의가 적절할수록 결론은 보다 일반적인 것이 될 것이며, 학생들이 실제 생활에서 이용할 수 있는 가설적 행동원칙(hypothetical principles of action)에 가까울 것이다.

그러나 일차적인 목적은 비위협적인 방식으로 문제상황을 아동의 경험과 연결시키는 것이다. 이러한 목적은 학생들에게 이와 유사한 경험을 한 사람이 있느냐고 질문하는 식으로 성취될 수 있다.

이러한 토의를 통하여 모든 학생들이 명료하게 표현하고 이용할 수 있는 원칙이 생성된다. 그리고 학생들은 이러한 원칙을 다른 종류의 문제를 탐색하기 위한 발판으로 이용할 수 있다. 이상적인 것은 학생들이 점진적으로 전략을 숙지하여, 집단 내에서나 학습 주제와 관련하여 문제에 당면하였을 때, 문제를 명료화하고 문제와 관련된 통찰력을 얻기 위하여 역할놀이를 이용할 수 있게 되는 것이다. 예를 들면, 학생들은 학급에서의 민주주의의 질을 개선하기 위하여 체계적으로 역할놀이를 이용할 수도 있을 것이다.

역할놀이 수업을 교실에서 적용할 때에는 6단계까지를 많이 적용하는데, 이 순서를 꼭 지킬 필요는 없고, 각 단계에 필요한 시간의 양은 학생들의 능력과 흥미에 따라 달라진다.

3 유의점

역할놀이 수업을 할 때 유의할 점은 다음과 같다.

첫째 대개 한 사람의 교사에 의하여 활동이 진행된다. 대집단의 경우에 교사는 소집단으로 나누어 각 집단별로 주어진 상황대로 연기를 하거나 관찰함으로써 모든 사람이 수업에 참가하도록 한다. 이러한 경우에는 학급 수준에서 각 집단에서 이루어진 것을 함께 나누는 시간을 갖는 것이 중요하다. 또한 소집단으로 나누어 하거나 학습에 방해가 되는 학생이 있는 경우에는 교사는 보조 교사의 도움을 받을 수도 있다.

둘째 토의시간에 교사와 같은 생각을 가지고 있는 학생에게만 반응을 하는 식으로 하여 교사가 선호하는 행동방향을 선택하는 것을 피하여야 한다. 그러므로 교사는 하나의 제안에 초점을 맞추지 않고 폭넓게 다양한 아이디어를 다루기 위하여 개방적인 질문을 하고, 개방적인 진술과 비판단적인 반응을 하는 연습을 하여야 한다.

셋째 교사는 점진적으로 상황과 역할에 초점을 둔 질문을 하여 학생들이 역할놀이에 진지하게 몰두하도록 한다.

넷째 연기자의 선정은 원칙적으로 자원하는 사람을 시키는 것이 좋다. 교사는 아동의 선택을 고려하며, 어느 정도는 상황을 통제할 필요가 있다.

다섯째 실연은 짧게 이루어지고, 이야기의 갈등상황이 분명할 때 중지된다.

여섯째 짧은 실연 후에 이루어지는 토론은 중요한 의미를 지니며, 단순히 아동들의 반응합산으로 그치지 않도록 한다. 재연은 여러 차례 이루어질 수 있다.

일곱째 9단계까지 모두 적용하려고 할 필요는 없으며, 상황에 따라 6단계까지 적용할 수 있다. 각 단계에 필요한 시간의 양은 학생들의 능력과 흥미에 따라 달라진다.

참고문헌

Bank, A. et al.(1981). *Practical guide to program planning: A teaching models approach*. New York: Teachers College Press.

Chester, M., & Fox, R.(1966). *Role playing methods in the classroom*. Chicago: Science Research Associates.

Frances, L. S.(1986). *Is role playing an effective EFL teaching technique?* WATESOL Working Papers, 3(spring), 10-18.

Joyce, B., & Weil, M.(1992). *Models of teaching*. Boston: Allyn and Bacon.

Joyce, B., Weil, M., & Calhourn, E.(2000). *Models of teaching*(6th ed.). Boston: Allyn & Bacon.

Levit, G., & Jennings, H. H.(1955). *Learning through role playing: How to use role playing and other tools for learning*. Leadership Pamphlet # 6. Washington D.C.: Adult Education Association of U.S.A. 26-28.

Shaftel, F. R., & Shaftel, G.(1967). *Role playing for social values: Decision making in the social studies*. Englewood Cliffs, N.J.: Prentice Hall, Inc.

________________________(1982). *Role playing in the curriculum*. Englewood Cliffs, NJ: Prentice Hall.

Chapter 15 모의학습모형

시나리오

1 도입

- 수업 목표와 모의학습을 소개한다.
- 학습지를 배부한다.

김 교사는 5학년 학생의 경제 수업에서 병뚜껑을 이용한 모의학습을 하였다. 금융의 개념을 획득하기 위해 병뚜껑을 화폐로 사용하고, 물품구입이나 서비스 등의 사업활동을 통해 주어진 시간 안에 가장 부를 많이 만들어 내는 학생이 승리하는 모의학습이었다.

2 참여자 훈련

- 참여자에게 규칙과 역할 등을 주고 훈련을 시킨다.

김 교사는 모든 학생 일인당 10개의 병 뚜껑을 가지고 시작하도록 하였다. 두 학생을 은행으로 정하고, 3개의 병 뚜껑을 저축하면 1시간에 1개의 병 뚜껑을 이자로 지급하였다. 반면에 5개의 병 뚜껑을 대출할 때는 2개의 병 뚜껑을 이자로 은행에 지급해야 한다. 아동은 자신들이 가진 머리핀이나 학용품 등을 병 뚜껑을 주고 사고 되팔 수도 있으며, 이때는 경쟁원리가 작용한다. 때로는 심부름이나 고용관계를 통해서 병 뚜껑을 벌 수도 있다. 그리고 비윤리적이거나 경제 활동을 왜곡시키는 행동을 방지하기 위해 공정거래위원 두 명을 뽑아서 교사와 함께 경제 활동을 감시하였다.

3 모의학습 진행

- 모의학습을 진행하며 교사는 학생들이 규칙을 제대로 지키는지, 그리고 어려운 문제가 발생했을 때 안내의 역할을 한다.

모의학습이 진행되면서 아동들은 생각지도 못한 여러 가지 사업들을 만들어내었으며, 과열현상을 보이기도 하였다. 한꺼번에 많은 병 뚜껑을 대출하여 많은 학용품을 구입하여 싸게 판매하는 현상도 보였고, 팔리지 않아 파산하는 경우도 있었다. 아무런 생산활동을 하지 않고 저축만 하는 학생도 있었다. 작은 시장이었지만 학생들은 경제 현상의 여러 가지 모습들을 체험할 수 있었다.

4 결과 보고

- 교사는 가장 많은 병 뚜껑을 얻은 학생을 발표하고 그의 비결을 듣는다.
- 그 학생의 활동에 대한 평가와 토론을 한다.
- 교사와 학생은 자신들의 활동에 대한 소감을 발표한다.

주어진 시간이 끝나고 김 교사는 가장 많은 병 뚜껑을 얻은 학생을 발표하고 그들의 성공담을 들었다. 그리고 그들의 경제행위에서 나타난 경제 개념들을 설명해주었다. 아울러 경제 윤리라고 할 수 있는 부분이 있으면 그것도 설명해주었다. 그리고 각자가 이번 활동에서 배운 지식과 잘한 점과 못한 점을 반성하는 보고서를 작성하게 하였다.

1 이 론

1) 이론적 기초

모의학습은 심리학에서 발전된 방법이다. 심리학자들은 인간과 기계를 비유하며 학습자를 자기규제적 피드백 체제로 개념화한다. 이 체제는 세 가지 중요한 기능을 갖는다. 첫째는 분명한 목표와 방향으로 움직인다는 것이며, 둘째는 행동의 결과를 목표방향과 비교하고 착오를 찾아내며, 셋째로 이 착오를 체제의 목표 방향으로 바로 잡기 위해 이용한다. 예를 들어 배의 자동조정장치는 나침반의 바람직한 방향에서 배의 진행 방향이 벗어나면 자동으로 모터가 작동하여 키가 움직여서 방향을 바로 잡도록 되어 있다. 인간도 개인 행동의 환경적 결과를 감각적으로 경험하고 자기교정적 행동에 몰두하면서 학습을 하게 된다. 모의학습은 이러한 피드백이 잘 일어나는 환경을 만들어주려는 것이다.

모의학습의 기원은 2차 세계 대전 동안 군대에서 전투의 효율성, 속도, 훈련의 실제화 등을 위해 시뮬레이션 도구들이 많이 개발 사용되면서 였다. 1950년대에는 기업경영이나 사업의 훈련을 위해 경영 시뮬레이션이 많이 개발되고 사용되었다(Rausch, 1982). 1965년에는 미국 해군 지휘관들에게 고도의 전략과 기술을 훈련시키기 위해 전 세계를 무대로 복잡하고 전문화된 컴퓨터 시뮬레이션이 개발되었다(Allen, 1987).

1970년대 초까지 게임과 시뮬레이션은 각 대학 경영학과에서 많이 사용

견하지는 못하며 다만 기억할 뿐이라고 하였다.

Boocock과 Schild(1968)는 1962년에서 1968년 사이의 사회과의 잘 설계된 9개의 연구를 개관하였다. 모두 무선으로 표집되고, 실험집단과 통제집단이 사용되고, 표집크기는 50명에서 1,200명, 그리고 질문지에 의한 사전 사후검사가 실시되었고, 태도조사와 지식과 원리에 관한 검사가 실시되었다. 실험집단의 아동은 게임을 즐기고, 고도의 동기화가 되어 있지만, 보다 많은 사실과 원리를 알지는 못하며, 통제집단보다 태도변화가 커졌다. Liningston과 Stoll(1973)는 1963년에서 1972년 사이의 초등, 중등학교에서 수행된 모의학습 26개를 개관하였다. 이들은 무선으로 표집되고 통제집단과 실험집단으로 실험설계가 되었으며 사전 사후검사와 다양한 변수들이 사용되었다. 설문지, 태도조사, 사실과 원리에 대한 지식 등이 조사되었다. 종속변수로는 지식, 태도, 정치적 효능감, 게임에 대한 선호도, 동기 등이다. 저능아에 대한 조사도 포함되었다. 연구결과는 일관되지 못하고 때로는 모순되기도 하지만 몇 가지 점은 명백하다. 16개 중 8개의 연구에서는 시뮬레이션에 참여한 아동이 사실지식을 더 많이 얻었으며, 11개 중 8개 연구에서 아동의 태도 변화는 보다 현실적이었으며, 그들이 게임에서 역할했던 실제 인물에 대해 동정적이었다. 그러나 7개 연구에서 아동에게 그들의 환경을 통제하거나 성공할 수 있는 능력이 있느냐에 대한 신념을 묻는 질문에서 일치된 결과를 보이지 않았다. 아동은 7개 연구에서 전통적인 수업보다 모의학습을 선호하였고, 8개 중 5개 연구에서 관련된 학습 활동에 더욱 참여하고 싶은 동기를 게임이 불러일으켰다고 응답하였다.

모의학습이 저능아동에게 학습기회를 많이 제공하는가에 대해서는 5개 연구에서 부정적으로 나왔고 5개 연구에서는 일치하지 않은 것으로 나타났다. 저능아들은 보통 게임으로부터 학습하는 것이 아니라 모의학습을 하는 법을 배우는데 시간을 보낸다. 그들의 가장 어려운 점은 게임을 통해 이해된 바를 실제 상황에 적용하는 것에 있다.

Liningston과 Stoll(1973)과 Seidner(1976)가 분석한 다른 연구들도 지식, 태도변화, 동기에 대한 효과는 비슷하게 나타났다. 그러나 이들 연구들은 통계적 유의미성을 지지할 만한 정보를 거의 갖고 있지 않기 때문에 그 효과의 크기를 계산할 수 없었다.

VanSickle(1986a)은 400개의 연구 중에서 비교 실험연구 42개를 메타분석하였다. 이들 중에 22개가 효과의 크기를 계산할 수 있는 통계치를 제공하고 있었다. 그는 22개 연구를 또다시 두 집단으로 분류하여 사전-사후검사를 한 것 또는 통제집단이 없는 6개 연구와 16개의 통제집단을 사용한 비교연구로 나누어 분석하였다. 그는 Glass, McGaw 및 Smith(1981), Light와 Pillemer(1984)가 제시한 절차를 통해 통제집단의 표준편차로 실험집단 평균과 통제집단 평균 차이를 나눈 인지적 정의적 8개 변수에 대한 표준화된 평균차이(SMDs)를 계산하였다.

그는 지식에 관한 종속변수를 즉각적이고 단기간의 회상, 기억, 그리고 의사결정이나 분석 등과 같은 적용 등의 세 개 범주로 나누었다. 그래서 모의학습은 인지적 학습효과가 있지만 표와 같이 그 크기는 매우 작다고 결론지었다. SDMs가 상당히 작아서, 다른 교수 방법보다 일반적으로 크게 효과적이지는 않다는 선행연구와도 일치한다.

그는 세 가지 태도변수인 게임의 내용이나 과정에 대한 태도, 대통령 선거나 환경정책 등과 같은 사회 현상, 정치적 효능감(a sense of political efficacy)이나 인지적 자존감 등에 대한 분석에서 시뮬레이션게임은 태도변화에서 상반된 결과를 보이고 있다. VanSickle의 결과는 선행연구의 결과와 상반된다. 이 불일치를 설명하기 위해서 그는 모의학습에 대한 아동의 통제정도가 태도발달에 중요할지도 모른다고 제안하였다. 즉 정치적 효능감은 그 모의학습이 참여자에게 얼마나 통제기회를 부여하는가에 달려 있을 수도 있다는 것이다.

모의학습이 아동의 경험을 강조하는 수업방법임에도 불구하고 교실에서 게임을 하는 동안 아동의 인간관계에 관한 연구는 거의 없었다. 멤버십의 효과, 집단 리더의 역할, 숙련자와 초보자의 차이, 목표는 무엇이고 갈등은 어떻게 해결되는지, 단계마다 남자와 여자, 연령별 차이, 교사가 할 수 있는 긍정적 수업환경, 코치로서 조언자로서 촉진자로서의 교사의 역할의 효과

등이 알려지지 않고 있다.

그러나 무엇보다도 모의학습의 장점은 첫째로 실제 세계보다 덜 복잡한 형태로 제시되므로 어려운 과제를 쉽게 숙달할 수 있게 하며, 둘째로 쉬운 것에서부터 어려운 것으로 단계적으로 훈련을 할 수 있으며, 셋째로 예상치 못한 갑작스러운 상황에 대처하는 경험을 가질 수 있으며, 넷째로 이러한 모든 학습을 스스로의 시행착오를 통해서 배울 수 있다는 점이다.

2 수업 절차

모의학습은 다른 수업모형과는 달리 이미 준비된 게임이나 모의 상황을 제공하기 때문에 교사의 역할이 없는 듯이 보이는 경우가 많다. 그러나 교사는 크게 두 가지 중요한 역할을 하는데 하나는 모의학습이 원만히 진행되도록 하는 점과 다른 하나는 그것이 어떤 교육적 의미를 갖는지 아동들에게 깨우쳐주는 역할이다. 좀 더 구체적으로는 첫째, 교사는 설명자의 역할을 하게 된다. 즉 모의학습의 규칙을 잘 설명해서 아동들이 규칙에 따라 모의학습을 잘 수행하도록 돕는다. 둘째, 심판자의 역할이다. 즉 규칙을 어기거나 잘못 학습이 진행될 때 이를 바로 잡아주는 역할이다. 셋째, 안내자의 역할이다. 아동들이 참여자로서 자신들이 맡은 역할을 잘할 수 있을 뿐만 아니라 자신들에게 주어진 권리나 자유를 최대한 발휘하도록 도와주고 안내해주는 역할을 한다. 넷째, 의미부여자의 역할이다. 모의학습이 끝난 다음 아동이 체험한 경험과 느낌들을 토론이나 보고서 등 여러 가지 방법으로 잘 정리하고 의미를 부여하는 역할이다. 이러한 교사의 역할을 염두에 두고 수업 절차를 정리해 보기로 한다.

모의학습은 영역이나 교과별로 많이 개발되어 있다. 여기서는 “누가 살아 남아야 하는가?”라는 모의학습을 예로 들어 절차를 알아본다.

(1) 도 입

교사는 수업에 사용할 모의학습을 정하고, 이 수업의 목표가 무엇인지 제시한다. 교사는 다음과 같은 학습지를 배부한다. 그리고 주어진 상황에 대해 설명한다.

누가 살아 남아야 하는가?

핵무기의 공격에 의해서 지구상에 다음과 같이 15명이 대피소에 살아남았다. 오염된 대기가 인간의 생존에 안전한 상태로 회복되기 위해서는 2주일이 걸린다. 그러나 대피소 안에 있는 식량은 인간의 최저생활, 즉 생명을 겨우 연장시킬 수 있는 수준에서 7명분밖에 없다. 즉 일곱 사람만이 살아 남을 수 있다. 당신의 집단은 살아서 남아야 할 일곱 사람을 결정하지 않으면 안 된다. 이 결정이 늦어지면 15명이 모두 살아 남을 수가 없다. 집단의 결정은 완전 합의에 의한 결정이어야 하고 어떤 폭력도 행사하여서는 안 된다.

(2) 참여자 훈련

교사는 모의학습의 규칙과 역할, 절차, 채점, 의사결정 형태, 목표 등을 자세히 설명하고 참여할 사람들을 연습시킨다.

(3) 모의학습 운영

아동은 15명씩 한 집단을 이루어 각자가 해당 인물을 맡고, 서로 살아남기 위해 자신의 입장을 주장한다. 먼저 결정한 집단에게 점수를 주게 되어 있으므로 자신이 살아남으려고 애를 쓰면서도 자신들의 집단이 먼저 의사결정이 되기 위해 합리적으로 판단하게 된다.

① 김 박사, 39세, 한국인, 종교 없음, 역사학 박사, 대학교수, 건강 양호, 결혼했음, 아들 하나, 지역사회에서 활동적임

② 김 박사 부인, 38세, 중국인, 심리학 석사, 정신병원 상담원, 건강 양호, 아들 하나, 지역사회 활동적임

③ 김철수, 김 박사의 아들, 10세, 정박아, 건강 양호, 개를 특히 사랑함

④ 박 부인, 33세, 한국인, 가톨릭교인, 초등학교 졸업, 술집종업원, 건강 양호, 16세에 결혼 18세에 이혼, 어려서 고아로 자람, 생후 3주일인 아들 있음
⑤ 김복동, 생후 3주일 된 박 부인의 아들
⑥ 스미스 부인, 30세, 미군과 한국인 양부인 사이에 출생한 혼혈아, 교육대학 졸업, 이혼, 8세된 영희라는 딸이 있음, 건강 양호, 고아원에서 고아를 돌보는 보모, 1990년 정부로부터 우수한 보모라는 상을 받음
⑦ 이영희, 8세, 혼혈아, 초등학교 2학년, 건강 양호, 공부 잘하는 모범생
⑧ 정길동, 13세, 한국인, 중학교 2학년, 건강 양호, 공부 잘하는 모범생
⑨ 홍씨, 25세, 무신론자, 실직생활 5년, 사회가 불공평하다고 생각하고 좌절감에 빠져 있음, 인질납치극을 벌여 금품을 요구한 전과자
⑩ 외국인관광객, 28세, 전기기술자, 건강 양호, 국제주의자, 음악을 좋아함
⑪ 김수녀, 27세, 한국인, 대학 졸업, 건강 양호, 영문학전공, 아버지는 부유한 사업가
⑫ 최씨, 51세, 불교도, 한국인, 시장상인, 건강 양호, 자녀가 있으나 현재 같이 살지는 않음, 성실한 성격
⑬ 미스 박, 21세, 한국인, 기독교인, 대학 4학년, 간호학전공, 건강 양호, 사교적이고 운동을 좋아함
⑭ 길 신부, 37세, 한국인, 가톨릭신부, 민권운동에 앞장서며 투옥된 일도 있음, 건강 양호, 대학시절 운동선수 출신
⑮ 이 박사, 66세, 한국인, 의사, 과거 5년 동안 2번의 심장장애로 고생함, 개업 의사로 활동 중

(4) 결과 보고

모의학습이 끝나면 채점을 하고, 토론을 통해 모의학습을 통해 얻은 지식과 기능, 느낌 등을 나누며 그 의미를 공유한다.

3 유의점

모의학습은 다른 수업모형과는 달리 이미 준비된 게임이나 모의 상황을 제공하기 때문에 교사의 역할을 소홀하기 쉽다. 그러나 모의학습은 우선 규

칙과 역할이 매우 분명해야 혼란없이 수행될 수 있고, 따라서 교사가 엄격하게 잘 운영하지 않으면 실패하기 쉽다. 아울러 단순히 게임으로 끝나지 않고 교육적 의미를 부여하기 위해서는 왜 이러한 모의학습을 하는지에 대한 목표가 분명하게 아동에게 인식되어져야 하고 수업을 끝낸 뒤 꼭 반성의 기회를 가져야 한다. 모의 수업 역시 모든 교과와 학년에 관계없이 적절한 내용만 있으면 만들 수 있다. 기존에 상업적으로 만들어진 모형도 있으나 교사가 조금만 노력하면 쉽게 만들 수도 있다. 최근에는 컴퓨터 시뮬레이션 게임이 많이 나와 있으므로 그런 것들 중에도 교육적으로 유의미한 것이 있으므로 수업에 이용할 수도 있다. 그리고 모의학습은 실제 세계보다 덜 복잡한 형태로 상황이 제시되기 때문에 매우 어려운 과제를 쉽게 숙달할 수 있을 뿐 아니라 직접 체험함으로써 지식과 기능, 그리고 태도가 체화되는 장점을 가진 것이므로 이러한 의도가 수업 전체에서 반드시 달성되어야 한다.

참고문헌

Thomas, R. M.(1972). *Teaching Elementary Social Studies:* Readings. CA: Wadsworth Pub.

Allen, T. B.(1987). *War games: the secret world of the creators, players, and policy makers rebearsing World War III today*. NY: McGraw-Hill.

Greenblat, C. S.(1985). Games and simulations. In H. E. Mitzel(ed.). *Encyclopedia of educational research*. Vol. 2. NY: Macmillan, 713-716.

Patterson, J. H. & Smith, M. S.(1986). The role of computers in higher order thinking. In J. A. Culbertson & L. L. Cunningham(eds). Microcomputers in education. *85th Yearbook of the national society for the study of education*. Chicago: University of Chicago Press.

Rausch, E.(1982). Management games. In C. Heyel(ed.) *the Encyclopedia of management*. NY: Van Nostrand Reinhold, 409-413.

자극의 함수 관계로 본다. 여기서 반응과 강화 자극이 중요하다. 어떤 반응이 나타날 때에만 자극에 제시되면 강화는 반응 의존적이다. 상황관리는 바람직한 반응 후에만 강화 자극을 제시하도록 강화 자극을 체계적으로 통제하는 것이다. 바람직하지 못한 반응에는 자극을 제공하지 않고, 바람직한 반응에 강화 자극을 제공한다.

이 모형의 궁극적 목표는 새로운 상황에서 행동 전이가 일어나게 하는 것이다. 즉 새로운 적응 행동이 내면화되어 개인의 자기 통제, 감독이 가능하게 된다. 이것은 과도한 의존성, 수동성, 공격성, 우울, 소극적 태도, 과제 무관심 등을 해결하는 데 많이 사용한다.

① 조작적 원칙

행동은 결과에 의해 영향을 받는다는 조작적 원칙에 근거를 두고 있다. 조작적, 의존적 관계가 이루어지려면 강화적인 결과가 있어야 한다. 행동은 강화가 없으면 소멸되기 때문에 바람직한 반응에 강화를 준다. 미소, 포옹 등은 긍정적 강화이다. 위협하거나 잔소리하는 식의 부정적 강화물은 효과가 있기는 하지만, 긍정적 강화물에 비해 효과를 예측하기가 어렵다. 처음에는 변화를 쉽게 관찰할 수 있지만, 부작용이 적지 않기 때문이다. 따라서 가능한 부정적 강화를 하지 않고, 긍정적 강화를 강조한다.

② 다양한 강화물

강화물에는 사회적 강화물(미소, 포옹, 칭찬, 인정, 신체 접촉), 물질적 강화물(사탕, 장난감, 음악, 스티커 등), 활동 강화물(활동 후 다른 활동에 대한 특권이나 보장-자유시간, 잔치, 휴식, TV시청 등)이 포함된다. 학생이 강화를 받는 경우 대부분 사회적이다. 미소나 포옹, 칭찬이나 격려, 주의 기울이기, 인정, 신체적 접촉 등이다. 사회적 자극에 반응을 보이지 않는 학생은 거의 없다.

③ 개인차에 따른 강화물 선택

교사가 주는 적절한 강화는 개인의 선호도를 고려하여야 하며, 최선의 강화물은 학생을 주의 깊게 관찰하여야 알아낼 수 있다. 일단 학생에게 줄 강화를 결정하고 난 다음에는 강화를 변화시킬 수 있는 준비를 해야 한다. 강화는 고정적이어서는 안 되며 반응에 따라 변형시켜야 한다. 간헐적 강화를 쓸 수도 있고, 계속적 강화를 쓸 수도 있다. 때로는 강화를 복합할 수도 있다.

2) 특 징

상황관리모형은 몇 가지 특징이 있다.

첫째, 이것은 비슷한 상황에서 행동의 전이가 일어나게 하는 것이다. 즉 상황 관리를 통해 형성한 행동이 개인의 자기 통제 및 자기 조정에 포함되어 스스로 다른 상황에서도 그러한 행동을 하게 하는 특성이 있다.

둘째, 상황 관리는 바람직하지 않은 행동을 감소시키는 데 주로 사용한다. 바람직한 행동을 권장하고 촉진하기 위한 것보다는 정서적, 지적으로 문제가 있는 학생의 행동을 수정하는 데 사용한다. 공격적이거나 수동적이거나, 비활동적인 학생에게서 이러한 특성을 제거하기 위한 것이다.

셋째, 상황관리모형은 특정 행동을 제거하거나 감소시키기 위해 사용하지만, 그 행동을 대신할 새로운 행동을 증가시키는 데도 사용한다.

넷째, 이 모형에서는 교사의 보상 체제와 환경을 통제하는 방법이 중요하다. 교사는 학생의 행동을 주의 깊게 관찰하고 적절한 반응을 주기 위해 노력한다. 교사의 보상은 모형 성공의 핵심이다.

다섯째, 이 모형은 적용 기간이 매우 길다. 단기간에 목적하는 바를 이루기 어렵다. 다른 모형들이 단기간에 특정 목적을 달성하는 데 사용하는 것이라면, 이 모형은 행동 수정을 중심으로 하기 때문에 상당히 긴 시간을 필요로 한다.

3) 효 과

상황관리모형은 다음과 같은 장점을 가지고 있다.

첫째, 행동 수정에 매우 효과적이다.

둘째, 상황관리모형은 여러 교과에 두루 적용될 수 있다. 개인의 행동을 수정할 때 효과적일 뿐 아니라 정서적인 반응을 교정할 때, 어떤 지식이나 기술을 학습하게 할 때, 또는 사회적 관계를 형성하고 유지하게 할 때 모두 사용할 수 있다. 이는 직접적인 교수 모형이라기보다는 학습의 효과를 높이기 위한 보조 활동으로 볼 수 있다.

셋째, 프로그램 수업, 개인 행동 수정 프로그램, 환경 설계 등의 형태로 사용할 수 있다. 개인뿐 아니라 학급 관리에도 사용할 수 있다.

넷째, 상황 관리를 개인의 자기 통제로 확대 발전시킬 수 있어서 학생이 스스로 자신의 행동이나 사고를 수정하게 할 수 있다.

2 수업 절차화

개인의 행동을 변화시키기 위한 상황관리모형은 다음과 같은 절차로 이루어진다. ① 최종 행동 구체화하기, ② 출발점 행동을 평가하기, ③ 상황 관리 프로그램 형성하기, ④ 프로그램 실시하기, ⑤ 프로그램 평가하기이다.

(1) 최종 행동 구체화하기

- 목표 행동 확인 및 정의
- 바람직한 행동 결과를 명시
- 행동 측정, 계획 수립

1단계에서는 학생이 도달해야 할 최종 행동을 구체적으로 나타낸다. 학생의 부적응 행동이나 습관, 바람직하지 않은 모습을 찾아내어 그것이 왜 문제가 되는지 설명해야 한다. 그리고 목표를 달성하기 위한 프로그램을 만들기 전에 학생이 도달해야 할 목표를 구체적으로 명시하고, 그것을 측정할 수 있는 구체적인 방안을 마련해야 한다. 교육의 효과를 검증하지 못하면 상황 관리를 할 수 없기 때문이다.

(2) 출발점 행동 평가하기

- 행동의 빈도 기록
- 행동의 성격 기록
- 행동의 배경 기록

2단계에서는 출발점 행동을 평가하는 것이다. 학생이 현재 어떤 상태에 있는지 알아야 목표와의 괴리 정도를 파악하여 프로그램의 설계에 반영할 수 있기 때문이다. 학생이 교정해야 할 행동을 하는 빈도와 상황을 점검하고 기록하여 기준을 정하여야 한다. 이 기준선으로부터 긍정적인 방향으로 변한 정도로 프로그램의 성공 여부를 판단하게 된다. 행동을 그래프로 표시하는 것도 좋은 방법이다. 학생의 행동의 성격도 고려하여 언제 어떤 상황에서 어떤 사람에게 그런 행동을 하는지 기록하여 수정하는 자료로 삼을 수도 있다.

(3) 상황 관리 프로그램 형성하기

- 환경 결정
- 강화물, 강화 계획 선정

3단계에서는 상황 관리 프로그램을 형성한다. 일단 상황을 구조화하고, 강화물을 선정한 후, 행동 형성 계획을 담는다. 여기에는 강화의 계획이 포함되어야 한다. 즉각적인 강화와 지연 강화, 간헐적 강화 등이 포함되어야 한다.

(4) 프로그램 실시하기

- 환경 정리
- 학생에게 고지

4단계에서는 상황 관리 프로그램을 실시한다. 학생에게 프로그램의 실시를 알리고, 실제 수업 환경에서 강화 계획과 행동에 따라 교사와 학생의 상호작용을 수행한다. 일반적으로 행동주의에서는 반응자가 목표 행동과 강화물에 대해 알 필요가 없다는 주장도 있다. 물론 어떤 사회적 강화의 경우에는 그런 특성이 있는 경우도 있다. 그러나 바람직한 강화물에 대해서 학생이 알고 있는 것은 바람직한 반응을 유발하는 데 도움이 된다.

(5) 프로그램 평가하기

- 바람직한 반응 측정
- 이전 상황을 다시 시도하고 결과 측정
- 상황 관리 프로그램으로 회귀(프로그램이 실패할 경우 선택적 적용)

5단계에서는 프로그램을 평가한다. 행동주의에 의하면 목표 도달 정도를 통해 프로그램 성과를 결정하게 된다. 최초의 행동과 최종의 행동이 달라졌고, 목표로 하는 행동에 도달하였을 경우 성공이라고 볼 수 있기 때문이다.

3 유의점

모든 강화가 모든 학생에게 유용한 것은 아니다. 강화 자체가 소용이 없는 경우도 있다. 학생에 따라서는 강화를 싫어하기도 한다. 나이가 어리면 성인의 사회적 강화에 반응을 하지만, 나이가 들면 달라진다. 지위가 높은 성인은 중요한 강화자가 될 수 있으므로, 학교에서 교사의 강화를 유의미하게 작용할 수 있다. 관계가 좋은 사람에게 강화를 받는 것도 반응을 일으키는 데 유용하다. 그러나 강화가 너무 많으면 그 자체가 부담으로 작용하기 때문에 주의해야 한다. 이를 간단하게 정리하면 다음과 같다.

첫째, 사회 체제가 중요하다. 교사가 보상 체제와 환경을 통제한다. 강화 실시 일정 등 사회 체제는 협상이 가능하지만, 궁극적으로 자기 통제를 위하여 학생에게 완전히 책임을 이양할 수 있다.

둘째, 행동 원칙이 있어야 한다. 자극 통제, 행동 형성 및 강화 계획에 따른 적합한 행동에 대한 강화를 포함하여 조작적 조건화를 따른다. 적합하지 못한 행동은 무시하거나 필요할 경우 재구조화이며 중단하기를 이용한다.

셋째, 지원 체제가 있어야 한다. 물질적 강화, 계획의 재정비, 활동, 좌석, 프로그램 자료 등 필요하며, 가장 중요한 것은 상황 관리를 실시할 때 정확성과 일관성을 유지하는 일이다.

참고문헌

Bank, A., M. E. Henerson, L. Eu(1981). *A Practical Guide to Program Planning: A Teaching Models Approach*, Teachers College, Columbia University, 박성익 · 권락원 편역(1989). 수업모형의 적용 기술, 성원사.

Joyce, B. Marsha Weil(1986). *Models of Teaching, Allyn and Bacon*, 윤기옥 · 송용의 · 김재복 공역(1995). 수업모형, 형설출판사.

Cruickshank, D. R., D. Bainer, K. Metcalf(1995). *The Act of Teaching.* McGraw-Hill.

Gunter, M. A., T. H. Estes, J. Schwab(1995). *Instruction A Models Approach* (2nd ed.), Allyn and Bacon.

Chapter 17 논쟁수업모형

시나리오

1 소집단과 미니 소집단의 구성

- 교사는 4명으로 구성된 이질적 소집단을 구성한다.
- 소집단 내에 2명의 미니 소집단을 구성한다.

손 교사는 중학교 3학년 사회 수업에서 사회문제와 관련하여 최근 사회문제가 되었던 인기 연예인 신음주 양 사건에 대한 주제로 논쟁 수업을 하기로 하였다. 우선 정 교사는 신문 기사 내용을 읽어주었고, 이미 학생들은 그 사건에 대해 잘 알고 있음을 확인하였다. 사건에 대한 충분한 설명과 질문 및 이해가 있은 후에 4명으로 구성된 이질적 소집단을 여러 개 만들었다. 그리고 각 4명의 소집단 구성원은 주어진 논쟁에 관하여 찬성과 반대 또는 서로 다른 입장을 선택하는 2인으로 구성된 또 하나의 미니 소집단을 구성하게 하였다.

2 미니 소집단의 토론 준비

- 미니 소집단은 자신의 입장에 대한 토론 준비를 한다

미니 소집단은 쟁점에 대한 정의, 사실과 가치 문제의 확인, 주장의 정리, 상대방 주장을 비판할 내용 준비 등을 하게 하였다. 이 과정에서 교사의 도움이 필요한 집단은 도와주었다. 물론 각 개인의 입장은 다르겠지만 서로 양쪽의 입장에서 최선을 다해 주어진 입장에서 토론을 준비하게 하였다.

3 소집단 내 토론

- 소집단 내 미니 소집단은 각각 자기 입장에서 주장을 한다.
- 소집단 내 미니 소집단은 상대 미니 소집단의 주장을 듣고 비판한다.
- 서로 상대방의 입장이 되어 조언해 준다.

미니 소집단은 자신들이 준비한 내용으로 자기 입장을 주장하고, 다른 미니 소집단의 주장에 대한 비판을 하였다. 한 소집단의 경우 처벌을 주장하는 미니 소집단은 만민은 평등한 것이고 무면허 운전에 음주 운전, 뺑소니, 공무집행방해 등의 죄를 지었으니 구속해야 된다고 하였다. 반면에 용서를 주장하는 미니 소집단은 그녀는 유명 연예인이라 도주할 리도 없거니와 옆에 탄 사람이 너무 취해서 대리 운전을 해주었으며, 와인 한 잔 정도밖에 안 마셨다고 했으며 연예인으로서 우리 사회에 기여한 바를 생각할 때 구속은 지나친 처벌이라는 것이다.

4 소집단 내 본격적인 토론 및 정리

- 이상의 토론 절차를 끝낸 후 나타난 쟁점들에 대해 충분한 난상토론을 한다.
- 각 소집단은 토론결과를 정리하여 자신들의 입장을 정리한다.

손 교사는 이 단계에서 부터 형식없이 난상토론을 하도록 지시하였다. 그리고 충분한 토론하에 각 소집단은 어떤 입장을 택할 것인지, 그리고 그것을 지지해주는 근거는 무엇인지를 정리하게 하였다.

5 발 표

- 전체 학급에 소집단별 발표를 한다.

각 소집단은 자신의 주장을 전체 학급에 발표하였다. 우선 찬성과 반대의 어느 입장인지를 알아본 다음 주어진 시간이 없었으므로 대표적으로 각각 한 소집단만 발표시켰고, 다른 소집단은 자신들과 같은 입장의 발표에 대한 지지발언만 하도록 했다.

1 이 론

1) 이론적 기초

논쟁이란 사회적으로 찬성과 반대의 의견이 나누어져 있고, 그 결정이 개인에게 영향을 주는 것으로 그치지 않고 사회의 다수에 관련되어 있으며,

여러 개의 선택 가능한 대안 중에서 어느 하나를 결정해야 하는 문제를 말한다(차경수, 1994).

논쟁을 수업에 도입한 연구는 매우 많고 실제로도 많이 수업에서 사용되고 있다(조영달, 1992; 정문성, 1996; Johnson & Johnson, 1987; 1989; Johnson, Johnson & Smith, 1986; Rossi, 1996; Wellington, 1986).

Johnson과 Johnson(1994)은 협동 학습에서 사용할 수 있는 독특한 논쟁 수업모형을 제안하였다. 우선 그는 논쟁의 과정에서 일어나는 논리적이고 심리적인 계기를 추론하고 이러한 추론에 충실한 논쟁 수업 절차를 얻고자 하였다. 다음은 그가 가정한 논쟁 과정이다.

- 개인이 어떤 문제에 직면할 때, 그때의 불안전한 정보, 제한된 경험, 자신의 관점에 기초하여 최초의 가설적인 결론을 내린다.
- 개인이 그의 결론을 주장하고 그 근거를 제시할 때, 그는 인지적인 리허설을 경험하게 되고, 자신 입장에 대해 이해하게 되고, 높은 수준의 추론 전략을 사용한다.
- 개인은 타인의 정보, 경험, 관점에 의한 다른 결론들을 접하게 된다.
- 개인은 타인의 다른 주장을 경험하면서 자신의 결론의 정확성에 대해 회의를 품게 되고 개념 갈등과 불평형 상태를 경험한다.
- 개념 갈등, 불평형은 이러한 불확실성을 해결하기 위해 보다 많은 정보, 새로운 경험, 적절한 관점, 정확한 추론을 추구하면서 확산적 사고를 자극하게 한다.
- 새롭고 재개념화하고 재구성화된 결론은 조화롭고 고급 사고를 사용하는 가운데 얻어진다.

이러한 논쟁의 전형적인 과정은 <그림 17-1>과 같다.

우선 논쟁이 발생했을 때, 그 논쟁에 참가하는 사람들은 일단 당시에 알고 있는 제한된 정보나 경험을 토대로 가설적인 결론을 내린다. 즉 어떤 입장을 취하게 되는 것이다. 그렇게 해서 논쟁에 참여하면서 자신의 입장을 주장하면서 정당화를 시도한다. 그러나 곧 반대자의 반박에 직면하기도 한다. 그렇게 되면 그는 개념적 갈등, 불확실성, 불평형을 느끼게 되고, 이는 지적 호기심으로 이어져서 보다 정확하고 많은 정보를 찾으려고 하며, 반대하는 사람들의 정보나 논리에도 관심을 가지게 된다. 그러면서 재개념화 단계를 밟게 되는데 즉, 고도의 지적 기능을 사용하여, 탐구한 정보를 재조직하고, 상대의 입장에 서 보기도 하면서 정확한 자기 입장을 취하고 자기 입장을 분명한 논리로 정당화하게 된다.

그림 17-1

논쟁의 과정

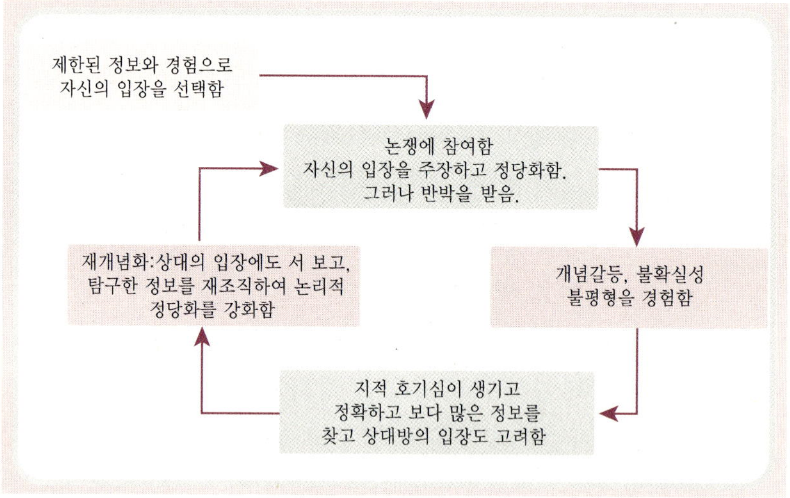

자료: D. W. Johnson & R. T. Johnson, *Creative Conflict*. MN: Interaction Book co., 1987.

2) 특 징

이러한 논쟁을 협동학습구조에서 수업하게 될 때는 논쟁 문제를 집단사고 학습으로 하거나, 디베이트 학습으로 하거나, 개별학습으로 할 때와는 매우 대조적인 특징을 보이게 된다. 집단 사고 학습에서는 구성원들의 합의를 우선으로 함으로 서로 일치를 보이는 주장이나 의견에 관해서는 어떠한 의심도 하지 않는다. 집단 사고의 동기는 외부의 위협에 대처하기 위해 집단 구성원이 서로 의존하고 구성원의 조화를 통해 집단을 유지하려는 데서 출발하기 때문이다. 즉 학생은 반대되는 의견을 주장하기 꺼려하고, 빨리 합의를 보려고 한다. 그러나 논쟁 수업에서는 문제해결을 위해 구성원끼리 신중한 담론을 통해 의견을 종합하고 통일하여 새로운 해결책을 만들어내는 창조적 과정을 중시한다. 그러므로 집단사고 수업에서는 긍정적인 목표 상호의존성만 있으나 협동적 논쟁 학습에서는 긍정적인 자료 상호 의존성도 동시에 존재한다. 즉 집단사고 학습에서는 의견의 일치를 보려는 목표에만 관심이 있으나 협동적 논쟁 학습에서는 목표뿐만 아니라 자료나 정보들을 서로 공유하려는 자료 상호의존성이 존재한다는 점이 다르다. 디베이트 학습은 반대되는 두 집단이 제3의 집단, 즉 심판을 정하고, 서로 자신의 입장이 옳은 것으로 보이려고 노력하는 형태의 수업이다. 디베이트 수업에서는 긍정적 자료 상호의존성은 있으나 부정적 목표 상호의존성이 있다. 즉 반대되는 두 팀이 서로 이기려고 노력한다는 것이다. 그러므로 정보나 자료를 공유하려 하지 않는다. 그리고 개별 수업은 자신에게 주어진 또는 찾은 자료를 가지고 자신에게 맞는 수준과 속도로 독립적으로 논쟁 문제를 해결하려는 수업이다. 그러므로 아무런 상호의존성이나 지적인 갈등이 존재하지 않는다.

표 17-1 논쟁 관련 수업의 특성

특성 \ 수업모형	협동적 논쟁 학습	디베이트	집단사고학습	개별 학습
긍정적 목표 상호 의존성	O	×	O	×
긍정적 자료 상호 의존성	O	O	×	×
부정적 목표 상호 의존성	×	O	×	×
갈 등	O	O	×	×

자료: D. W. Johnson & R. T. Johnson, R.(1994). Pro-Con Cooperative Group Strategy Structuring Academic Controversy within the Social Studies Classroom. *In Cooperative Learning in Social Studies: A Handbook for Teachers*, edited by R. J. Stahl, NY: Addison-Wesley Publishing Company, p. 311.

3) 효 과

이 논쟁수업모형은 논쟁문제를 접했을 때 일어나는 개인의 사고과정을 그대로 수업모형화했다는 점에서 여러 가지 이점을 가지고 있다.

첫째 사고과정을 그대로 절차화했으므로 논쟁의 과정을 자연스러운 활동으로 시각화했다는 점을 들 수 있다. 실제로 논쟁이 진행되는 사고과정을 활동으로 재현함으로써 논리적 혼란을 줄일 수 있게 된다.

둘째 소집단 내에서 찬성과 반대의 극단적 입장을 드러냄으로써 주어진 쟁점의 장단점을 모두 살펴볼 수 있는 기회를 제공하게 된다.

셋째 짝활동과 4명의 구성원이 토론을 함으로써 토론 기회가 확대되고 토론의 참여율이 높아진다.

넷째 각 소집단의 의견이 전체에 발표됨으로써 쟁점의 공통해결점 또는 공통의견의 부분들을 확인할 수 있다.

2 수업 절차

Johnson과 Johnson(1994)은 pro-con 논쟁수업모형의 절차를 다음과 같이 6단계로 구조화하였다.

- 정보 조직과 결론 도출(organizing information and deriving conclusion): 학생은 제한된 경험과 불완전한 정보에 기초해 잠정적 결론을 내린다.
- 자신의 입장 발표(presenting and advocating position): 학생은 자신의 주장과 이유를 발표하고 지지를 호소한다.
- 반대 관점을 경험(being challenged by opposing views): 학생은 다른 관점을 가진 학생들의 주장을 경험하고 서로의 주장을 비판한다.
- 개념갈등과 불확실성 경험(conceptual conflict and uncertainity): 학생들은 개념적 갈등을 경험한다.

- 지적 호기심과 관점채택(epistemic curiosity and perspectives taking): 학생들은 보다 분명하고 자세한 정보를 얻으려는 욕구와 관점의 변경을 통해 보다 분명한 입장을 선택하려고 노력한다.
- 재개념화와 종합 및 통합(reconceptualization, synthesis, and integration): 학생들은 더 수집된 정보와 재개념화로 자신의 입장을 종합하고 통합한다.

이러한 절차를 우리의 교육 실정에 맞게 수정한 절차는 다음과 같다(차경수, 1994; 정문성, 1997).

(1) 목표 설정

논쟁을 주제로 수업을 할 때는 말 그대로 논쟁으로 끝나버릴 가능성이 많다. 그러므로 논쟁 수업의 구체적 목표를 분명히 하는 것이 중요하다. 목표는 크게 두 가지 측면을 고려해야 한다. 하나는 논쟁의 내용에 관한 것으로 교육과정상의 단원 목표를 달성하는데 내용적으로 관계 깊은 논쟁 문제를 선택하는 것이 중요하고, 그것과 관련되어 알아야 할 지식, 기능, 태도 목표를 세워야 한다. 다른 하나는 논쟁 과정을 통해서 획득해야 할 목표이다. 여러 가지 논쟁 문제를 다루더라도 공통적으로 달성하려는 표현능력, 다른 사람의 주장을 듣는 능력, 관점 채택 능력 등 주로 기능적 목표나 고급 사고력에 해당되는 목표들을 고려해야 한다. 물론 논쟁의 내용과 완전히 별도로 이러한 목표가 존재하지는 않으므로 논쟁 내용과 잘 결합시켜서 목표를 설정해야 한다.

(2) 교육과정 구성

교사는 Oliver와 Shaver(1966)가 분류한 것과 같이 주제접근법, 역사적 위기 접근법, 문제중심 접근법 중에 교육과정상의 단원에 가장 잘 부합하는 논쟁 문제를 선정하여 가능한 여러 대안들과 그 결과들에 관한 자료를 준비해 놓는다. 교사가 학생의 논쟁에 관여하는 것은 극히 제한하지만 논쟁 문제에 따라 자료를 제공해 주어야 할 필요가 있을 때를 대비하고, 논쟁 수업이 바람직하게 진행되도록 방향을 지어주기 위함이다. 무엇보다도 교사는 많은 준비를 통해 논쟁을 구조화시켜 학생에게 제시하는 것이 중요하다. 학생이 논쟁 중에 개념 혼란이나 불확실, 불평형 등을 경험케 하는 것이 중요한 목표이기는 하지만 덜 구조화된 논쟁으로 무의미한 혼돈을 경험하게 하여 논쟁 수업이 실패하지 않도록 하기 위함이다. 그러므로 교사는 논쟁의 상황에 대해 충분히 이해된 상황에서 학생에게 수업을 실시해야 한다.

(3) 교수단계

① 1단계

4명으로 구성된 이질적 소집단을 여러 개 만들고 모든 소집단에게 동일한 과제를 준다. 그리고 각 4명의 소집단 구성원은 주어진 논쟁에 관하여 찬성과 반대 또는 서로 다른 입장을 선택하는 2인으로 구성된 또 하나의 미니 소집단을 구성하게 한다.

② 2단계

미니 소집단은 다음과 같은 절차에 의해 현재 그들이 알고 있는 정보, 자료, 경험에 근거하여 소집단 내에서 발표할 자신의 입장을 정리한다.

- 문제 정의: 논쟁 문제의 내용, 그것이 제기하는 중요한 의미, 문제가 제기된 배경, 문제와 관련된 지식, 이론, 주장들을 확인한다.
- 사실 문제와 가치 문제의 확인과 분석: 사실이 관련된 논쟁 문제는 경험적 증거의 제시로 쉽게 해결되지만 가치의 문제가 개입되면 어려워진다. 그러므로 학생은 논쟁 문제에서 사실의 문제와 가치의 문제를 분리해 내는 것이 중요하다. 사실의 문제는 관련된 경험적 증거를 준비하면 되고, 가치의 문제는 가치의 위계를 따져야 한다. 이때 미니 소집단은 주어진 제한된 정보나 경험으로 경험적 증거를 준비하되, 준비되지 못한 것은 목록을 작성하여 놓는다. 가치 문제는 가치의 위계를

찾아 상위 가치에 맞추어 자신의 주장을 뒷받침한다.

- 연역적, 귀납적 방법을 사용하여 이상에서 준비한 증거나 이론 등을 자신의 주장에 맞게 논리적 구조로 연결한다.
- 이상의 과정에서 얻게 된 정보나 논리를 이용하여 상대방의 주장을 비판할 도구로 활용할 준비도 한다.

이들은 먼저 발표할 문장을 형식화(formulating a thesis statement or claim)하는데 물론 다른 동료가 받아주기를 원하지만 비판받을 준비도 해야 한다. 그런 다음 그들의 주장을 뒷받침할 정보, 이론 등을 보완한다. 그리고 이런 정보나 논리를 연계시켜 최종 결론을 도출한다. 자신들의 주장을 정당화하기 위해서는 3가지 조건이 필요하다. 첫째는 그들의 주장을 정당화시켜 주는 사회적, 인지적 기능(social and cognitive skills), 둘째는 자신의 주장의 정당성을 확장하는 노력(effort of expending), 셋째는 자신의 주장이 옳다는 신념인 자아 지향성(ego orientation)과 최선의 안을 만드는데 기여하려는 과제 지향성(task orientation)이다.

③ 3단계

소집단 내 각 미니-소집단은 각각 자신의 주장과 근거를 소집단 내에서 각각 발표한다.

④ 4단계

토론을 벌인다. 이때는 자신의 주장에 대한 상대의 비판을 반박하고 상대방의 주장을 분석하고 비판한다. 이는 상대방의 주장에 대해 관심을 가지게 하고, 새로운 인지적 분석을 자극하고, 새로운 대안을 창조할 수 있게 한다. 이 단계에서 각 미니-소집단은 개념 갈등과 불확실성을 체험한다. 특히 협동 학습 구조에서의 이러한 지적 갈등은 그 불확실성을 해결하기 위해서 서로가 더 많은 정보를 탐색하기를 원한다. 즉 지적 호기심이 증대된다.

⑤ 5단계

두 미니-소집단은 입장을 바꾸어 상대방을 위하여 상대가 주장하지 못했던 가장 강력한 근거를 제시하여 본다. 즉 나 같으면 이런 근거를 제시하거나 이러한 예를 제시하겠다는 식으로 발표하게 하는 것이다. 이것은 협동학습구조이기에 가능하며 다른 입장에서 사고를 했던 사람들의 아이디어는 상대방이 미처 생각하지 못한 것을 지적해 줄 가능성이 많다.

⑥ 6단계

두 팀은 소집단 의견을 종합하여 학급전체에 발표할 준비를 한다. 이제까지 반대되는 극단적 관점에서 증거를 모으고, 논리를 구조화하고 주장을 해왔으므로 충분히 객관적인 입장에서 정확한 정보와 충분한 경험, 가치의 분석을 통해 기존의 정보와 경험들을 재개념화하고 재조직하여 하나의 주장으로 종합하는 과정이다. 이 주장은 개연성이 강한 내용을 가질 가능성이 많고 창조적인 작업이기도 하다.

(4) 평 가

평가는 목표 단계에서 설정한 대로 개별적인 평가와 소집단의 평가를 병행하되, 논쟁 내용과 논쟁 과정에서 기대하는 기능적 목표들도 함께 평가하는 것이 바람직하다.

3 유의점

가치와 관련된 내용을 수업할 때는 두 가지 원칙이 있다. 확실한 가치 또는 보편적으로 받아들여지는 가치는 주입식으로 가르쳐도 된다. 그러나 상당수의 이견이 있는 논쟁적 가치는 논쟁 그 자체로 가르치는 것이 좋다는 것이 두 번째 원칙이다. 이 모형은 국어, 도덕, 사회 등 논쟁거리를 사용하는 수업에 가능한 모형이다. 논쟁의 수준을 결정하면 되므로 어느 학년에 사용해도 좋다. 기존에 널리 사용되던 가치추론모형, 가치명료화모형, 가치분석모형 등도 논쟁모형으로 유용하게 사용되었다(Banks, 1990).

가치 명료화(value clarification approach)는 가치 주입이 아니라 학생이 자신의 가치가 무엇인지 명백하게 하여 자신이 선택한 가치를 소중히 여기며 일관성 있게 행동하는 것인데 가치 수업을 위한 최초의 체계적 모형으로 개인의 자유와 가치관을 존중하는 미국적 풍토에 맞아 1970년대 유행했던 모형이다. 그러나 1990년대에 들어와서 교사의 역할이 너무 소홀하다는 비판을 받아왔다. 그 절차는 다음과 같다.

① 선택(자유로운 상황, 다양한 대안, 대안에 대한 검토)

② 선택을 소중히 여김(선택을 기쁘게 생각하고 소중히 여김, 타인에게 기꺼이 알림)

③ 행동(선택에 따라 행동함, 삶의 한 유형이 되도록 계속 반복함)

가치 추론 모형(value reasoning approach)은 발달단계에 따라 구체적 행동보다 판단능력을 길러주는 것으로 Kohlberg의 이론에 기초하여 1970년대에 유행하였던 모형으로 그 절차는 다음과 같다.

① 문제 제기

② 도덕적 갈등 제시

③ 갈등과 관련된 각각의 입장에서 의견 진술

④ 관련문제 토론

가치 분석 모형(value analysis approach)은 가치 선택 시 논리성과 충분한 이유와 증거를 밝힘으로써 가치관 확립을 도우려는 목적으로 가치명료화가 가치선택을 명백히 하는데 중점을 둔 반면에 이 모형은 논리성을 밝히는데 중점을 두었다. Hunt와 Metcalf가 주장한 것으로 1960년대에 유행하였다.

① 가치 문제의 제기

② 가치관련 행동의 서술

③ 행동과 관련된 가치의 확인 및 서술
④ 가치 갈등의 원인
⑤ 가치의 원천 서술
⑥ 대안적 가치의 서술
⑦ 대안적 가치의 결과 예측 및 검토
⑧ 가치 선택
⑨ 선택한 가치의 이유, 원천, 결과서술, 정당화 및 예측

이러한 모형들은 아동들에게 상당한 논쟁 기능이 훈련되어 있음을 전제로 하여야 한다. 그리고 모든 학생이 논쟁에 참여하기 힘들다는 특징이 있다. 그러나 논쟁모형은 소집단을 이용하여 모든 아동이 소외되지 않고 논쟁에 참여할 수 있으며 쉽게 논쟁에 참여할 수 있는 장점이다 있다. 그러므로 연령에 관계없이 처음 논쟁수업을 할 때 유용하게 사용할 수 있다.

참고문헌

조영달(1992). 논쟁적 경제문제와 경제학습-한일 기술이전의 교수-학습방법 탐색. 사회와 교육. 16집, 97-124.

정문성(1996). 사회과 협동 학습에서의 논쟁 교수 모형. 인천교대 교육논총 13, 259-276.

차경수(1994). 사회과 논쟁문제의 교수모형, 사회와 교육 19집, 225-240.

Johnson, D. W., & Johnson, R. T.(1979). Conflict in the Classroom: Controversy and Learning. *Review of Educational Research(49)*, 51-61.

__________(1987). Creative Conflict. MN: Interaction Book co.

__________(1989). *Cooperation and competition: Theory and research*. MN: Interaction Book Company.

__________(1994). Pro-Con Cooperative Group Strategy Structuring Academic Controversy within the Social Studies Classroom. *In Cooperative Learning in*

Social Studies: A Handbook for Teachers, edited by R. J. Stahl, NY: Addison-Wesley Publishing Company, 306-331.

Johnson, D. W., Johnson, R. T. & Smith, K.(1986). Academic Conflict among Students: Controversy and Learning. In R. Feldman, *Social Psychology of Education*. NY: Cambridge University Press.

Oliver, D. W. & Shaver, J. P.(1966). *Teaching Public Issues in the High School*, Boston: Houghton Mifflin Company.

Rossi, J. A.(1996) Creating Strategies and Conditions for Civil Discourse about Controversial Issues, *Social Education*, 60(1), 15-21.

Wellington, J. J., ed(1986). Conroversial Issues in the Curriculum. Oxford: Basil Blackwell.

Chapter 18 JIGSAW · JIGSAW Ⅱ · JIGSAW Ⅲ 모형

시나리오

1 모집단 활동(home team)

- 교사는 한 단원을 수업 주제를 선택하여 이번 수업의 계획의 대강을 설명해 준다.
- 5~6명으로 구성된 모집단에 몇 가지의 하위주제가 질문의 형식으로 적혀 있는 전문가용지(expert sheet)를 배포한다. 이 하위주제들을 소집단 구성원 각자에게 하나씩 할당되게 하며, 각 주제를 맡은 구성원은 그 하위주제에 한하여 전문가가 된다. 모집단에서 학생들은 하위주제 외에 각자가 소집단 내에서 해야 될 역할들, 예컨대 리더나 기록자와 같은 역할을 정한다.

김 교사가 담임한 5학년 학급은 2차시에 걸쳐 자원보존의 필요성에 관한 수업을 하기로 하였다. 학습목표를 '환경보호의 필요성을 알고, 환경오염을 줄이는 방법을 설명할 수 있다'로 정하고 이를 직소수업으로 진행하기로 하였다. 김 교사는 환경오염에 관한 비디오를 구입하여 수업시작 전에 학생에게 보여주었다. 물고기의 떼죽음과 물새들이 기름에 뒤범벅되어 비틀거리는 모습 등이 보여졌다. 김 교사는 6명이 한 집단으로 된 8개의 소집단을 구성하여 수업을 진행하였는데 수업 목표에 따라 학습할 주제를 6개로 분류하여 <표 18-1>과 같이 제시하였다.

표 18-1 전문가 용지

전문가 용지 환경 보존의 필요성과 대책
주제 1. 물자원 보존의 필요성과 방법은 무엇인가? 2. 지하자원의 보존 필요성과 방법은 무엇인가? 3. 산림자원의 보존 필요성과 방법은 무엇인가? 4. 공기오염의 결과와 이를 줄이는 방법은 무엇인가? 5. 토양오염의 결과와 이를 줄이는 방법은 무엇인가? 6. 물오염의 결과와 이를 줄이는 방법은 무엇인가?

각 소집단은 구성원들이 어떤 주제를 선택할 것인지 스스로 의논해서 결정하게 하였다. 5분쯤 후에 김 교사는 8개 소집단을 교실 동쪽에 자리한 4개 소집단을 동부리그로, 서쪽에 자리한 4개 소집단을 서부리그로 분류하고, 우선 동부리그 소집단에서 1번 주제를 선택한 학생은 손을 들어보라고 하였다. 각 소집단에서 4명의 학생이 손을 들었고, 서로 누가 같은 전문가인지 얼굴을 확인하게 하였다. 다음에 2번에서 6번까지 똑같은 방식으로 진행하였다. 그런 후에 서부리그도 똑같은 방법으로 진행하였다. 학생은 이 과정을 매우 재미있어 하였는데 그 이유는 누가 자기와 같은 주제를 선택하였는지 호기심과 기대감을 가졌기 때문이다. 특히 자기가 좋아하는 학생과 함께 전문가 활동을 하게 되었을 때는 무척 반가워하였다. 이 과정을 통하여 김 교사는 학생들의 표정을 통해서 친우관계를 파악할 수 있는 부수적 효과도 얻을 수 있었다. 약 5분에 걸친 전문가 집단 확인 과정이 끝나고

김 교사는 전문가 집단별로 모이게 하고, 모이는 장소를 지정해 주었다.

2 전문가 활동(expert team)

- 각각의 소집단에서 동일한 주제를 맡은 각 소집단의 전문가끼리 따로 전문가 소집단을 형성하여 함께 전문가 학습지를 중심으로 학습활동을 한다.
- 전문가 활동은 주로 그 하위주제를 공부한 다음 각자의 모집단에 돌아가서 모집단의 동료들에게 어떻게 핵심내용을 전달해 줄 것인가를 중심으로 토론하게 된다.

교실이 다소 비좁기 때문에 복도도 활용하였다. 각 전문가 집단에서는 임시 사회자를 선출하게 하였고, 이들을 불러서 교사는 <표 18-2>와 같은 전문가 학습지를 나누어 주었다. 전문가 학습지는 보다 구체적으로 학생들의 활동을 안내하는 것으로 이를 공급하지 않으면 학생들이 어떤 수준으로 어떤 범위만큼 학습을 해야 할지 암담하기 때문이다. 그러므로 교사가 보다 구체적이고 분명한 학습 안내를 할 수 있도록 만들어서 제공해야 혼란이 없다. 첫시간인 이날은 전문가 집단들이 주어진 학습지 안내에 따라 어떻게 학습을 할지를 계획하고 역할을 분담하는 시간을 가졌다. 김 교사는 전문가 소집단을 순회하면서 어려움을 겪는 소집단의 활동을 도와주었다. 며칠이 지난 2차시에 원래 소집단으로 모인 학생들은 대부분 1차시 이후 학교 또는 학교 밖에서 한 차례 이상 전문가 집단 모임을 가진 것으로 알려졌고 어떤 소집단은 3번이나 따로 모였다는 사실을 김 교사는 알게 되었다.

표 18-2 전문가 집단 학습지

전문가 집단 1의 학습지
주제: 물자원 보존의 필요성과 방법은 무엇인가? 이 전문가 집단에서 토론해야 될 요지 1. 물자원은 왜 보존해야 하는가? 2. 물자원을 보존하는 방법은 어떤 것들이 있는가?

3 모집단의 재소집(home team reconvene)

- 다시 모집단으로 돌아와서 자기의 전문적 지식을 소집단 내의 다른 동료들에게 전수한다.
- 그 과정이 끝나면 전체 과제를 범위로 개인 평가를 받는다.

원래 소집단에서 각 전문가들은 돌아가면서 다른 동료들에게 자신이 공부한 바를 전수하였는데 몇몇 능력이 떨어지는 학생들은 이를 다소 힘들어 했고, 이를 듣는 다른 동료들도 무척 답답해했다. 특히 전문가 활동을 게을리 한 몇몇 학생들에게서도 이런 모습이 나타났다. 그러나 직소 수업을 많이 해 보았던 김 교사는 이러한 학생들이 결국은 자신이 선택한 전문영역에 관해서는 동료들이 전적으로 자신만 의지하기 때문에 매우 미안한 감을 갖게 되고 다음부터는 매우 열심히 하게 된다는 사실을 경험하고 있기 때문에 오히려 처음의 그러한 혼란이 모든 학생들이 다 수업에 적극 참여하는 직접적 또는 간접적 계기가 됨을 잘 알고 있었다.

1 이론

1) 이론적 기초

Jigsaw 모형을 만든 Aronson 등(1978)은 전통적인 경쟁학습구조의 교실 환경을 협동학습구조로 바꾸기 위해 다음과 같은 두 가지 방향을 정하였다. 첫째로 한 전문가(교사)와 다수의 청강자(학습자)로 되어 있는 전통적인 경쟁 학습 구조를 약 5~6명 정도로 구성된 소집단 협동학습구조로 바꾼다. 여기서 교사는 더 이상 학습 집단의 주된 자료원이 아니며 오히려 집단 구성원들 서로가 주된 학습 자료원이 되게 한다. 이 구조에서는 개인적 경쟁과 학습에서의 성공이 양립할 수 없게 되어야 한다. 성공은 오직 소집단 내에서 협동의 결과로만 얻을 수 있다. 그러므로 학습자는 교사의 시선을 끌기보다는 동료들에게 관심을 가지게 된다. 둘째로 동료들과 협동학습을 할 때, 어느 누구도 집단 내 다른 동료의 도움 없이는 학습이 불가능하게 되어야 한다. 즉 소집단 내 각 개인은 전체 학습 내용의 일부분을 담당하고 있기 때문에 그 집단의 모든 학습자는 주어진 학습 목표를 달성하기 위해서 협동하지 않을 수 없으며, 각 개인은 집단 구성원의 성공에 결정적 기여를 할 수 있게 되어 있다.

한편 Slavin(1987)은 Jigsaw의 평가체제로는 협동학습의 효과를 거둘 수 없다고 주장하였다. 왜냐하면 비록 과제를 세분화하여 분업의 형태로 학습을 하게 하지만 학습 결과에 대한 집단보상이 없기 때문에 학생들이 적극적으로 학습을 하지 않는다는 것이다. 또한 학생들은 개인적인 평가를 받기 때문에 동료를 적극적으로 도와주려고도 하지 않는다. 그래서 Slavin은 기존의 Jigsaw 모형에 보상구조와 성공기회의 균등을 보완한 Jigsaw II를 개발하였다(Slavin, 1980). Jigsaw II는 Jigsaw와는 달리 기존의 교육과정 자료를 그대로 사용할 수 있게 하고, STAD의 이점을 적용한 것이다(Kagan, 1985).

최근 Jigsaw II가 모집단 학습을 마친 후 곧바로 퀴즈를 보기 때문에 충분히 퀴즈에 대비한 학습의 정리나 마음의 준비를 할 여유가 없음이 문제점으로 지적되었다. 그래서 학습이 끝난 후에도 일정 시간 퀴즈를 대비한 모집단의 학습기회를 주어야 한다는 주장에 따라 이 과정을 첨가한 Jigsaw III가 소개되었다. 그러나 이러한 절차를 더 추가하고 절차를 정교화한 것 이외에 Jigsaw III와의 큰 차이는 없다(Stahl, 1994).

2) 특 징

이러한 학습 구조를 만들기 위해 구상한 것이 Jigsaw 모형이다. Jigsaw 모형은 동료들 간의 극단적인 상호 의존적 환경을 구성하게 한다. 각 학습자는 학습 단원의 일부분만 학습 자료로 제공받지만 학습 단원 전체로 평가받는다. 그러므로 소집단 구성원은 학습 단원 전체를 공부하기 위해 다른 구성원들의 도움을 받지 않을 수 없다. 이러한 Jigsaw 모형은 다음과 같은 요소들을 포함한다(Aronson et. al, 1978).

특별히 고안된 학습 자료

학습 자료는 소집단 구성원들이 서로의 도움 없이는 학습할 수 없도록 소집단 수만큼 나누어진 부분 자료로 재조직된다.

소집단 조직과 의사소통 훈련

소집단 구성원들 간의 의사소통은 Jigsaw 모형의 핵심적 요소이다. 원만한 협동 활동과 의사소통을 위해서는 자신의 의견 발표하기, 동료의 주장을 잘 듣고 이해하기 등 협동학습활동에 관한 기본적 기능들을 훈련받아야 한다.

소집단 리더

소집단의 활동을 원만히 할 수 있도록 리더의 역할이 강조된다. 리더는 교사에 의해 선출되며, 토론이나 역할 놀이의 운영 등 리더의 역할을 위한 특별한 훈련을 따로 받아야 한다. 리더는 소집단을 조직하고, 유지하고, 과

Slavin, 1990).

(1) 모집단 활동(home team)

처음에 교사는 한 단원을 수업 주제를 선택하여 이번 수업의 계획의 대강을 설명해 준다. 그런 다음 5~6명으로 구성된 모집단에 몇 가지의 하위주제가 질문의 형식으로 적혀 있는 전문가 용지(expert sheet)를 배포한다. 이 하위주제들을 소집단 구성원 각자에게 하나씩 할당되게 하며, 각 주제를 맡은 구성원은 그 하위주제에 한하여 전문가가 된다. 모집단에서 학생들은 하위주제 외에 각자가 소집단 내에서 해야 될 역할들, 예컨대 리더나 기록자와 같은 역할을 정한다.

(2) 전문가 활동(expert team)

각각의 소집단에서 동일한 주제를 맡은 각 소집단의 전문가끼리 따로 전문가 소집단을 형성하여 함께 학습활동을 한다. 만약 한 학급의 소집단이 5개라면 전문가별로 모인 5명의 전문가로 구성된 전문가 소집단의 수도 5개가 될 것이다. 학생수가 많아서 소집단이 8개라면 8명의 전문가가 전문가 집단을 이루어야 하므로 이는 현실적으로 소집단 학습을 하기가 어렵다. 이때는 8개 소집단을 두 부류로 나누어 각각 4명씩의 전문가 집단으로 구성하여 운영하는 것이 좋다. 전문가 활동은 주로 그 하위주제를 공부한 다음 각자의 모집단에 돌아가서 모집단의 동료들에게 어떻게 핵심내용을 전달해 줄 것인가를 중심으로 토론하게 된다. 이를 위해 교사는 전문가 소집단에서 다루어야 할 학습의 요점과 범위를 안내해주는 자료도 제공하는 것이 좋다.

(3) 모집단의 재소집(home team reconvene)

전문가 집단의 활동이 끝났으면 다시 모집단으로 돌아와서 자기의 전문적 지식을 소집단 내의 다른 동료들에게 전수한다. 다른 동료들은 자기가 전문으로 선택한 것 외에는 전혀 학습을 하지 않았기 때문에 자신이 전공하지 않은 영역은 전적으로 동료 전문가의 지식에 의존할 수밖에 없다. 따라서 동료의 가르침을 적극적으로 수용하게 된다. 그 과정이 끝나면 전체 과제를 범위로 개인 평가를 받는다.

그림 18-1

JIGSAW, JIGSAW II, JIGSAW III 모형의 차이

<table>
<tr><td rowspan="6">Jigsaw III</td><td rowspan="3">JIGSAW II*</td><td rowspan="3">JIGSAW</td><td>1단계</td><td>모집단(Home Team): 과제 분담 활동</td></tr>
<tr><td>2단계</td><td>전문가 집단(Expert Team): 전문가 활동</td></tr>
<tr><td>3단계</td><td>모집단(Home Team): 동료 교수 및 질문 응답</td></tr>
<tr><td rowspan="3" colspan="2"></td><td>4단계</td><td>일정 기간 경과</td></tr>
<tr><td>5단계</td><td>모집단: 퀴즈대비 공부</td></tr>
<tr><td>6단계</td><td>퀴즈(STAD 평가 방법 사용)</td></tr>
</table>

* 3단계가 끝나면 STAD평가로 퀴즈

자료: Steinbrink, J. E. & Stahl, R. J.(1994). Jigsaw III = Jigsaw II + Cooperative Test Review: Applications to the Social Studies Classroom In Cooperative Learning in Social Studies: *A Handbook for Teachers*, edited by R. J. Stahl, New York: Addison-Wesley Publishing Company, p.134.

이러한 학습 형태를 Jigsaw라고 이름 붙인 이유는 모집단이 전문가집단으로 갈라졌다가 다시 모집단으로 돌아오는 모습이 마치 Jigsaw Puzzle(조각난 그림 끼어 맞추기 퍼즐)과 같다고 하여 붙여진 것이다. 결국 모집단과 전문가집단에서 학생들은 활발한 협동학습을 하게 되는 것이다.

2) Jigsaw II

Jigsaw II의 수업 절차를 자세히 제시하면 다음과 같다(VanSickle, 1994; 정문성, 1995).

① 교과에서 한 단원을 선택하여 이를 4가지 기본 주제로 나눈다.

② 4~5명으로 구성된 소집단을 주어진 기준에 의해 조직하고, 그 소집단

- 모집단과 전문가 집단에서 생산적인 활동을 할 것
- 자기에게 주어진 자료의 한 전문가가 될 것
- 모집단의 동료들이 자신과 똑같은 전문가가 될 수 있도록 잘 가르칠 것
- 이 단원의 평가에 좋은 점수를 얻기 위해 획득하고자 하는 지식과 기능을 잘 배울 것

모집단 활동(home teams convene)

② 집단의 조직(arranging students)

교사는 학생들의 소집단으로 조직한다. 소집단 조직은 협동학습에서 보편적으로 사용하는 이질적 구성을 한다.

③ 역할의 부여와 설명(describing the roles)

학생들에게 역할을 부여하고 각 역할에 대해 설명해 준다. 역할 부여의 예는 <표 18-3>과 같다.

④ 단원의 소개(introducing the unit)

교사는 단원 또는 수업에 대해 안내하는데 학생의 선수 지식과 인지적 기능, 그리고 흥미를 자극하는 방법을 동원하되 귀납적으로 하는 것이 좋다.

⑤ 학습과제와 역할의 점검(reviewing task and role)

교사는 학생들에게 이번 수업에서 완수해야 할 학습과제와 역할들을 개관해보게 한다.

전문가 활동(expert groups convene)

⑥ 전문가 집단 조직(forming expert groups)

전문가 집단을 조직하고 <표 18-4>와 같이 전문가들이 해야 할 절차들을 설명해 주고, 과제지를 배포한다.

표 18-3 집단 역할의 예

집단 역할(group roles)
기능적 역할(functional roles) • 집단 지도자(group leader): 집단을 결합하고 과제 활동에 집중시키며 교사와의 의사소통 역할을 담당함 • 자료 정리자(materials manager): 자료를 분배하고 수집하며 활동이 끝난 다음 정리하는 역할을 함
협력적 역할(collaborative roles) • 격려자(encourager): 구성원들이 집단 활동에 기여할 수 있도록 격려하고 모두 토론에 참여할 수 있도록 격려하는 역할을 함 • 관찰자(obsever): 집단 활동이 얼마나 협동적으로 잘 이루어졌는지 관찰하고 교사나 학급에 보고하는 역할을 함

자료: Steinbrink, J. E. & Stahl, R. J.(1994). Jigsaw III = Jigsaw II + Cooperative Test Review: Applications to the Social Studies Classroom In *Cooperative Learning in Social Studies*: A Handbook for Teachers, edited by R. J. Stahl, New York: Addison-Wesley Publishing Company, p.141.

표 18-4 전문가 집단에서의 절차

전문가 집단에서의 절차(procedure for expert groups)
• 당신은 전문가 집단의 한 구성원이 된다. • 당신은 전문가 용지의 각 문항에 대해 다른 전문가들과 토론을 한다. • 당신은 가장 정확한 정답에 동의한다. • 당신은 각 문항에 그 정답을 기록한다. • 당신은 수업 주제나 단원 중에 단 한 번만 전문가 집단의 한 구성원이 된다. • 당신은 당신에게 주어진 과제를 주어진 시간에 완수해야 한다.

자료: Steinbrink, J. E. & Stahl, R. J.(1994). Jigsaw III = Jigsaw II + Cooperative Test Review: Applications to the Social Studies Classroom *In Cooperative Learning in Social Studies*: A Handbook for Teachers, edited by R. J. Stahl, New York: Addison-Wesley Publishing Company, p.142.

⑦ 전문가 과제의 수행(completing their expert-group tasks)

전문가들은 주어진 과제지의 각 항목에 전문가들의 토론을 통해서 얻어진 정답을 적어나간다.

⑧ 순회 지도(circulating)

교사는 전문가 집단을 순회하면서 활동을 관찰하되 자신들이 문제를 해결하게 하며 오직 집단 지도자와만 의사소통을 한다.

⑨ 격려(assisting students)

교사는 전문가들이 모집단에 돌아가 자신들이 배운 전문적 지식을 동료들에게 잘 전달할 수 있도록 준비하는 것을 격려하고 도와준다.

모집단의 재소집(home team reconvene)

⑩ 모집단의 재소집 지시(returning their home team)

교사는 전문가에게 자신의 모집단으로 돌아가서 자신의 전문 지식을 가르치게 한다. 다른 동료들은 잘 듣고, 공부하고, 토론하면서 전문가 과제지의 정답을 이해하고 확인한다. 이 과정의 경험이 없는 학생들에게는 <표 18-5>와 같이 재소집된 모집단의 절차를 설명해 준다.

표 18-5 재소집된 모집단의 절차

재소집된 모집단의 절차 (procedures for home teams after the expert groups have met)
• 모집단 리더를 만난다. • 적어도 1명 이상의 전문가가 발표한다. • 모집단에 각 전문가가 전문가 학습지 내용을 가르친다. • 전문가의 발표내용을 잘 이해하고 필기한다. • 주어진 시간에 활동을 마쳐야 한다.

자료: Steinbrink, J. E. & Stahl, R. J.(1994). Jigsaw III = Jigsaw II + Cooperative Test Review: Applications to the Social Studies Classroom In *Cooperative Learning in Social Studies*: A Handbook for Teachers, edited by R. J. Stahl, New York: Addison-Wesley Publishing Company, p.143.

⑪ 전체 학급 단위의 요약(whole-class summary)

수업한 내용을 전체 학급에서 정답을 확인하고 토의한다. 이것은 각 소집단에서 잘못된 교수활동을 최소화하기 위한 절차이다.

⑫ 협력적 기능의 점검(debriefing the collaborative skills)

각 교사는 소집단에게 얼마나 함께 협력적 활동을 잘했는지를 질문함으로써 소집단 활동에 대한 평가를 한다. 이는 학생들로 하여금 이 수업의 중요한 목표의 하나가 협력적 활동임을 상기시키는 의미에서 매우 중요한 단계이다. 교사가 사용하는 전형적인 질문들은 다음과 같은 것이다.

- 집단 구성원들 모두 필요할 때 어느 정도의 참여를 하였는가?
- 집단 구성원들은 그들이 발견한 것을 어떤 식으로 공유하였는가?
- 집단은 어떤 식으로 과제에 전념하였는가?
- 구성원들이 과제에 전념하게 한 이유는 무엇인가?
- 성공적인 집단 활동을 하는데 가장 기여한 행동들은 무엇이었는가?
- 성공을 제한하게 한 문제 행동은 어떤 것이었는가?

휴식기(interim period)

⑬ 휴식기(interim period)

일단 수업이 일단락되었으나 바로 평가를 하지 않고 일정한 평가 유예기를 두어서 수업을 통해 배운 것을 정리할 수 있는 여유를 위해 설정해 둔 시기로서 별다른 수업 절차는 없다.

평가 대비를 위한 모집단의 재소집(home team reconvene as cooperative test review teams)

⑭ 평가 대비를 위한 모집단의 재소집(home team reconvene as cooperative test review teams)

평가를 며칠 앞두고 소집되며 지도자가 주축이 되어 모든 소집단 구성원이 평가를 잘 치를 수 있도록 서로 도와주는 소집단 활동이다. 특히 전문가 과제지를 점검하며 학업 성적이 낮은 학생을 가르치고 격려하는 활동이 주가 된다.

전문가 활동지
허준의 활동과 업적 1. 허준의 한 일을 알아봅시다. 2. 동의보감은 어떤 책인가요? 3. 허준은 우리 나라의 의술 발달에 어떤 영향을 끼쳤나요?

평가와 추수 지도(post-home-group activities including individual test taking and feedback)

⑮ 시험(test)

교사는 전문가 과제지와 수업 목표에 근거해서 개인별 시험을 치른다.

⑯ 평가(assess)

교사는 학생의 성취를 평가하고 STAD 향상점수를 계산한다.

⑰ 보상(reward)

교사는 STAD 방식으로 개인과 소집단을 보상한다.

3 유의점

협동학습은 아동들 간의 긍정적 상호작용을 최대화 시켜서 인지적 정의적 효과를 얻으려는 수업모형이다. 이를 위해서 과제를 분담하는 방식과 집단보상을 통한 방식을 사용하는데 Jigsaw는 과제중심 협동학습의 대표적인 모형이다. 그러나 여러 연구에서 단순히 Jigsaw만 사용해서는 효과가 없는 것으로 나타나 있다. 처음에는 수업 방법이 새로워서 열심히 하지만 아무런 보상이 없으면 자신의 책임과 의무를 다하지 않는다는 것이다. 그러므로 Jigsaw가 효과를 거두기 위해서는 어떤 형태든 보상을 해 주는 것이 중요하다.

또한 Jigsaw 수업을 해 본 교사들에 의하면 한두 명의 학생이 성실하게 자기의 역할을 하지 않을 때 소집단 전체가 큰 피해를 보기 때문에 역효과가 나는 경우가 많이 있음을 경험적으로 지적한다. 이를 막기 위해서는 제대로 자기 역할을 하지 못하는 아이들을 교사가 직접 챙겨서 지도해 줄 필요가 있다. 이때 정말 능력이 없어서 또는 이러한 수업방식에 익숙하지 못해서 역할을 다하지 못하는 아동과 능력이 있으나 소위 말썽꾸리기 아동들의 경우를 구별해서 잘 지도하도록 한다. 특히 말썽꾸러기는 오히려 이러한 소집단 학습을 통해서 친사회적 행동을 습관화 시키고 사회성도 기르는 좋은 기회로 활용할 수도 있다.

Jigsaw 수업을 하기 위해서는 몇 가지 소주제로 수업과제를 나누어야 하는데 억지로 이를 나눌 경우에는 오히려 수업의 효과가 반감될 수도 있다. 그러므로 자연스럽게 소주제로 나누어지는 단원을 선택해서 이 모형을 사용하는 것이 바람직하다. 연구들에 의하면 Jigsaw는 어떤 교과나 학년에 관계없이 사용할 수 있는 수업모형으로 알려져 있다.

참고문헌

정문성(1995). 열린교실에서의 협동학습. 열린교실연구 3집 1호, 11-21.

Aronson, A. Blaney, N., Stephan, C., Sikes, J. & Snapp, M.(1978). *The Jigsaw Classroom*. CA: Sage pub.

Johnson, D. W., Johnson, R. T., Holubec, E. J. & Roy, P.(1984). *Circles of learning*. Association for Supervision and Curriculum Development.

Joyce, B., & Weil, M.(1986). *Models of teaching*(3rd ed.). NJ: Prentice-Hall.

Kagan, S.(1985). *Cooperative learning resources for teachers*. Riverside, CA: Univ. of California at Riverside.

Slavin, R. E.(1980). *Cooperative learning. Review of Educational Research*, 50, 315-342.

Slavin, E. R.(1990). *Cooperative Learning: Theory, Research, and Practice,*

4 소집단 점수에 따른 소집단별 보상

- 소집단 점수에 따른 보상을 한다.

이번 퀴즈에서는 덜렁이 소집단이 25점을 얻어 '으뜸조'의 칭호를 얻었다. 손 교사는 소집단 점수가 20점이면 '버금조', 25점이면 '으뜸조'의 칭호와 상장을 주어서 소집단 활동을 격려하였다.

TGT(Teams Games Tournaments)

1 교사의 수업안내

- 수업 목표를 분명히 제시한다.
- 소집단 활동 내용을 안내한다.
- 필요한 강의 수업을 한다.

오 교사는 '계절의 변화' 수업에서 TGT 모형을 사용하였다. 오 교사는 EBS에서 제작한 계절에 관한 다큐멘터리 비디오를 20분간 보여주고, 학생들에게 계절의 변화에 관해 간단히 설명도 하고 질문도 받았다.

2 소집단 학습

- 학습 과제지에 따라 학습을 한다.

그리고나서 학습 과제지를 나누어주고 소집단별로 이를 해결하고 퀴즈

게임에 대비하게 하였다. 오 교사 학급은 48명으로 6명이 한 소집단으로 되어 8개 소집단으로 구성되어 있다. 각 소집단은 성적순으로 우수한 학생과 낮은 학생들이 골고루 섞여 있다. 오 교사는 4개 소집단씩 동부 리그와 서부리그로 나누어 운영하고 있다.

3 TGT게임

- 게임을 실시한다.

퀴즈 게임을 위해 오 교사는 16개의 문제 카드로 구성된 묶음을 12개 준비하였다. 아울러 정답지와 기록지도 12개를 준비하였다. 문제 카드에는 오늘 배운 수업 내용에 관한 퀴즈가 적혀 있고, 뒷면에는 1번부터 16번까지 번호가 적혀 있다. 오 교사는 우선 동부 리그의 테이블 1에서 게임을 할 선수들 4명(각 소집단의 1번타자)을 불러서 문제카드, 정답지, 기록지를 주고 게임을 시작하게 하였다. 이어서 테이블 2, 테이블 3, 테이블 4 선수들도 불러서 주었고, 다음으로 서부리그도 같은 방식으로 진행하였다. 각 부에서는 4명의 각 소집단 대표선수가 규칙대로 게임을 진행하는데 모두 16문제이므로 한 사람이 4문제를 먼저 풀 수 있는 기회가 제공되어 있다. 가위바위보를 하여 '선(先)'을 정하면 '선'이 임의의 문제 카드를 먼저 선택하여 다른 소집단 선수들이 들을 수 있도록 큰 소리로 문제를 읽은 뒤 답을 말할 권리가 있다. 다음에 오른쪽에 있는 학생이 선의 답이 정답이라고 생각하거나 잘 모를 때에는 '통과'를 외치고, 틀렸다고 생각되면 '찬스'를 외쳐서 자신의 답을 말한다. 그런 후 또 오른쪽에 있는 학생이 같은 방식으로 차례로 진행하는데 4명 모두에게 차례로 기회가 주어진 뒤 정답을 확인한다. 그런 뒤에 '선'의 오른쪽 학생이 새롭게 '선'이 되어 새로운 카드를 선택하여 같은 방식으로 진행한다. 문제를 선택한 학생은 틀려도 감점이 없으나 찬스를 사용한 학생이 틀렸을 때는 감점을 당한다.

4 소집단 점수에 따른 소집단별 보상

• 소집단 점수를 계산하고 보상한다.

게임을 통해 개인별로 맞힌 카드수에 따라 등위가 정해지고, 그 등위에 따라 점수가 부여되며 그 점수의 합이 소집단 점수가 된다. 일종의 체급별 경기이므로 공부를 잘하는 학생이나 못하는 학생 모두가 소집단에 기여할 동일한 기회를 갖기 때문에 모두들 열심히 공부하였다. 처음에 각 소집단에서 성적이 낮은 학생들이 의기소침하였으므로 오 교사는 연속 두 번 최고점을 받아 오면 소집단 내 서열이 하나씩 상승시키는 방법을 사용하였다. 그래서 이제는 어느 누구도 서열이 고정되어 있지 않고 계속 변하기 때문에 그런 문제는 나타나지 않았다. 어쨌든 오 교사는 이 수업을 한 후로 학생들이 이 게임에 더욱 흥미를 느껴서 매우 재미있고 적극적으로 공부하는 것을 만족해하고 있다.

오 교사는 토요일마다 그 주의 소집단 활동 결과를 다음과 같이 게시판에 게재하였다

< 학급 게시판 >

안녕! 여러분,

작은거인이 이번 주 퀴즈에서 55점을 얻어 이번 주 으뜸팀으로 선정되었습니다. 특히 홍 성일의 활약이 대단했습니다. 이제 작은 거인이 동부 리그에서 1위를 달리고 있는 번개팀을 아슬아슬한 차이로 위협하고 있습니다. 번개팀은 정신 바짝 차려야겠지요?

한편, 소나기팀도 탈꼴찌에 성공했군요. 그러나 상하위팀 간의 점수차가 많지 않아 아직도 동부리그의 우승팀은 누가 될지 전혀 예상할 수가 없군요. 서부리그는 꿈틀이팀이 계속 독주를 하고 있군요. 그 기세가 무섭습니다.

그림 19-1

게시판의 예

리그	아메리칸리그			내쇼날리그		
순위	팀이름	성 명	점 수	팀이름	성 명	점 수
1	작은 거인 55	홍성일	60	꿈틀이 50	손유현	60
		김경희	40		김연기	30
		정문식	60		정동규	60
		박성배	60		박상우	50
2	번개 50	김경미	60	뺑이요 45	박상식	30
		박상미	50		송도영	30
		손기식	30		이철기	60
		송인식	60		김영희	60
3	소나기 45	강문자	40	캡 45	박상천	60
		길승음	60		남경숙	50
		박기순	40		정일미	50
		진필식	40		김미연	20
4	맙소사 35	송대규	40	길조 40	성경식	40
		설동운	40		선지운	50
		신선미	20		김상한	30
		박필자	40		송지나	40
5	달려라 28	조혜진	40	바람의 아들 35	홍리나	40
		장진석	20		김정미	20
		김미리	40		정숙현	20
		박성배	20		박도식	20
		손정석	20		도종순	20

전반기 리그 순위

동부리그		서부리그	
1위 번개	50	1위 꿈틀이	51
2위 작은 거인	48	2위 뺑이요	35
3위 달려라	40	3위 길조	33
4위 소나기	35	4위 사이버	30
5위 맙소사	30	5위 가자월드컵	28

1 이 론

1) 이론적 기초

소집단 내에서 어떤 목표의 달성을 놓고 그 구성원 간에 전개되는 상호작용을 '목표구조(goal structure)'라고 하는데 목표구조란 집단구성원들의 행동을 규제하는 목표달성의 추구방식이다(문용린, 1988b).

Johnson, Johnson, Holubec 및 Roy(1984)는 교사가 만들 수 있는 교실의 학습목표구조를 협동학습구조, 경쟁학습구조, 개별학습구조로 나누어 설명하였다.

협동학습구조는 소규모의 집단에 공통의 학습목표가 주어지고 이것을 달성하기 위해 구성원이 서로 도우면서 학습을 하게 된다. 여기서는 긍정적인 상호의존성을 가지게 되는데, 즉 타인이 성공해야 자신도 성공할 수 있음을 인식하게 된다. 그러므로 자신들 모두에게 이익이 되는 결과를 얻으려고 노력하게 된다.

경쟁학습구조에서는 한 명 또는 소수의 학생만이 달성할 수 있는 목표를 위해서 학생들은 서로를 경쟁상대로 공부를 하게 된다. 다른 학생보다 빠르고 정확하게 공부하도록 요구되어지며 학생들은 상대적으로 성적이 매겨진다. 이 학습구조에서는 목표성취사이에 부정적인 상호의존성이 존재한다. 즉 타인의 실패가 곧 나의 성공으로 인식된다. 그러므로 학생들은 자기에는 이익이 되고 타인에게는 해가 되는 결과를 얻으려고 노력하게 된다.

개별학습구조는 다른 학생과는 관계없이 자신에게 주어진 학습목표달성을 위해 자신에게 적합한 학습속도로 혼자서 공부를 하게 된다. 따라서 학생은 다른 학생의 학습목표를 생각할 필요가 없으며 자신의 학업성취에만 관심을 갖게 된다. 따라서 학생들은 타인의 이익이나 손해에는 관심이 없으며 자신에게 이익이 되는 결과를 얻으려고 노력하게 된다.

이상과 같은 학습구조 이론과 경험적 연구에 따르면 협동학습구조가 가장 학업성취효과가 큰 것으로 알려져 있다. 협동학습의 학업성취효과를 주장하는 이론적 근거는 크게 네 가지로 나누어 볼 수 있는데, 그것은 동기론, 사회적 응집이론, 인지론, 그리고 연습이론이다(손병노, 1996).

(1) 동기론

협동학습에서의 동기론은 목표구조와 보상효과에 초점을 두고 협동학습의 효과를 설명한다. Deutch(1949)에 의하면 집단의 목표구조는 협동, 경쟁, 개별적 목표구조로 나누어진다. 여기서 협동적 목표구조는 소규모 집단에 공통의 목표가 주어지고 이것을 달성하기 위해 구성원이 서로 도우면서 긍정적인 상호의존성을 가지게 되는 구조를 말한다. 이때 이 집단의 구성원은 집단 동료가 성공해야 자신도 성공할 수 있으므로 자신들 모두에게 이익이 되는 결과를 얻어려고 노력하게 된다. 경쟁적 목표구조에서는 한 명 또는 소수만이 달성할 수 있는 목표를 위해서 구성원들은 서로를 경쟁상대로 활동을 하게 된다. 이 목표구조에서는 동료들 사이에 부정적인 상호의존성이 존재한다. 즉 타인의 실패가 곧 나의 성공으로 인식되므로 구성원들은 자기에는 이익이 되고 타인에게는 해가 되는 결과를 얻으려고 노력하게 된다. 개별적 목표구조는 다른 구성원과는 관계없이 자신에게 주어진 목표달성을 위해 활동한다. 따라서 다른 구성원의 목표에 관심을 둘 필요가 없으며 자신의 성취에만 관심을 갖게 되고 자신에게 이익이 되는 결과를 얻으려고 노력하게 된다.

이러한 목표구조는 교실에서의 학습활동에도 그대로 적용된다. 동기론자들은 협동적 목표구조에서는 학생들이 그들의 개인적 목표달성이 집단목표의 달성(여기에는 집단보상이 주어진다)에 의존되어 있으므로 동료들의 학습활동을 서로 도와 줄 뿐만 아니라 동료에 대해서나 학습활동 자체에 대해서도 긍정적 태도를 형성하게 되고, 이것이 학업성취 동기를 증진시켜 인지적 효과를 높여준다고 주장한다. 그리고 동기론자들은 전통적인 경쟁적 목표구조에서는 학업성취가 모든 학생의 선망이기는 하지만 그것을 달성하지 못하는 대다수의 학생들에게는 비난의 대상이 되므로 경쟁상대인 동료에 대한 태도나 학습활동에 대한 태도가 부정적이고 따라서 학업성취의 동기가 낮기 때문에 협동적 목표구조에 비하여 학업성취의 효과가 작다고 주장한다(Slavin, 1990).

(2) 사회적 응집이론

사회적 응집이론은 동기론과 유사한 입장에서 출발하지만 동료를 도와주는 이유에 대해 다르게 해석한다. 즉 동기론은 동료를 도와주는 이유가 그렇게 함으로써 자신의 이익에 도움이 되기 때문으로 생각하지만 사회적 응집이론에서는 동료를 도와주는 이유가 아동들이 기본적으로 타인을 고려하는 태도를 갖고 있고, 더불어 타인의 성공을 진정으로 원하기 때문이라고 주장한다. 자기 보상적 측면보다는 집단 응집력의 차원을 강조하는 것이다(손병노, 1996).

그러므로 사회적 응집이론에서는 협동학습의 사전 활동으로써 집단형성활동, 집단과정활동, 집단과정에 대한 평가활동을 매우 강조한다. 동시에 동기론이 중시하는 집단보상체제나 개별적 책무성의 보장에 대해 낮게 평가하거나 거부하기까지 한다. 대표적인 사회적 응집이론가인 Cohen(1986)은 다음과 같이 말한다.

> "만일 과제 자체가 도전적이고 흥미로운 것이라면, 또 만일 학생들이 집단과정에 필요한 충분한 기능들을 가지고 있다면, 그들은 집단 작업 과정 그 자체를 매우 보상적인 것으로 경험하게 될 것이다. 결코 학습자들은 그들 집단 산물에 공헌한 정도에 따라 등급매기거나 평가해서는 안 된다(pp. 69-70, 손병노, 1996에서 재인용)."

Sharan과 Sharan(1980)의 집단탐구모형이나 Aronson(1978)의 직소모형도 사회적 응집이론에 기초하고 있다. 이들은 학습자 개개인들이 집단 내에서 개별적인 역할을 맡는 협동학습모형을 채택하고 있다. 즉 과제중심 협동학습모형을 사용하는데 구성원들이 과제분담 또는 전문화를 통해 긍정적 상호의존성을 갖게 되고, 동료들을 가치롭게 여김으로써 서로를 도와주는 동기를 마련하는 것이다.

(3) 인지론

동기론은 목표구조의 변화가 학생의 학습동기에 영향을 미친다고 보는데 비하여, 인지론은 학생들이 소집단활동으로 상호작용을 하는 그 자체가 인지적 효과를 얻게 한다고 주장한다. 동기론은 크게 인지발달론(cognitive development theory)과 인지정교화론(cognitive elaboration theory)으로 나누어 볼 수 있다.

인지발달론에서는 협동학습에서 아동들의 상호작용이 그들의 지적 능력을 향상시킨다고 주장한다. 예를 들어 Vygotsky(1978)에 의하면 비슷한 또래 아동의 협동적 활동은 서로의 근접발달영역(혼자 문제를 해결할 수 있는 실제 발달 수준과 성인의 도움이나 보다 지적 수준이 높은 동료와의 협동에 의해 문제를 해결할 수 있는 잠재적 발달 수준과의 거리) 안에서 모델링을 통해 지적 능력이 향상된다고 하였다. 또한 Piaget(1926)도 사회-임의적 지식(언어, 가치, 규칙, 도덕성, 상징체제 등)들은 타인과의 상호작용 속에서 학습된다고 주장하였다. 이처럼 인지론자들은 학생들의 활발한 상호작용이 일어나는 협동학습은 학습내용에 대한 토론, 인지적 갈등의 생성, 부적합한 합리화에 대한 거부, 높은 수준의 개념 이해 등을 가능하게 함으로써 지적 발달 효과가 나타난다고 주장하였다(Slavin, 1987; 1990).

한편 인지정교화론은 어떤 정보를 암기하거나 이미 가지고 있는 정보와 관련시킬 때, 가장 효과적인 방법은 그 정보자료를 인지적으로 재조직하거나 정교화하여 자기 것으로 만드는 것이라고 주장한다. 예를 들어 강의내용을 단순히 기록하는 것보다는 자신이 이해한 바대로 요약해 보는 것이 훨씬 더 효과적이다. 또는 어떤 주어진 정보나 개념을 그냥 인지하기보다는 그것을 다른 사람에게 설명해 주는 경험을 할 때 더 그 내용을 잘 이해하고 오래 기억하게 된다는 것이다. 이러한 실험 결과들을 토대로 인지정교화론자들은 협동학습에 발생하는 동료 간의 교수활동이 협동학습의 인지적 효과를 높여주는데 핵심적 역할을 한다고 주장한다(Wittrock, 1978; Webb, 1985).

담하게 함으로써 모든 학습자들이 협동학습에 참여하게 하는 효과를 가져온다.

이러한 협동학습의 특징은 협동학습의 종류에 관계없이 구성원 사이의 상호작용을 최대화시키는 역할을 하며, 이런 특징이 많이 반영된 협동학습 모형이 더 좋은 효과를 나타낸다.

이처럼 구성원 사이의 상호작용을 최대화시키기 위해 과제분담(JIGSAW)과 보상(STAD, TGT)을 적극적으로 활용하는 것이 협동학습이다. 그리고 과제분담으로도 충분히 효과를 얻는다는 것이 인지이론이며, 그것으로는 부족하고 보상체제를 활용해야 효과가 있다는 것이 동기이론이다. 최근에는 보상이론이 경험적 연구결과를 토대로 지지를 받고 있다. 보상에는 크게 세 가지 방식이 있다. 첫째는 가장 기여도가 크거나 점수를 많이 얻은 학습자에게 최상의 보상을 해 주는 것으로 보편적으로 사용되는 형평 체제(equity system)이고, 둘째는 학습자의 기여도나 점수의 높고 낮음에 관계없이 참가상이나 기념품 지급 등 모든 학습자에게 동일한 보상을 주는 평등 체제(equality system)이며, 셋째는 학습자에게 차별적 보상을 하지만 학습자의 능력에 따라 보상하는 것이 아니고 학습자의 필요에 따라 보상하는 필요 체제(need system)이다(Johnson, Johnson, Holubec, & Roy, 1984). 이는 주로 아주 열등한 학습자에게 학습동기를 부여하기 위해 사용되는 경우가 많다. 이러한 3가지 보상 체제를 적절히 조화시켜 학습동기를 유발시키는데 성공하고 있는 대표적인 협동학습모형이 STAD와 TGT이다. STAD와 TGT는 협동학습모형 중에 가장 오래되고, 널리 사용되며, 간단해서 협동학습을 처음 시작하는 교사에게 가장 적합한 모형중의 하나로 알려져 있다(Slavin, 1978). 그 이유는 실제 수업에 적용하기 쉽게 간단한 절차를 가지고 있음에도 불구하고 이 모형의 특징이라고 할 수 있는 보상체제의 구조가 협동학습이 추구하는 활발한 동료 간의 상호작용과 학습동기를 촉진시켜주기 때문이다.

STAD와 TGT는 Johns Hopkins 대학에서 연구 개발된 STL(Student Team Learning) 프로그램 중의 하나이다. STL 프로그램의 기본적 아이디어는 학기를 마련하는 것이다.

(3) 인지론

동기론은 목표구조의 변화가 학생의 학습동기에 영향을 미친다고 보는데 비하여, 인지론은 학생들이 소집단활동으로 상호작용을 하는 그 자체가 인지적 효과를 얻게 한다고 주장한다. 동기론은 크게 인지발달론(cognitive development theory)과 인지정교화론(cognitive elaboration theory)으로 나누어 볼 수 있다.

인지발달론에서는 협동학습에서 아동들의 상호작용이 그들의 지적 능력을 향상시킨다고 주장한다. 예를 들어 Vygotsky(1978)에 의하면 비슷한 또래 아동의 협동적 활동은 서로의 근접발달영역(혼자 문제를 해결할 수 있는 실제 발달 수준과 성인의 도움이나 보다 지적 수준이 높은 동료와의 협동에 의해 문제를 해결할 수 있는 잠재적 발달 수준과의 거리) 안에서 모델링을 통해 지적 능력이 향상된다고 하였다. 또한 Piaget(1926)도 사회-임의적 지식(언어, 가치, 규칙, 도덕성, 상징체제 등)들은 타인과의 상호작용 속에서 학습된다고 주장하였다. 이처럼 인지론자들은 학생들의 활발한 상호작용이 일어나는 협동학습은 학습내용에 대한 토론, 인지적 갈등의 생성, 부적합한 합리화에 대한 거부, 높은 수준의 개념 이해 등을 가능하게 함으로써 지적 발달 효과가 나타난다고 주장하였다(Slavin, 1987; 1990).

한편 인지정교화론은 어떤 정보를 암기하거나 이미 가지고 있는 정보와 관련시킬 때, 가장 효과적인 방법은 그 정보자료를 인지적으로 재조직하거나 정교화하여 자기 것으로 만드는 것이라고 주장한다. 예를 들어 강의내용을 단순히 기록하는 것보다는 자신이 이해한 바대로 요약해 보는 것이 훨씬 더 효과적이다. 또는 어떤 주어진 정보나 개념을 그냥 인지하기보다는 그것을 다른 사람에게 설명해 주는 경험을 할 때 더 그 내용을 잘 이해하고 오래 기억하게 된다는 것이다. 이러한 실험 결과들을 토대로 인지정교화론자들은 협동학습에 발생하는 동료 간의 교수활동이 협동학습의 인지적 효과를 높여주는데 핵심적 역할을 한다고 주장한다(Wittrock, 1978; Webb, 1985).

(4) 연습이론

연습이론은 아직 정교한 이론의 모습을 보이지는 않지만 기존의 이론이 설명하지 못하는 부분을 설명하고 있기 때문에 주목받는다. 연습이론은 협동학습이 다른 학습구조에 비해 학습 대상을 연습하고 숙달할 수 있는 기회가 많이 주어지기 때문에 학습효과가 높다고 주장한다. 직접교수이론가들이 이런 입장에 서 있으며, 특히 Rosenshine과 Stevens(1986)은 단순 기능이나 많은 기억 용량을 요구하는 정보의 습득에서 협동학습이 효과가 있을 때 그 이유를 협동학습의 연습효과에서 찾는다. 특히 집단보상이나 개별적 책무성이 포함되지 않은 상태에서 협동학습이 단순 정보의 습득에 긍정적 효과를 보인 것은 바로 연습효과 때문이라고 주장한다(손병노, 1996).

2) 특 징

협동학습이론은 소집단 구성원 간의 긍정적 상호작용을 최대화해서 인지적 발달을 도모하는 것을 특징으로 하고 있다. 다양한 협동학습모형들은 각기 독특한 구조를 가지고 있으나 전술한 바와 같이 긍정적 상호작용을 유도할 수 있는 다음과 같은 공통적인 특징들을 가지고 있다(Slavin, 1989; Stahl, 1994).

첫째는 수업의 목표가 구체적이고 각 아동은 목표 인식도가 높다. 각 아동은 자신이 활동해서 얻어야 할 수업 목표를 분명히 제시받고 그 목표를 달성하기 위해 구체적 활동을 한다.

둘째는 아동은 긍정적 상호의존성(positive interdependence)이 있다. 전술한 바와 같이 협동 학습은 구조적으로 동료들끼리 서로 도와주어야 만이 자신의 목적을 달성할 수 있기 때문에 서로 긍정적으로 의존하고 있다.

셋째는 대면적 상호작용(face-to-face interaction)이 있다. 협동 학습에서는 3인치 목소리를 강조한다. 즉 3인치의 거리에서 말하고 들을 수 있을 정도의 낮은 소리로 서로 얼굴을 맞대고 의사소통을 하라는 것이다. 이것은 소집단 구성원 사이에 물리적으로만 아니라 심리적으로도 공동 과제의 성취를 위해 밀접한 상호작용을 유도해야 함을 의미한다.

넷째는 개별적 책무성(individual accountability)이 있다. 협동학습에서 집단 구성원 개개인은 다른 구성원에 대해 개인적인 의무와 책임을 가지고 있다. 개별적 책무성은 개인이 얻은 점수를 집단점수에 반영하는 방식과 집단이 수행해야 할 학습과제를 분업화 하는 두 가지 방식이 주로 사용된다.

다섯째는 집단목표(집단보상)가 있다. 협동학습에서는 개인의 목표달성이 각 집단의 공동목표 달성 여부에 달려 있으므로 구성원들이 집단의 목표 달성을 위해 동료들을 도와 주고 도움을 받으려 하는 등 활발한 긍정적 상호작용을 하게 된다.

여섯째는 이질적인 팀구성을 특징으로 한다. 동료 간의 상호작용을 활발하게 하기 위해서는 한 팀을 이루는 구성원의 질이 다양해야 한다. 인지적 능력의 차이, 남녀의 차이, 문화적 배경의 차이가 많을수록 다양한 관점, 다양한 생각을 가지고 있기 때문에 활발한 토론 등 상호작용이 극대화되며 이는 인지적으로나 정의적으로 아동을 성장을 촉진시키는 조건이 된다.

일곱째는 집단과정(group process)을 매우 중시한다. 한 수업이 끝났거나, 하루의 일과가 끝났거나 며칠에 걸친 한 과제가 끝났을 때 반드시 소집단들은 자신들의 활동을 반성하는 시간을 갖게 한다. 이러한 기회의 제공은 학생들 개인적으로는 사회적 기능을 발전시키고, 집단적으로는 보다 효율적인 소집단 활동이 가능하게 한다.

여덟째는 충분한 학습 시간을 제공한다. 기존의 정해진 수업 시간에 얽매이지 않고 충분한 학습 시간을 부여한다.

아홉째는 성공기회가 균등하다는 점이다. 집단구성원 개개인의 기본적 능력에 관계없이 구성원 누구나 집단의 성공에 기여할 수 있는 기회가 주어져 있다.

열번째는 소집단의 단합을 강조한다. 이를 위해 팀경쟁을 도입하는 경우가 많다. 소집단 간에 경쟁을 도입함으로써 구성원들의 결속을 다지고 소집단 구성원들의 학습동기를 촉진시키는 것이다.

열한번째는 '과제의 세분화'이다. 소집단 내의 각 구성원들이 과제를 분담하게 함으로써 모든 학습자들이 협동학습에 참여하게 하는 효과를 가져온다.

이러한 협동학습의 특징은 협동학습의 종류에 관계없이 구성원 사이의 상호작용을 최대화시키는 역할을 하며, 이런 특징이 많이 반영된 협동학습 모형이 더 좋은 효과를 나타낸다.

이처럼 구성원 사이의 상호작용을 최대화시키기 위해 과제분담(JIGSAW)과 보상(STAD, TGT)을 적극적으로 활용하는 것이 협동학습이다. 그리고 과제분담으로도 충분히 효과를 얻는다는 것이 인지이론이며, 그것으로는 부족하고 보상체제를 활용해야 효과가 있다는 것이 동기이론이다. 최근에는 보상이론이 경험적 연구결과를 토대로 지지를 받고 있다. 보상에는 크게 세 가지 방식이 있다. 첫째는 가장 기여도가 크거나 점수를 많이 얻은 학습자에게 최상의 보상을 해 주는 것으로 보편적으로 사용되는 형평 체제(equity system)이고, 둘째는 학습자의 기여도나 점수의 높고 낮음에 관계없이 참가상이나 기념품 지급 등 모든 학습자에게 동일한 보상을 주는 평등 체제(equality system)이며, 셋째는 학습자에게 차별적 보상을 하지만 학습자의 능력에 따라 보상하는 것이 아니고 학습자의 필요에 따라 보상하는 필요 체제(need system)이다(Johnson, Johnson, Holubec, & Roy, 1984). 이는 주로 아주 열등한 학습자에게 학습동기를 부여하기 위해 사용되는 경우가 많다. 이러한 3가지 보상 체제를 적절히 조화시켜 학습동기를 유발시키는데 성공하고 있는 대표적인 협동학습모형이 STAD와 TGT이다. STAD와 TGT는 협동학습모형 중에 가장 오래되고, 널리 사용되며, 간단해서 협동학습을 처음 시작하는 교사에게 가장 적합한 모형중의 하나로 알려져 있다(Slavin, 1978). 그 이유는 실제 수업에 적용하기 쉽게 간단한 절차를 가지고 있음에도 불구하고 이 모형의 특징이라고 할 수 있는 보상체제의 구조가 협동학습이 추구하는 활발한 동료 간의 상호작용과 학습동기를 촉진시켜주기 때문이다.

STAD와 TGT는 Johns Hopkins 대학에서 연구 개발된 STL(Student Team Learning) 프로그램 중의 하나이다. STL 프로그램의 기본적 아이디어는 학생들이 함께 학습하고, 자신뿐만 아니라 서로의 학습에 책임을 지게하며, 모든 소집단 구성원이 주어진 학습목표를 달성함으로써 얻을 수 있는 소집단 목표(소집단의 성공)를 강조하는 특징을 가지고 있다. 여기서 소집단 목표의 달성, 즉 소집단의 성공은 소집단 보상을 받는 것을 의미한다. STL은 이러한 소집단 목표를 포함하여 3가지 본질적 특성을 가지고 있다(Slavin, 1989).

- 전술한 대로 소집단은 주어진 기준 이상의 소집단 성적을 거두었을 때 소집단 보상을 받게 된다. 그러므로 개인 보상은 없다.
- 개인적 책무성인데, 이는 소집단의 성공이 구성원 각 개인에게 달려 있고, 동료 간의 교수활동에 의한 서로의 도움이 없이는 소집단이 성공할 수 없겠금 구조화되어 있다.
- 성공기회의 균등이다. 소집단 성적은 구성원들의 향상점수에 의해 계산된다. 향상점수란 각 개인이 이전에 얻은 점수(기본점수)에 비해 본 차시의 수업후 얻은 점수가 얼마나 향상되었는가를 기준으로 소집단 점수를 환산하기 때문에 구성원 개인이 가지고 있는 기본적 학업능력에 관계없이 누구나 노력에 의한 성적 향상을 통해 소집단의 성공에 기여할 수 있다는 점이다.

STAD는 교사에 의한 교수(class presentation), 소집단(teams), 퀴즈(quizzes), 개인 향상점수(individual improvement scores), 소집단 보상(team recognition)의 5가지 요소로 구성된다. 이러한 구성요소는 곧 수업 절차와 관련되어 있으므로 설명의 중복을 피하기 위해 수업 절차에서 자세히 설명하기로 한다.

TGT도 STAD와 거의 비슷한 절차를 가지고 있지만 두 가지 점에서 차이가 있다. 하나는 STAD가 개인적인 퀴즈를 대비해서 학습하는 반면에 TGT는 후술하겠지만 토너먼트 게임에서 좋은 성적을 얻기 위해 학습을 한다는 점이고 다른 하나는 STAD에서는 향상점수로 학습동기를 강화시키지만 TGT는 게임에서 얻은 점수로 학습동기를 강화시킨다는 점이다. 그리고 TGT의 중요한 특징은 매주 토너먼트 성적에 의해서 선수로 출전하는 테이블이 바뀐다는 점이다. 즉 그 주에 좋은 성적을 얻은 구성원은 다음 주에 더 높은 경쟁자들이 모이는 상위의 테이블 선수로 나가게 되고, 반대로 좋지 않은 성적을 얻은 구성원은 자신이 출전했던 테이블보다 하위의 테이블에 출전하게 된다. 이것은 STAD에서 학습 능력에 관계없이 열심히 학습한 학습자는 향상점수를 통해 자신의 소집단에 기여하고, 자신의 성취욕을 얻는 것과 마찬가지로, TGT의 학습자들도 자신과 비슷한 능력의 경쟁자와 게임을 하게 되므로 자신의 팀에 공헌할 수 있는 동등한 기회를 갖게 되는 셈이다.

또한 TGT는 지루하기 쉬운 학습을 게임의 형식으로 진행하므로 학습자들에게 굉장한 흥미를 가지게 한다. 반면에 다른 협동 학습 방법과는 달리 게임에 상대적으로 많은 시간을 보내기 때문에 협동 학습 활동 시간이 줄어드는 단점은 있다. 그러나 게임에서 승리하기 위해 더욱 구성원들끼리 준비하는 학습의 농도는 더 진하다고 볼 수 있다.

3) 효 과

STAD와 TGT협동학습은 다음과 같은 장점을 가지고 있다.

첫째 재미없는 학습내용이라 하더라도 퀴즈시합과 같은 형태로 진행되기 때문에 아동의 학습 주의력을 끌 수 있고, 매우 흥미있게 수업을 진행할 수 있다. 뿐만아니라 한학기 또는 1년 동안 계속 진행되기 때문에 오랜 동안 학습주의력을 끌 수 있다.

둘째 아동이 수업 중에도 신체를 많이 움직일 수 있게 한다. 신체적으로 급격히 성장하고 있는 아동들이 오랜 시간을 가만히 앉아 있는다는 것은 불가능한 일일 뿐만 아니라 매우 고통스러운 일이다. 협동학습의 목적이 아동의 신체 활동을 자유스럽게 하려는데 있는 것은 아니지만 협동학습에서의 활발한 활동들은 간접적으로 이러한 욕구를 해소해 준다. 그리고 이러한 결과는 또 간접적으로 아동에게 학습 동기를 높여주는 원인이 될 수도 있다.

셋째 타인을 배려하는 태도를 길러 준다. 이 모형들은 구성원 모두가 일종의 자기 팀의 대표선수이기 때문에 서로를 도와주려고 한다. 즉 기본적으로 동료들에게 서로 의존하지 않을 수 없는 학습 구조를 가지고 있고, 자연스럽게 활발한 사회적 상호작용을 통해 사회적 기능들을 습득하고, 동료의 목소리에 귀를 기울이고 서로 도와주려는 습관을 가지게 된다. 이러한 경험은 결국 타인을 배려하는 태도와 행동을 익히게 한다.

넷째 문제를 해결하거나 의사결정하는 능력을 길러 준다. 팀이 좋은 성적을 거두기 위해서 자신들의 장점과 약점을 살리려는 노력을 하게 되며 그러한 가운데 자신들의 문제를 사사회적으로 해결하는 경험과 능력을 얻는다.

다섯째 아동에게 많은 사회적 상호작용을 경험하게 한다. 협동학습은 활발한 상호작용을 통하여 아동이 원만한 대인 관계를 맺게 하고 여러 동료들을 경험함으로써 사고의 폭과 경험의 폭을 넓혀 주어 건전한 인격을 형성하게 한다. 아울러 똑같은 공부를 하면서도 협동학습에서는 주어진 과제와 관련된 부수적인 이야기꺼리들도 함께 나눌 수 있기 때문에 혼자 공부하는 것보다 더욱 재미있게 학습을 할 수 있다.

여섯째 어느 협동학습보다도 성공기회가 균등하기 때문에 공부를 잘하는 아동과 못 하는 아동이 최선을 다해서 노력을 하게 된다. 그리고 학습능력으로 인한 서로에 대한 비난을 하는 경우는 없어진다.

일곱째 아동에게 긍정적 자아개념을 가지게 한다. 협동학습은 경쟁학습 구조에서와 같이 동료들을 경쟁 상대가 아니라 그가 없으면 해결할 수 없는 함께 과제를 해결하는 동반자이기 때문에 개개인이 가진 약점보다는 장점을 받아드리는 경험을 한다. 따라서 협동학습에서 학생들은 긍정적 자아개념을 가지게 된다. 자아개념이 점점 발달하는 아동에게 매우 중요한 경험이다.

여덟째 아동에게 소속감을 심어준다. 모든 인간에게는 어떤 집단에 소속하고자 하는 본능이 있다. 특히 부모나 가족의 품을 벗어나 사회적으로 인정받기를 원하는 시기에 있는 아동에게 또래 집단은 매우 중요한 소속 집

- 이 단계에서 너무 긴 시간을 할애하지 않는다.

(2) 소집단 학습(team study)

STAD에서 소집단 구성원 수는 보통 4~6명으로 구성한다. 이때 소집단 구성원은 성(sex), 성적, 성격 등을 고려하여 최대한 이질적으로 구성한다. 소집단이 구성되면 소집단 구성원 각자의 역할분담을 정하도록 한다. 각자의 역할은 수업내용에 따라, 구성원의 특징에 따라 다르지만 최소한 소집단 리더는 선출해서 소집단 활동의 진행을 순조롭게 할 수 있어야 한다. 그 외에 기록담당, 자료담당 등의 역할들을 협의해서 분담한다. 소집단이 구성되었으면 소집단 활동의 규칙을 교사가 게시판이나 흑판에 게시한다. STAD의 소집단 활동의 최소한의 규칙은 다음과 같지만 교사가 소집단 활동을 격려하기 위해 나름대로 여러 가지 규칙을 더 제시할 수도 있다.

- 각자는 자기 소집단의 구성원들이 주어진 과제를 해결하는데 책임을 져야 한다.
- 모든 구성원이 과제를 다 해결할 때까지 소집단 활동을 끝내어서는 안 된다.
- 과제가 어려워서 해결되지 않을 경우, 소집단 내에서 최대한 해결을 위해 노력하고, 도저히 해결되지 않을 때에만 교사에게 질문한다. 이때에는 소집단 구성원 모두가 함께 손을 들어 표시한다.
- 소집단 활동은 다른 소집단을 방해하지 말아야 한다. 10인치 목소리, 즉 낮은 목소리로 토론할 것을 요구한다.

소집단 활동을 하기 전, 교사는 각 소집단에게 2장의 학습과제지와 2장의 정답지를 나누어 준다. 학습과제지를 4장을 주지 않고 2장만 주는 이유는 4장을 줄 경우 각자 개별적으로 학습활동을 할 가능성이 있기 때문이다. 2장을 주게 되면 대개 짝을 지어서 학습하게 된다. 또 다른 방법은 학습과제지를 1장만 주고, 한 학습자가 과제를 읽고 모두 그 과제를 해결한 다음에 구성원 모두가 똑같은 답을 얻었는지 확인한 다음, 답을 기록한다. 만약 얻은 답이 다르다면 토론을 통해 모두 통일된 답을 얻어야 한다. 그런 후 다음 과제를 또 다른 학습자가 읽고 같은 방식으로 과제를 모두 해결한 후에 교사로부터 정답지를 얻어 결과를 확인하고, 왜 정답이 맞았는지 또는 틀렸는지를 서로 토론하여 과제를 익힌다.

소집단 활동이 끝난 후 교사는 각 소집단 구성원에게 이번 소집단 활동을 반성하고 다음 활동에서 우리 소집단에 필요한 것이 무엇인지, 그리고 각자가 소집단의 성공을 위해 해야 할 일이 무엇인지를 한 가지씩 적게 하여 소집단 활동의 개선을 도모할 수 있다.

(3) 평가(test)

단원수업이 끝나고 적절한 준비시간을 준 뒤에 개인별로 퀴즈를 치르게 된다. 평가 시간은 충분히 할애해 주는 것이 좋다. 퀴즈는 소집단 구성원끼리 서로 도와줄 수 없다. 퀴즈를 치른 후에는 짝과 답안지를 서로 교환하여 채점을 한 다음, 다시 교사가 회수한다. STAD 모형의 가장 독특한 특징은 점수 계산에 있다. 일단 퀴즈를 치른 것으로 수업은 끝나지만 교사는 그 퀴즈점수를 수합해서 소집단점수를 계산한다. 소집단점수는 그 구성원의 향상점수의 산술평균이 된다. 즉 각 구성원은 이전에 치른 퀴즈점수의 평균인 기본점수를 가지고 있다. 기본점수는 이전에 치른 여러번의 퀴즈점수의 평균을 말한다. 만약 STAD를 처음 하는 경우에도 각 학생의 과거 성적점수 등을 기준으로 하여 기본점수를 설정하면 된다. 이 기본점수에 대해서 이번 수업의 퀴즈점수가 어느 정도 향상되었는가에 따라 부여되는 점수가 각 개인의 향상점수이다. 그리고 소집단점수는 바로 개인의 향상점수의 총합에 소집단 구성원수를 나눈 것이다.

소집단점수가 향상점수에 의해 계산되고, 향상점수의 기준이 어떠한지에 대해 학습자들에게 사전에 충분히 알려주어야 한다. 향상점수의 기준은 교사가 상황에 따라 얼마든지 변경할 수 있다. 그러나 가능한 대부분 학습자가 향상점수는 얻을 수 있도록 후하게 기준을 만드는 것이 학습동기를 높이는데 도움이 된다.

교사는 퀴즈점수를 곧 기본점수와 합한 평균을 내어 다음의 기본점수로 활용하도록 미리 준비해 두는 것이 좋다. 물론 퀴즈점수를 그대로 다음의 기본점수로 활용할 수 있으나 이는 너무 기복이 심할 가능성이 있으므로 기존의 누적된 기본점수와 퀴즈점수를 합한 것의 평균이 그 학습자의 능력을 정확히 나타낼 뿐만 아니라 향상점수를 한꺼번에 많이 얻기 위해 허위로 답안을 작성하는 행위를 막을 수도 있다.

이러한 점수체제는 과거의 최저점수에서 그 점수를 넘어서려는 노력을 유도하게 한다. 이는 모든 학습자가 보상의 기회를 동일하게 갖게 됨을 의미할 뿐만 아니라 타인과의 경쟁이 아니라 자신과의 경쟁을 하게 함으로써 인지적으로나 정의적으로 긍정적 효과를 얻게 하는 체제이다(Slavin, 1988).

(4) 소집단 점수의 게시와 보상(team recognition)

한 단원의 수업이 끝났을 때 최대한 빨리 점수를 발표하는 것이 효과적이다. 교사는 두 가지 방식으로 보상을 주게 되는데 하나는 소집단에 대한 보상이고, 또 하나는 소집단 점수를 게시판에 공고하는 일이다. 소집단에 대한 시상은 보통 일정 기준을 넘은 소집단에게는 칭호를 주거나, 칭찬을 해 주거나, 스티커를 주는 등의 방법을 사용한다. 가능한 많은 소집단을 시상하는 것이 바람직하다. 예를 들면, 소집단 점수가 25점 이상이면 '으뜸조', 20점 이상이면 '버금조', 15점 이상이면 '장려조' 등의 칭호를 줄 수 있다. 소집단 칭호는 그때마다 아이들이 좋아하는 표현으로 다양하게 교사가 정해 줄 수 있으며, 점수기준도 교사가 적당히 정해서 소집단 간의 경쟁을 유도하되, 절대평가를 하는 것이 바람직하다.

이러한 시상과 칭찬 외에도 게시판이나 학급신문 등을 이용해서 대개 일주일 단위로 게시판에 퀴즈 결과와 우수한 소집단에 대한 내용을 공고할 수 있다. 뿐만 아니라 공고문에는 각 소집단의 활약상과 수업에 대한 반성과 여러 가지 조언이나 칭찬을 곁들일 수도 있다.

표 19-3 퀴즈점수 기록지

단 원		우리의 경제생활		
성 명	조이름	기본점수	퀴즈점수	향상점수
김 기 수	작은 거인	90	100	30
박 희 영	덜렁이	90	100	30
정 동 근	고양이	90	82	10
은 예 순	체인지업	85	74	10
강 오 감	라이벌	85	98	30
손 길 남	회전목마	85	82	10
남 경 숙	펜티엄	80	67	0
최 영 한	파워	80	91	30
배 무 길	곰돌이	75	79	20
신 지 영	길조	75	76	20
구 차 일	작은 거인	70	91	30
송 인 숙	덜렁이	65	82	30

2) TGT

TGT는 STAD와 마찬가지로 학습 목표, 수업 준비, 학습 내용 개요 제시, 소집단 활동까지는 절차가 같다. 소집단 활동을 통해 게임에 임할 준비가 다 되었으면 TGT의 가장 독특한 특징인 토너먼트 게임에 들어가게 된다 (Slavin, 1986; Priest & Stahl, 1994).

(1) 교사의 수업 안내(class presentation of the lesson)

이 단계는 STAD와 똑같다.

(2) 소집단 학습(team study)

이 단계도 STAD와 같다.

(3) 토너먼트 게임(tournaments game)

게임을 위한 교사의 준비

- 문제 카드 및 정답지를 준비한다. 교사는 학습자들이 배운 단원의 범위 내에서 학습 목표에 관련된 퀴즈 문제들을 준비하여야 한다. 보통 4명이 한 테이블에서 게임을 하게 되므로 4의 배수에 해당되는 수만큼 문제를 만들어야 한다. 예를 들어 24개의 문제를 만들었다면 24개의 카드(카드의 크기는 트럼프 카드의 정도면 적당하다)에 앞면은 1번에서 24번까지의 번호를 적고, 뒷면에 문제를 적어서 준비한다. 그리고 그에 해당하는 정답지도 만드는데 이것은 필요한 문제의 답만 들춰 볼 수 있도록 포스트잇과 같은 것으로 가려놓아야 한다. 카드의 앞면에는 번호를 적어도 좋지만 다양한 그림이 있는 카드를 사용해도 관계없다. 또한 카드와 문제를 분리해서 준비해도 관계없다. 예를 들어 번호가 적힌 작은 카드를 사용하여 뒷면에 문제를 적을 공간이 적다면, 별도의 용지에 준비한 카드 수만큼 문제를 만들어 따로 사용해도 된다. 그리고 문제의 수는 4의 배수로 24, 28, 32 문제 등, 단원 내용이나 수업 시간 등을 고려해 조정할 수 있으나 가능한 많은 문제를 출제하는 것이 바람직하다. 만약 3명씩 테이블 게임을 한다면 3의 배수에 해당되는 문제카드를 제공해야 할 것이다. 또한 정해진 시간보다 빨리 게임이 끝난 테이블을 위하여 또 한 묶음의 문제 카드를 만들어 놓는 것이 바람직하다. 즉 테이블마다 게임 진행 속도의 차이가 있기 마련이고, 어떤 테이블은 아직 12문제밖에 진행되지 않았는데 다른 테이블은 게임이 끝나버릴 수도 있기 때문이다. 게임이 끝난 테이블의 학습자들은 다른 테이블의 학습자들이 게임을 끝낼 때까지 기다려야 하고, 교사가 이들을 통제하는 데에도 신경을 써야 하기 때문이다. 학습자들은 높은 점수를 얻고자 게임을 계속하기를 바라기 때문에 문제 수가 많아도 불평하지는 않는다.
- 각종 기록 카드를 준비한다. 우선 각 토너먼트 테이블에는 4명의 학습

자가 게임을 하게 된다면 각 테이블마다 게임의 결과를 기입할 <표 19-4>와 같은 테이블 기록표를 준비한다. <표 19-5>와 같은 소집단별 성적을 볼 수 있는 소집단별 기록표도 준비한다. 교사는 STAD에서와 같이 전체 소집단과 학생들의 성적을 일목 요연하게 게시판에 게시하고 격려하는 것이 좋다.

- 각 토너먼트 게임의 성적에 따른 점수기준도 <표 19-6>과 같이 미리 제시해 주어야 한다. 특히 동점이 나왔을 때나 게임에 참가한 인원수의 차이를 대비한 점수 기준도 마련해 주어야 한다. 예를 들어 어떤 테이블은 3명이 게임을 하게 되고, 어떤 테이블은 5명이 게임을 하게 된다. 지면관계상 <표 19-6>에는 제시되지 않았지만 이때의 기준도 별도로 미리 제시해 주어야 하는데, 이런 경우는 학습자들에게 공정하다고 생각되는 기준을 교사가 나름대로 정해서 제시해 주면 된다.
- 게임의 방법
- 우선 한 토너먼트 게임 테이블에 4명의 학생이 게임을 할 수 있게 하기 위해서는 학급 학생수와 소집단의 수를 잘 조절해야 한다. 만약 한 학급의 학생수가 48명이고, 4명씩 12개의 소집단으로 구성되어 있다면 1-4조는 1부리그, 5-8조는 2부리그, 9-12조는 3부리그로 나누어 운영하면 될 것이다. 그렇게 되면 게임을 하게 되는 테이블이 모두 12개가 된다. 그러므로 교사는 12묶음의 문제 카드, 정답지, 테이블 기록표를 준비해야 한다. 만약 출제한 문제가 그렇게 많지 않다면 한 테이블에 3명이 게임을 할 수 있게 해서 가능한 문제를 풀 수 있는 기회를 많이 주는 방향으로 진행할 수도 있다. 이때는 1-3조가 1부리그, 4-6조가 2부리그, 7-9조가 3부리그, 10-12조가 4부리그가 될 것이다. 그 외의 학생수의 차이로 인해 발생하는 문제들은 교사가 적절히 융통성을 발휘해서 운영하면 된다.
- 각 조는 STAD의 경우와 같이 이전의 학력 점수 등에 따른 학습능력별로 상위, 중간, 중간, 하위의 학생으로 구성되어 있다. 각 구성원은 자신의 학습 능력에 따라 다른 조의 같은 학습 능력을 가진 학생과 게

임을 하게 된다. 즉 1부리그의 예를 든다면 1조의 상위, 2조의 상위, 3조의 상위, 4조의 상위 학생이 한 테이블에 만나서 게임을 하고, 또 각조의 하위 학생 4명이 한 테이블에서 게임을 하게 되는 것이다. 이렇게 함으로써 모든 구성원은 동등한 조건에서 게임에 임할 수 있고, 여기서 얻은 성적에 따라 다음 게임에는 상위 테이블에 출전할 수도 있고, 팀에 기여할 동등한 기회를 갖게 된다.

- 4명의 학습자들이 토너먼트 테이블에 둘러 앉으면 테이블 위에는 교사가 준비해둔 문제 카드 묶음(카드 번호가 적혀 있는 면을 위로 하여)이 섞어져 있고, 정답지는 가려진 상태로 놓여있고, 또한 테이블 기록표가 놓여져 있다. 누가 먼저 문제를 풀 것인지 '선(先)'을 정하면(문제카드가 4의 배수이므로 먼저 하는 것에 대한 특혜가 없다. 그러므로 가위 바위 보로 먼저 할 사람을 정하든지, 아니면 눈을 감고 각각 카드를 뽑아서 카드에 적힌 수가 가장 낮은 학생을 '선'으로 정하는 등의 방법을 사용하면 된다), 오른쪽으로 1번 도전자, 2번 도전자, 3번 도전자가 된다. '선'이 결정되면 '선'은 임의의 카드를 선택하고 그 카드를 뒤집어서 카드 뒤에 있는 문제를 다른 학생들이 들을 수 있도록 읽는다. 물론 다른 학생들 모두가 문제를 정확히 이해할 수 있도록 공개한다. '선'의 권한은 자신이 선택한 문제의 답을 먼저 말할 수 있고, 틀려도 감점이 없다는 점에 있다. '선'이 생각한 답을 말한 다음, 1번 도전자부터 자신이 생각을 표현할 수 있는 기회가 주어진다. 즉 앞에서 말한 것이 정답이라 생각되거나 잘 모르겠으면 '통과'를 외치고, 틀렸다고 생각되면 '찬스'를 외치고 자신이 생각하는 답을 말하면 된다. 그러나 도전자들이 말한 답이 틀렸을 때는 1점의 감점을 당하게 된다. 2번, 3번 도전자는 '선'에서부터 앞의 도전자들 중 누구 하나가 정답을 말했다고 생각되거나 잘 모르면 '통과'를 외치고, 만약 아직 정답이 나오지 않았다고 생각하면 그 때 '찬스'를 외치고, 자신이 생각한 답을 말하면 된다. 이렇게 해서 마지만 도전자 즉 3번 도전자가 정답을 확인하는 역할과 결과를 기록하는 역할을 맞는다. 이렇게 한 라운드가 끝나면 1번 도전자가 새로운 리더가 되고,

오른쪽으로 역할이 하나씩 옮겨지게 된다.

- 교사가 마치기 10분쯤 전에 게임의 종료를 알리면 게임이 끝나는데, 이때 4명의 학생이 동등한 횟수만큼 '선'의 역할을 하지 못한 테이블은 그렇게 될 때까지 기다려 준다. 게임의 종료를 알리기 전에 주어진 문제 카드를 다 사용한 테이블이 있으면, 준비해둔 다른 문제 카드 묶음을 제공한다. 예비 문제 카드를 준비해 놓지 않으면 그 테이블의 학생들을 통제하기가 힘들므로 반드시 준비해 두는 것이 좋다. 게임이 끝나면 테이블 기록표에 결과를 기록 한 후 교사에게 제출한다.

그림 19-2

TGT 게임 방법

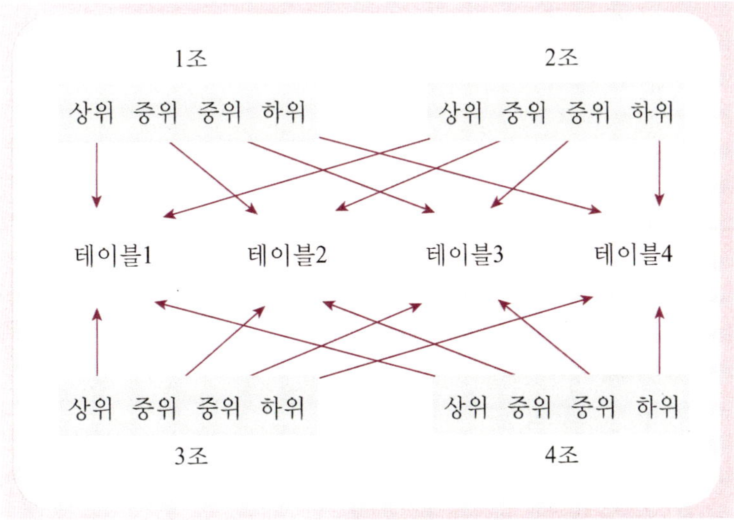

(4) 소집단 점수의 게시와 보상(team recognition)

교사는 테이블 기록표에서 나타난 순위에 따라 <표 19-4>과 같은 기준에 의해 점수를 부여하고, 소집단 성적을 산출한다. 소집단 성적을 산출하는 데에는 시간이 걸리므로 그 결과는 대부분 다음 수업을 시작하기 전에 발표하면 된다. 그리고 각 테이블에서 1위를 한 학습자는 다음 게임에서는 한 단계 오른 테이블에 임하게 되고(예를 들어 하위였다면 중위로), 2, 3위를 한 학습자는 현상유지, 하위에 머무른 학습자는 한단계 내린 테이블에 임하게 한다. 물론 한 조의 모든 학습자가 각 테이블에서 1위를 할 수도 있고, 모두 4위를 할 수도 있다. 그러나 기본 정신은 각 게임에서의 성적을 다음 게임에 진출할 때 반영한다는 것이다.

표 19-4 TGT 테이블 게임 기록표

단 원: 계절의 변화

테이블 번호: ________

이 름	조 이 름	게임 1	게임 2	합 계	TGT점수
김 연 기	꿈 틀 이	6		6	30
이 철 기	뺑 이 요	12		12	60
홍 리 나	가자 월드컵	9		9	40
김 미 연	사 이 버	3		3	20

표 19-5 TGT 팀별 기록표

팀이름: 꿈틀이

이 름	1 회	2 회	3 회	4 회	5 회	6 회	7 회	8 회
김연기	40	60	20	30				
이철기	40	30	60	60				
홍리나	40	30	40	40				
김미연	50	30	10	20				
팀점수	170	150	130	210				
팀평균	43	38	33	53				
순위	2	4	4	2				
누적점수	170	320	450	660				
누적순위	2	3	4	3				
보상	장려팀			버금팀				

- 처음 이런 수업을 시도할 때는 학습자들이 열등감 내지는 우월감을 가질 수 있으나 여러 번 게임을 하게 되면 1위도 하고, 4위도 하게 되고,

소집단에 가장 큰 공헌도 하게 되고, 소집단에 손해를 끼치기도 한다. 그러므로 학습자들은 다양한 정서적 경험을 하게 되고, 어떤 학습자도 수업에서 소외되지 않고, 소집단의 성적을 위해 열심히 협동 학습을 하게 된다.

표 19-6 TGT 점수 기준표(4명이 게임할 경우)

순위	동점자 없음	1위 2명	2위 2명	3위 2명	1위 3명	2위 3명	모두 동점	1위 2명, 2위 2명
1 위	60	50	60	60	50	60	40	50
2 위	40	50	40	40	50	30	40	50
3 위	30	30	40	30	50	30	40	30
4 위	20	20	20	30	20	30	40	30

3 유의점

STAD와 TGT는 보상 중심 협동학습의 대표적 모형이다. 수업 절차가 특별하기보다는 보상 방식이 특별한 수업모형이다. 그러므로 모든 교과와 모든 학년에 다 적용이 가능하다. 그러나 퀴즈 문제를 많이 출제해야 하므로 문제를 많이 만들 수 있는 교과가 적용하기 편리하다. 또한 교과 내용이 재미가 없거나 수업 내용이 재미없을 때, 또 아동이 흥미를 느끼지 못할 때 사용하기를 권장하는 모형이다. 왜냐하면 수업이 게임처럼 느껴지기 때문에 아동들이 매우 좋아하는 수업모형이기 때문이다. 그리고 이 모형은 한두 번의 수업으로 끝나는 것이 아니라 장기간 계속 점수 관리를 해야 하기 때문에 한 학기 단위로 계속 실시하여야 한다. 물론 모든 교과를 다할 필요는 없다. 처음에는 한두 교과를 정해서 적용하는 것이 좋고, 자주 퀴즈시험을 치면 그것을 평가하고 관리하기 힘들므로 일주일에 한 번 또는 몇 차시 한 후에 한 번씩 퀴즈시험을 치는 방법을 권장한다.

2 전략에 대한 구체적인 시범

- 전략을 이해할 수 있도록 구체적인 예를 사용하여 시범을 보인다.
- 예는 전략을 가장 잘 보여줄 수 있는 전형적인 것으로 정해야 한다.

이 교사는 문단을 묶는 방법을 설명한 후에 20개의 문단 중에서 서로 관련 있는 것을 골라 직접 시범을 보여주기로 하였다. 즉 자음 하나하나에 대하여 설명하는 것은 서로 대등하면서 '자음'이라는 항목으로 묶을 수 있기 때문에 하나의 문단으로 정리할 수 있다는 것을 주어진 글을 가지고 시범을 보여주었다. 또한 한글의 우수성에 대한 글 속에는 한글이 과학적이라는 내용, 한글은 사람의 소리를 정확하게 기록할 수 있다는 내용 등이 포함될 수 있다는 것을 보여주었다. 20개의 문단을 전체적으로 7개로 정리해야 하는데, 이 교사는 그중 2 가지만을 예로 보여주었다. 이 과정을 통해 학생들은 대등한 것과 종속적인 것이 무엇이고, 그것을 어떻게 묶을 것인지 구조를 파악하게 되었다.

3 교사의 질문과 학생의 대답 및 구조화된 연습

- 교사가 설명한 전략을 학생들이 잘 기억하고, 이해하고 있는지 질문한다. 이때 학생들이 80% 정도 이해하기 전까지는 다음 단계로 넘어가지 않는다.
- 학생들이 전략을 이해했다고 판단되면, 전략을 적용하기 쉬운 것부터 단계적으로 학습하도록 학습을 구조화하여 연습시킨다. 이때 교사는 적절한 피드백을 제공하고, 긍정적인 강화를 통해 학생의 동기를 자극하고, 학습을 촉진한다.

이 교사는 학생들에게 문단을 묶는 방법이 무엇인지 구체적인 방법을 질문하였다. 학생들 중에서 몇 명을 지명하여 방법을 이해하고 있는지 확인한 결과 약 80% 이상이 이해하고 있었다. 따라서 학생들이 대답한 것을 직접 활동을 통해 적용해보도록 하였다. 이때 문단을 묶기 어려운 것도 있기 때문에, 처음에는 교사가 시범을 보인 자음과 대비하여 모음에 대한 설명으로 묶을 수 있는 각각의 모음에 대한 내용을 포함시키는 연습부터 시키고, 다음으로 내용이 좀 더 어려운 것으로 차례차례 다루게 하였다. 학생들은 전체 문단 중 3 개를 단계적으로 연습하도록 하였다. 이 과정에서 교사는 적절한 피드백을 하고, 긍정적인 강화를 주었다.

4 독립적 연습

- 교사나 동료들의 도움을 받는 구조화된 연습 후에는 스스로 전략을 적용하는 활동을 하도록 한다. 이때 피드백은 활동 후에 제공하도록 한다.
- 일단 학습이 끝난 후 일정 기간 동안 여러 번 연습을 하도록 자극하고 유도한다.

일단의 연습이 끝난 다음에 이 교사는 20개 문단 중 나머지 문단을 다시 정리하도록 요구하였다. 즉 7개 문단 중 2개 문단은 교사의 지도 없이 스스로 정리하도록 하였다. 이 과정에서 서로 대등한 것, 하나가 다른 하나에 종속되는 것을 각각 스스로 해결하도록 하였다. 전체적으로 20개 중심 내용은 7개의 문단으로 정리되었다.

1 이 론

1) 이론적 기초

교육이나 훈련에 관한 연구는 1950년대에 많이 이루어졌다. 그중에서도 행동주의 심리학은 매우 중요한 영향을 미쳤다. 이와 관련된 것으로 훈련심리학, 인공두뇌 심리학, 체제 분석 이론 등이 있다. 이들이 각각 강조하는 요소는 달라 보이지만, 실제로 그 기반에는 기본적으로 유사한 전제가 있다.

이들 네 가지는 강조하는 바가 다르지만, 공통된 철학적 기초가 있다. 인간이나 사회의 철학적, 심리학적 개념보다는 훈련 목적과 훈련 방법에 관심을 집중한다. 즉 훈련 방법과 훈련 상황에서 인간이 어떤 행동을 하는가 연구하여 그 결과를 반영하는 것이다. 여기에는 단순한 신체적 행동만이 아니라 고등 정신 기능, 복잡한 문제해결 능력까지도 포함된다. '행동'의 개념이 더욱 확장되어 인간의 정신까지 그 범주에 포함시키는 것이다. 이중에서 가장 대표적인 두 가지 심리학을 살펴보면 다음과 같다.

(1) 행동주의 심리학

행동주의 심리학은 인간의 모든 사고와 행동을 관찰 가능한 것을 통해 설명하려는 노력의 일환으로 만들어진 것이다. 모든 사고와 행동에는 그 원인이 있으며, 원인이 없는 행동이나 사고는 없다는 전제 하에, 교육적으로는 행동 변화를 위한 프로그램을 개발하기도 하였다. 행동주의 심리학에 기반을 둔 교육 이론은 인간에게 새로운 행동을 가르치기 위해서는 직접 볼 수 있는 형태로 시범을 보이고, 그 시범의 원리나 과정에 대한 상세한 안내를 포함시켜야만 효과적으로 교육할 수 있다는 입장을 취한다. 학생이 새로운 행동을 학습하고자 할 때 이미 존재하는 어떤 현상을 관찰하는 것만으로도 어느 정도 학습이 가능하지만, 효과적이라고 할 수 없다. 가장 효과적인 것은 행동을 위한 상세한 안내를 제공하고, 그것을 연습할 수 있는 시범을 보여주고 나서 직접 행동하게 하는 방법이다.

실제로 시범을 보여주는 것은 실제적인 현상 속에서 관찰만으로는 학습할 수 없는 행동을 현상 속에서 분리하여 정제된 형태로 보여줌으로써 학습을 용이하게 한다. 여기에 행동의 원리나 과정에 대한 설명은 자신의 행동이 올바른가에 대한 점검과 조정이 가능하게 하는 특성도 갖고 있다. 이러한 행동주의 원리에 의한 교육은 주로 신체 훈련과 관련된 측면에서 연구되어 왔으나, 언어 발달에서도 그 효과가 입증되었으며, 고등 정신 기능과 같은 새로운 행동을 가르치는 데도 효과적인 것으로 알려지고 있다.

시범은 주로 행동은 몇 가지 단계로 나누어 차례로 연습하도록 하는 것으로 되어 있다. 이는 전체적으로 접근할 때 학습하기 어려운 것을 학습하게 하는 방법이다. 주로 행동주의 원리에서 중요한 요소가 되는 반복과 강화라는 두 가지 장치를 사용하여 시범이 이루어진다.

(2) 훈련 심리학

이것은 행동주의와 밀접한 관련이 있다. 주로 군사적 목적으로 임무를 수행하는 능력을 길러주기 위해 개발된 방법인데, 짧은 시간에 주어진 임무를 수행할 능력을 정확하게 갖게 하기 위한 것이다. 행동주의 심리학의 결과로 얻은 자극-반응-강화라는 요소를 중심으로 훈련 계획이 이루어진다.

이것은 수행 목표나 과제를 개념화하고, 그것을 더 작은 과제로 세분한 다음 하위 과제를 수행할 수 있는 훈련 과제를 개발하여 학습하게 하고, 각 부분 과제 해결이 이루어지면 전체 과제를 해결하는 능력으로 종합하는 방식으로 구성된다. 즉 행동의 세분화와 계열화를 교육적 구조로 생각하며, 수행을 위한 행동을 규명하는 데 관심이 있다.

이와 유사한 형태로 인공두뇌 심리학도 있다. 이는 훈련심리학과 매우 유사하여 인간은 기계적으로 인식하고, 반복과 강화를 위한 피드백을 중심으로 구성한다. 역시 한 과제를 세부 과제로 나누고 각각의 과제를 학습한 다음 전체 과제로 통합하는 방식을 취한다.

2) 특 징

직접교수법은 미국에서 불리한 교육환경에 처한 학생들을 효율적으로 지도할 수 있는 교육 방법을 개발하는 과정에서 얻은 결과로, 오레곤 대학의 직접교수 모형으로 처음 대중화되고, 미국 과학연구 협회가 교재로 만들어

거나 집단을 선택할 자유가 거의 없으나 목표와 전략이 먼저 주어지기 때문에 문제해결 능력에 집중할 수 있어 짧은 시간에 학습 효과를 높일 수 있다.

3) 효 과

직접교수법은 도달하고자 하는 목표를 명시하고, 그 도달과정에서 구체적인 방법적 전략과 결과를 설명하고, 예시하고, 시범 보이는 활동을 통해 학생들에게 충분하게 인지시키는 장점이 있다. 이에 따라 학생은 스스로 목표하는 기능을 학습할 수 있는 기회를 갖게 되며, 그 원리를 지식으로 학습하고, 실제 방법을 연습하여 숙달하게 되는 전체 과정을 수행할 수 있게 된다. 따라서 학생은 목표에 대한 인식, 목표를 구성하는 하위 목표들에 대한 이해, 목표 달성을 위한 구체적인 방법 학습, 연습을 통한 기능 정착이라는 전체 과정을 학습한다는 점에서 다른 어떤 교수법보다도 교육적인 효과가 높다.

직접교수법은 지식을 전수하거나 암기하도록 하는 데는 효과가 없다. 오히려 지식을 기반으로 한 기능 숙달에 적합한 모형이다. 또한 단순 기능을 학습하는 것에서 벗어나 고등 정신 기능을 학습하는 데 효과적이다. 단순 기능을 학습하기 위해 맹목적으로 반복 연습하는 과거의 행동주의적인 접근에 머무르는 것이 아니라, 문제해결 능력까지 포괄하게 되기 때문에 고등 정신 기능 학습에도 활용할 수 있다.

직접교수법은 학생들이 도달해야 할 목표와 목표 달성 과정에 대한 명확한 지식을 제공한다. 다양한 방법을 탐색하는 것이 아니라, 객관적으로 입증된 지식과 모범적인 예를 제공하기 때문에 학습 시간을 적게 들이고도 목표를 달성할 수 있다는 장점이 있다.

다음으로 직접교수법은 학생수가 많은 학급에서도 교육적 효과를 얻을 수 있다. 모형 중에는 학생 수가 많은 경우 시행이 불가능한 것도 있는데, 직접교수법은 학생 한 사람을 지도할 때에도 사용할 수 있으며, 다수의 학생을 동시에 지도할 때에도 효과적이기 때문에 우리 나라 교실 상황에서 매우 유용하다.

2 수업 절차

(1) 수업 설계의 배경

직접교수법의 수업 설계는 몇 가지 기본 원칙을 가지고 만들었다.

① 단계적 형성

직접교수법은 학생이 다른 사람의 도움을 받지 않고 스스로 실수없이 과제를 수행할 수 있는 능력을 갖게 한다. 이를 위해 직접교수법은 과제의 세분과 수업 과정에서 학생의 역할을 세분하는 것으로 구성된다. 우선 과제를 세분하는 것이 중요하다. 일단 과제를 세분한 다음 하위 과제를 하나씩 수행할 수 있도록 하여 전체 과제로 나아가는 과정으로 구성한다. 다음으로 교사의 설명으로부터 학생의 독립적인 연습에 이르기까지 설명에 대한 이해, 교사의 시범에 대한 관찰을 비롯한 직접 교수법의 각 단계를 하나씩 차례로 수행함으로써 전체 수업을 계단식으로 설계하고, 점진적으로 학생의 역할이 확대되어 궁극적으로는 교사의 도움 없이 학생이 스스로 과제를 수행할 수 있게 한다.

② 집중적 연습

학생이 연습하는 시간을 길게 하여 새로운 개념이나 기능을 유지하고 능력을 향상시킬 수 있도록 한다. 모든 단계를 짧게 나누고, 강한 연습을 하면서 주기적으로 반복하여 점진적으로 시간을 연장하는 방법을 사용한다. 즉 과제 해결을 위한 각 세부 단계별로 충분한 연습을 통해 일정 수준의 수행 능력이 생기게 한다. 세부 단계별 능력이 생기지 않을 경우 다음 단계로 나아갈 수 없기 때문이다. 따라서 하위 과제별로 연습을 집중하여 전체 학습에 효과를 거두는 방식을 취한다.

③ 교정적 송환

학행이 수행을 잘못할 경우 다음 단계로 이행하지 못하여 전체 수행에 차질이 생기므로 오류가 발생하면 즉각적으로 교정하여 학습자의 확신을 심어주고 불안감을 제거한다. 이때의 송환은 단순한 교정이 아니라 학습 초기 단계에 투입한 교사의 설명에 근거한 것이어야 한다. 즉 학생이 자신이 왜 틀렸으며, 어떻게 수정하는 것이 바람직한가를 분명하게 인식하도록 함으로써 교사의 도움이 없을 경우에도 스스로의 잘못을 수정할 수 있도록 해야 한다. 따라서 교정적 송환은 학습 과정에서도 유의미한 것이어야 하지만, 학생이 독립적으로 활동할 때에도 스스로 자신을 되돌아볼 수 있도록 하는 것이어야 한다.

④ 연습의 분산

신정보는 24시간 이내에 80%가량이 잊혀지기 때문에, 학습시키려는 것을 일정 기간 동안 반복 연습을 시킨다. 이를 위해 연습 주기는 학습 목표별로 초기에는 주기를 단축하여 반복의 횟수를 많게 하고, 독립적 연습에 이르게 되면 주기를 연장하여 횟수를 줄이면서 집중도를 높이도록 한다.

(2) 수업 설계의 과정

① 목표(과제) 설정

학습자가 학습해야 할 과제를 결정한다. 학습 과제는 구체적인 행동 목표일 수도 있고, 문제해결과 같은 고등 정신 기능일 수도 있다. 일단 정확한 목표 진술은 전체 수업을 설계하는 과정에서 가장 중요하며, 기초적인 일이다.

② 과제 세분화

일단 과제를 결정하고 나면, 그 과제를 달성하기 위해 동원되는 하위 과제를 분석해야 한다. 어떤 행동이나 정신 기능도 단일한 것이 아니라 두 가지 이상의 행동이나 정신 기능이 복합되어 있는 것이기 때문에, 과제를 세분하는 작업은 매우 중요하다. 과제를 세분하지 않을 경우 두 가지 이상의 세부 과제를 동시에 수행해야 하는 부담을 주기 때문에 목표를 달성하기 어렵다. 학생의 입장에서도 자신이 학습해야 할 요소를 동시에 두 가지 이상 제시하는 경우 학습에 대한 불안감이 생기고 수행에 자신감이 없어질 수 있다. 따라서 과제를 세분하여 각각에 대해 수업을 설계하여야 한다.

③ 훈련 활동 개발

세분된 과제를 수행하기 위해 훈련 활동이나 수행 방법을 개발하여야 한다. 교사가 설명해야 할 내용은 바로 훈련 활동이나 수행 방법이기 때문이다. 즉 교사는 학생에게 세부 과제별로 과제를 수행할 수 있는 방법을 지식으로 제공하고, 그것을 시범 보일 수 있어야 한다. 이 방법을 개발하지 못할 경우 직접교수법을 사용할 수 없게 된다.

④ 하위 과제별 학습

위의 활동을 끝난 다음에는 하위 과제별로 학습을 진행한다. 각 하위 과제를 하나씩 차례로 수행하여 학생이 부분적인 능력을 학습할 때까지 계속한다. 하위 과제의 수만큼 학습 활동이 반복된다.

⑤ 상위 과제 학습

일단 하위 과제를 충분히 학습한 다음에는 그것을 종합한 상위 학습 과제를 학습한다. 이것을 다룰 때에도 구체적인 직접교수의 단계가 반복된다. 상위 학습 과제는 다시 상위 학습 과제로 통합되어 최종적으로 처음에 설정한 학습 목표를 수행하는 선까지 계속된다.

(3) 수업의 단계

수업의 기본 절차는 도입 → 교사의 설명 → 교사의 시범 → 교사의 질문과 학생의 대답 → 구조화된 연습 → 학생의 독립적 연습으로 이루어진다. 각 단계를 효율적으로 진행하기 위해 학생의 성취도를 측정하고 사전 학습

여부 및 관련 지식을 점검할 필요가 있다.

① 도입

도입에서는 수업의 틀을 제시하고 전체 수업을 몇 개의 부분으로 나누어 학생이 어떤 과정을 거쳐 학습하게 될 것인지 이해하도록 한다. 여기서 교사의 교육 목표를 제시하여 학습 과제가 무엇인지 주지시키고, 그 목표를 달성할 수준을 명시하여 동기를 유발한다. 학생이 이미 가지고 있는 지식이나 경험과 새로 학습할 요소와의 관계를 설명하여 학습을 촉진시킨다.

② 교사의 설명

새로운 개념이나 특성, 규칙, 원리, 절차 등에 대하여 교사가 상세하게 설명하여 학생이 정확한 지식을 토대로 학습할 수 있는 기반을 제공한다. 여기서 교사가 설명하는 것은 과제를 수행하는 방법이라고 할 수 있다. 설명하기는 직접교수법을 적용하는 출발점이다. 설명할 내용이 없는 수업은 직접교수법이라고 할 수 없다. 직접교수법에서 '직접'의 의미는 학생들에게 과제 수행 방법을 교사가 주도적으로 가르친다는 의미를 담고 있다. 따라서 교사가 과제를 수행하는 방법을 설명할 수 없는 경우 직접교수법은 사용할 수 없다.

③ 교사의 시범

교사는 자신이 설명한 원리나 절차를 가장 잘 보여줄 수 있는 예를 찾아 학생들 앞에서 적절한 시범을 보인다. 교사의 시범은 학생이 모방하게 되기 때문에 원리나 절차에 잘 맞아야 한다. 교사의 설명과 시범이 가장 중요한 요소이기 때문에 교사가 가르치려는 목표와 그 목표 달성을 위한 방법에 숙달되어 있지 않으면 직접교수법은 사용할 수 없다. 여기서 주목해야 할 것은 시범을 보이는 것보다 더 중요한 것이 원리나 절차에 대하여 설명하는 것이다. 즉 원리나 절차가 없는 시범은 단순한 반복 연습에 지나지 않기 때문에 교육적인 효과를 기대하기 어렵기 때문이다.

④ 교사의 질문과 학생의 대답

교사는 학생이 원리나 절차를 잘 알고 있는지 확인하기 위하여 학생에게 질문을 한다. 학생은 자신이 기억하고 학습한 내용을 대답하여 이해 정도 및 기억 정도를 확인하게 된다. 학생이 대답하지 못하면 교사는 다시 설명하기 단계로 되돌아가야 한다. 무의식적인 반복을 피하기 위해서이다. 교사가 설명한 내용은 학생들의 대답으로 나타난다. 즉 교사가 설명한 내용을 학생들이 잘 알고 있는지 질문하게 되면, 학생은 교사가 가르친 원리나 절차를 학생 스스로 설명할 수 있어야 한다. 즉 교사가 설명한 내용을 학생이 다시 반복하여 설명하도록 하는 활동이 바로 질문과 대답이다. 여기서 학생이 설명하지 못할 경우 다음 단계로 나아갈 수 없다.

⑤ 단계적 연습

학생이 지식을 갖추었다고 판단되면, 과제를 수행하는 단계를 세분하여 한 번에 한 가지씩 처리하도록 해야 한다. 학습의 난도를 고려하여 낮은 단계에서부터 높은 단계로 나아갈 수 있도록 해야 한다. 각 단계를 거쳐 가면서 교사의 역할은 축소하고 학생의 역할은 확대하는 것이 중요하다. 여기서 교정적인 지도가 필요하다.

⑥ 독립적 연습

학생이 성취 수준이 높아지면 스스로 문제를 해결할 수 있도록 상황을 제시하고 원리와 절차에 따라 앞서 수행한 단계적 연습을 통해 학습한 기능, 능력을 발휘하도록 한다. 이때에는 교정적 피드백을 주지 않고 일단 학생의 수행이 끝난 후에 교정해 주도록 한다.

3 유의점

직접교수법은 교사가 직접 학업에 개입하여 설명하고 시범을 보인다는 점이 중요하다. 일단 교사가 과제 해결의 구체적 전략이 있어야 하고, 시범을 보일 수 있어야 한다. 예를 들면 단순히 수영을 잘해서는 안 되고, 수영을 하는 방법을 잘 알아서 설명할 수 있어야 하고, 그 설명대로 시범을 보일 수 있어야 한다. 그러나 더욱 중요한 것은 학생이 스스로 수영을 해보는 것이다. 직접교수법에서 초점은 학생이 원리를 알게 하는 것과 학생이 스스로 활동하게 하는 것에 두어야 한다. 따라서 학습 시간을 최대한 배려하여야 한다. 이를 위해 몇 가지 유의해야 한다.

첫째, 학생이 학습할 과제에 수업의 시간을 절대적을 배당하고 목표 달성에 가장 높은 우선 순위를 부여해야 한다. 다른 목표가 개입되지 않도록 적절히 통제할 필요가 있다. 학업에 열중하게 하기 위해 게임을 한다거나, 동기를 유발하기 위하여 별도의 장치를 마련하는 일은 곤란하다.

둘째, 교사는 학습 과제를 스스로 선정한다. 학생이 목표를 선정하는 것이 아니라 교사가 전체 교육 맥락 속에서 학습할 목표를 선정하여 학생에게 과제로 부과한다. 집단을 결정하거나 학생이 해야 할 역할도 학생 스스로 하게 하는 것은 아니다. 다만 직접교수법을 전개하는 과정에 장애가 되지 않는 한도 내에서 협동 학습이나 기타 이차적인 목표를 허용할 수 있다.

셋째, 학생의 학습 시간을 최대화하는 것이 가장 중요하다. 교사는 학생이 수업에 능동적으로 참여하고 성취율을 높일 수 있도록 수업을 구조화해야 한다. 교사는 자신의 역할을 설명과 시범 이외에서는 최소로 줄여야 한다. 학생이 스스로 해 나갈 수 있도록 조금씩 역할을 축소하는 데 유의해야 한다.

넷째, 학생들에게 부정적인 영향을 주는 언행은 삼간다. 학습 중 학생의 행동을 비판하거나 질책하거나, 또는 비웃을 경우 학생의 학업 동기가 위축되기 때문에 학습이 어려워진다. 학생의 활동에 적절한 칭찬을 통해 효율성을 높이도록 한다. 이때 단순한 행동의 달성보다는 원리에 맞는 행동, 절차를 준수하는 수행을 더욱 강조하는 것이 중요하다.

참고문헌

노명완 · 박영목 · 권경안(1988). 국어과교육론. 갑을출판사.

서울대학교 국어교육연구소 편(1999). 국어교육학 사전. 대교출판.

최현섭 · 최영환 · 신헌재 · 노명완 · 박인기(1995). 국어교육학의 이론화탐색. 일지사.

Bank, A., M. E. Henerson, L. Eu(1981). *A Practical Guide to Program Planning*: A Teaching Models Approach, Teachers College, Columbia University, 박성익 · 권락원 편역(1989). 수업모형의 적용 기술. 성원사.

Joyce, B. Marsha Weil(1986). *Models of Teaching*, Allyn and Bacon. 윤기옥 · 송용의 · 김재복 공역(1995). 수업모형. 형설출판사.

Vygotsky, L. S.(1964). *Thought and Language.* 신현정 역(1985). 사고와 언어. 성원사.

Atkinson, Rhonda H., Debbie Guice Longman(1990). *Reading Enhancement and Envelopment*, West Publishing Company.

Carnine D., Jerry Silbert, Edward J. Kameenui(1990). *Direct Instruction Reading*, Merrill Publishing Company.

Cruickshank, D. R., D. Bainer, K. Metcalf(1995). *The Act of Teaching* McGraw-Hill.

Gunter, M. A., T. H. Estes, J. Schwab(1995). *Instruction A Models Approach* (2nd ed.), Allyn and Bacon.

Salinger, Terry(1993). *Models of Literacy Instruction*, Macmillan Publishing Company.

Sternberg, Robert J.(1996). *Cognitive Psychology*, Harcourt Brace College Publishers.

Chapter 21 SQ3R(Survey, Question, Read, Recite, Review)

시나리오

1 글 전체를 훑어보기

- 글 전체의 내용을 파악하기 위해 제목, 소제목, 목차를 살펴본다.
- 각 문단의 첫문장이나 마지막 문장, 반복되는 단어를 보게 한다.

김 교사는 학생들에게 글의 내용을 파악하는 방법을 가르치기 위해 SQ3R이라는 방법을 지도하기로 하였다. 지도의 편의를 위해 신문 기사를 읽기 자료로 선택하였다. 신문 기사는 한 편의 글보다 길이가 짧으면서도 글의 구조를 모두 반영하고 있어서 핵심적인 방법을 학습하기가 쉽기 때문이다. 김 교사가 선택한 글을 공룡에 관한 것이었다. 우선 김 교사는 신문의 표제를 읽고 소제목을 읽게 하였다. 제목은 "세계 최대 공룡 뼈 발견"이었고, 부제는 " '길이 14m, 몸무게 8톤, 9200만년 전에 살았을 듯', '아프리카 모로코에서', '카르차로돈토사우루스 사하리쿠스'로 이름 지어져"였다. 제목을 통해 글 전체의 내용이 어떤 것인지 생각하고 그것을 정리하게 하였다. 아울러 굵은 글씨, 그림이나 사진을 살펴보고 글의 첫 문단과 마지막 문단을 읽혔다. 여기에는 글 전체의 내용이 요약되어 있기 때문이다.

2 질문 만들기

- 글의 제목이나 소제목을 문제의 형식으로 바꾼다.
- 개략적인 글의 내용을 토대로 자신이 알고 싶은 것, 알고 있는 것을 문제로 정리한다.

김 교사는 학생들이 글 전체를 읽고 난 후에 제목을 질문의 형식으로 바꾸게 하였다. 우선 자신이 시범을 보여, "스카이 다이빙을 배우는 다섯 단계"라는 제목은 "스카이 다이빙을 잘하려면 어떤 단계를 거쳐야 하는가?"라는 질문으로 만들고, 학생들이 신문의 표제를 이와 같은 방식으로 바꾸게 하였다. 그리고 부제도 질문의 형식으로 바꾸게 하였다. 학생들은 일단 "세계 최대의 공룡은 얼마나 큰가?", "세계 최대의 공룡은 어디에서 살았을까?", 세계 "최대 공룡의 이름은 무엇인가?" 등을 질문으로 만들었다. 다음에 자신이 알고 있는 공룡에 관한 질문을 만들도록 하였다. 학생들은 "내가 아는 공룡의 종류는?", "공룡의 이름은?", "공룡의 먹이는?", "공룡이 멸종한 까닭은?" 등을 문제로 만들었다.

3 글 읽기

- 제목이나 부제를 보고 만든 질문에 대한 해답을 찾으면서 글을 읽는다.
- 자신이 아는 것, 알고 싶은 것에 관한 내용이 있는지 찾으면서 글을 읽는다.

학생들의 활동을 원활하게 하기 위해 김 교사는 시간을 넉넉히 주고, 여러 가지 읽기 활동을 예로 제공하였다. 이에 따라 학생들은 자신이 만든 질문에 대한 해답을 찾기 위해 글을 읽는다. 이때 학생들은 질문을 처리하기 위해 글을 읽는 속도를 늦추거나 다시 읽기도 했다. 핵심어에 밑줄을 긋는 학생도 있었다. 행간의 뜻을 찾기 위해 잠시 읽기를 멈추고 먼 곳을 바라보면서 생각에 잠기는 학생도 있었다.

4 자신의 말로 정리하기

- 한 가지씩 질문을 제기하고, 그에 대한 해답을 말하게 한다.
- 말한 내용을 합쳐 요약하게 한다.

김 교사는 학생들이 질문에 대한 해답을 찾으면서 글을 읽고 난 후, 한 가지씩 스스로 질문하고, 해답해보게 하였다. 다음에는 두 사람을 한 조로 만들어 자신이 만든 질문은 친구가 대신하게 하고, 그에 대한 대답을 하게 하였다. 이 역할을 서로 교체하였다. 그다음에 대답을 합쳐서 전체 내용을 요약하여 발표하게 하였다. 그리고 나서 다시 글 전체의 내용을 요약한 것 중 가장 중요한 것이 무엇인지 정리하게 하였다.

5 점검하기

- 다시 글을 읽으면서 각 질문에 대한 해답을 확인하게 한다.
- 주제와 관련하여 내용을 정리하면서 전체 내용을 파악하게 한다.
- 시간 간격을 두고 질문과 대답을 다시 읽어보게 한다.

김 교사는 학생들이 글을 다시 읽으면서 자신이 만든 질문에 대한 대답이 글의 어느 부분에 있는지 확인하게 하였고, 그 대답이 정확한지 생각하게 하였다. 그런 다음 글 전체의 주제와 관련하여 글의 구조를 정리하고, 그에 따라 내용을 채워 넣은 후, 글에서 해답을 찾을 수 없는 것은 자신의 말로 정리하게 하였다. 그런 다음 과제를 주어 다음 날에는 질문과 대답을 한번 읽어보게 하였고, 일정 기간마다 질문을 보고 해답을 보지 않고 대답해보는 연습, 그리고 질문에 대하여 자신의 말로 정리하는 연습을 하도록 과제를 부과하였다.

1 이 론

1) 이론적 기초

학생들은 누구나 자신이 글을 읽는 것만으로는 부족하다는 것을 안다. 글을 읽으면 그것을 기억할 수 있다고 말하기는 어렵다. 읽는 동안 다른 생각을 할 수도 있고, 소음에 정신을 쓰거나 흥분할 수도 있으며, 방해를 받기도 한다. 경우에 따라 바로 전에 읽은 것조차 기억하지 못할 때도 있다. 이러한 장애를 해결하기 위해 학생들은 글을 읽고 학습하는 일에 능동적으로 참여해야 한다. 학생들은 학습 과정에 포함된 여러 가지 기술을 연습할 수 있어야 한다. 미리보기나 읽기, 질문에 대답하기는 이미 학생들이 잘하는 일이지만, SQ3R에서는 매우 중요한 역할을 한다. 읽기에 집중하지 못하는 학생이나, 바로 전에 읽은 것조차 잘 기억하지 못하는 학생에게는 SQ3R의 5단계를 순서대로 따르게 하면 읽은 것을 쉽게 기억할 수 있게 된다.

(1) 훑어보기의 효과

우리가 집을 사려고 할 때 먼저 집 주위를 둘러보면서 집 전체의 모양이 어떤지, 지붕은 어떤 재료로 어떤 모양으로 되어 있는지, 정원에는 어떤 나무가 있는지, 문은 어디로 어떻게 났는지 살펴본다. 그다음에 집안에 들어가 각 방의 구조와 배치를 살펴보게 된다. 글을 읽을 때에도 우리는 이러한 방식으로 읽는 것이 좋다. 책의 대체적인 윤곽을 빠른 시간에 간단히 살펴보고, 자세히 알아볼 부분과 지나쳐도 좋은 부분을 정한 후에 상세하게 읽는 방법을 취하는 것이다. 훑어보기는 우리가 지나치게 세부적인 것에 관심을 갖지 않고 중심 내용에 초점을 맞추게 하는 효과가 있다. 이 방법은 아주 빠르게 전체를 보는 방법이다. 이 방법을 쓰기 위해 제목이나 소제목, 문단의 첫 문장이나 마지막 문장, 삽화나 그림을 보는데, 이것은 읽기를 위한 중요한 과정이다.

(2) 목적을 의식하며 읽기의 효과

글을 읽는 과정은 질문과 그에 대한 해답을 통해 지속적으로 문제를 해결하는 과정이다. 질문을 제기하는 능력은 글을 읽는 목적을 의식하는 능력이며, 자기를 조절하는 능력이기도 하다. 자기가 알아야 할 것, 핵심 내용과 세부 내용의 파악을 비롯하여 질문의 양과 수준은 글의 종류, 상황, 독자에 따라 달라진다. 글을 읽는 목적을 의식하는 것은 상위인지 이론에 의해 지지를 받는다. 즉 읽는 목적을 의식하며 읽는 사람과 그렇지 않는 사람이 글의 내용을 기억하고 회상하는 능력, 세부적인 내용과 핵심 내용을 파악하는 능력에 차이가 있다고 보고되고 있다.

2) 특 징

SQ3R은 읽은 글을 능동적으로 수용하기 위한 방법으로, 5단계로 구성된다. SQ3R은 이 프로그램을 구성하는 다섯 단계인 훑어보기(Survey), 질문하기(Question), 읽기(Read), 회상하기(Recite), 재검토하기(Review)의 알파벳 첫 글자를 딴 것이다. 5단계는 각 장의 내용에서 무엇에 대한 것인지 알기 위한 훑어보기(survey), 각각의 진술을 문제로 바꾸어보는 질문하기(question), 질문에 대한 해답을 찾으며 글을 읽기(read), 자신의 말로 발견한 것을 회상하기(recite), 정확하게 이해하였는지 점검하기(review)이다.

훑어보기 (Survey)		질문하기 (Question)		읽기 (Reading)		자신의 말로 정리하기 (Recite)		점검하기 (Review)
글의 전체 윤곽을 파악하기 위하여 글의 제목이나 소제목, 요약 부분을 대충 살펴본다.	⇨	글을 읽으면서 알고자 하는 내용이 무엇인지 문제 목록을 만든다.	⇨	문제를 생각하면서 해답을 찾기 위해 글을 읽는다.	⇨	글을 다시 읽지 않고 말이나 글로 문제의 해답을 정리한다.	⇨	글을 다시 읽으면서 해답을 확인하고 주제를 중심으로 내용을 정리하여 전체 의미를 재구성한다.

이 모형을 단계를 고려하여 볼 때 다음과 같은 특징을 가지고 있다.

첫째, 글을 읽기 전에 전체 내용을 한번 읽어보게 함으로써 글의 윤곽을 파악하고, 어느 부분에 중점을 두고 읽을 것인지, 어떤 방법으로 읽을 것인지 판단할 수 있다. 특히 전체를 훑어보고 다시 상세하게 읽는 과정을 거쳐 두 번 읽는 효과를 거두기도 한다. 즉 한 번에 천천히 상세하게 읽는 것보다 전체를 대강 보고 다시 상세하게 읽는 과정을 거치면 글 전체의 구조를 파악하고 각 부분에 세부 내용을 집어 넣을 수 있어 읽은 내용을 잘 정리할 수 있는 효과도 있다.

둘째, 질문 만들기 과정을 통해 학생이 스스로 읽는 목적을 설정하게 하는 특징이 있다. 읽는 목적을 의식하고 읽을 때는 그렇지 않을 때보다 내용에 대한 기억 및 회상, 이해 수준이 높아진다. 질문을 만드는 능력에 따라 글 전체를 파악하는 능력을 길러줄 수 있고, 글의 내용 중 세심한 주의를 기울여야 할 부분과 그렇지 않은 부분, 즉 중심 내용과 세부 내용에 대한 주의 집중 정도를 달리하게 하는 특징도 있다. 따라서 일반적인 읽기보다 글의 중요도에 따라 차이를 두고 읽는 결과를 얻을 수 있다.

셋째, 질문을 대한 대답을 찾기 위해 읽기 때문에 읽기의 목적에서 이탈하지 않고, 시간을 효과적으로 사용할 수 있다. 질문에 대한 해답을 찾는 과정에서 글 전체를 파악하는 능력도 갖게 한다.

넷째, 문제에 대한 해답을 자신의 말로 정리하는 과정은 글을 내면화하는 방법이다. 일반적으로 글을 읽으면 글 내용은 독자와 무관하게 존재하기 때문에 기억이 쉽지 않다. 문제에 대한 해답을 종합하여 정리하는 과정을 통해 독자가 자신의 말로 내용을 정리하는 과정은 다른 읽기 과정과 달리 글과 독자를 긴밀하게 연결시키는 특성이 있다.

다섯째, 글을 다시 읽는 과정을 통해 부족한 부분이나 잘 모르는 부분을 다시 볼 수 있게 하는 특징이 있다. 결과적으로 이 방법을 따라가다 보면 글 전체를 대강 살펴보는 읽기, 세부적인 내용을 생각하며 읽기, 핵심 내용을 따라 전체의 의미를 재구성하는 읽기 세 단계로 이루어지기 때문에 한 번의 수업 과정에서 읽기 활동의 여러 가지 전략을 통합적으로 적용하는 특징이 있다.

이 방법은 여러 형태로 변형되어 스패츠(Spache, 1963)의 PQRST(Preview, Question, Read, Summarize, Test), Pauk(1984)의 SQ4R(Survey, Question, Read, Record, Recite, Reflect), Fay(1965)의 SQRQCQ(Survey, Question, Read, Question, Compute, Question) 등의 방법이 개발되기도 했다.

3) 효 과

학생들이 학습 기능을 발달시키려면 학습 기술을 알아야 한다. 이미 여러 가지 학습 기술을 사용하여 아주 좋은 결과를 얻고 있는 교사도 있지만, 교사 중에는 학습 기술을 전혀 사용하지 못하는 사람도 있고, 교수 기술을 시범보일 수 있는 사람도 있다. 아직도 학습 기술을 발달시킬 기회를 얻지 못한 사람은 SQ3R이 도움이 될 것이다. 이것은 로빈슨(Francis Robinson)이 1941년에 개발한 것으로, 매우 널리 알려졌고 효과도 높다.

이 모형의 효과는 다음과 같이 정리할 수 있다.

첫째, SQ3R(전략 통합적 읽기)은 로빈슨이 대학생들을 위한 학습 전략으로 개발한 것인데, 중・고등학교나 초등학교 고학년에서도 이 방법을 사용할 수 있다. 이 모형이 이처럼 폭넓은 연령층에 적용될 수 있는 까닭은 글의 내용을 이해하는 기본적인 전략을 담고 있기 때문이다.

둘째, 이 모형은 주로 사실적 에세이나 기사문, 설명문과 같이 객관적인 내용을 전달하는 글, 설명적인 글을 이해하는 데 유용하다. 특히 설명문이나 논리적인 글을 대상으로 지도할 경우에는 이모형의 앞부분과 뒷부분의 단계들을 읽기 수업의 서두와 말미에 각각 원용하면 효과를 기대할 수 있다.

셋째, 이 모형을 사용할 때 학생 스스로 읽기 목적을 설정하고, 계획을 세워서 적극적이고 주체적으로 참여하게 하는 효과가 있다.

넷째, 이 모형은 글의 내용을 학습하는 교과에 쉽게 적용할 수 있다. 이러한 방식으로 글을 읽는 방법을 배우는 것은 국어과에서 할 일이지만, 이 방법은 사회나 과학을 비롯한 글의 내용을 학습하는 교과에서 쉽게 사용할 수 있으며, 교과에 제약이 없이 내용을 학습할 목적이라면 어떤 영역에라도 적용할 수 있는 일반적인 읽기 방법이다.

2 수업 절차

훑어보기 (Survey) ⇨ 질문하기 (Question) ⇨ 읽기 (Reading) ⇨ 자신의 말로 정리하기 (Recite) ⇨ 점검하기 (Review)

(1) 훑어보기 SURVEY: 미리보기(preview) 또는 예측하기(predict)라고도 한다.

① 과정 목표: 매우 짧은 시간에 필자의 의도와 목적을 파악하고, 읽기 목표를 확인하고 명확하게 하기 위해 필요한 정보를 수집하는 것을 목표로 한다.

② 적용 시간: 약 1분

③ 방법 개요: 글을 상세히 읽기 전에 전체를 간단하게 살펴본다. 표제와

부제를 확인하고, 위계적 구조를 파악하고, 서론과 요약 및 참고사항 등을 본다. 여기서 읽기는 가능한 한 미루고 글(장)에서 3~6가지 주요 생각을 확인한다(제목, 저자, 서론, 표나 목차, 대충보기, 삽화, 문자 크기, 색인 등 여러 가지 정보를 확인하기 위한 것이다).

④ 구체적인 방법

- 제목 읽기: 무엇에 대한 것인가? 주제에 관해 자신이 이미 알고 있는 것을 생각하기
  → 독자가 주제를 쉽게 수용할 수 있도록 준비시켜 주는 역할을 한다.
- 서론이나 첫 문단 읽기: 각 장의 중심 생각은 대개 이 위치에 있다.
  → 필자의 목적에 맞추고, 핵심에 대한 필자의 강조점을 파악하게 한다.
- 소제목, 목차 읽기: 강조문자나 본문과 다른 문자로 된 제목으로 글 전체 위계 파악
  → 읽기 전에 글을 조직하고, 상세한 내용 구조를 형성하게 해 준다.
- 각 제목 아래 문단이나 문장 읽기: 각 부분의 개관을 얻을 수 있다.
- 그래프, 그림 등 보기: 시각 자료는 핵심을 강조하는 것이 많다. 또 요약기능도 한다.
- 인쇄상 특징 살펴보기: 밑줄, 강조, 고딕 등 문자는 해심을 보여준다.
- 마지막 문단이나 요약 읽기: 글의 핵심이나 결론을 제시해 준다.
- 각 장 첫 부분의 목적어 읽기: 목적어는 그 글이 무엇을 말하려는지를 알게 한다.
- 어휘 항목 읽기: 각 장 처음이나 끝에 어휘항목을 읽으면, 주제에 관한 의미를 구체화할 수 있다.

⑤ 약식 방법: 위의 과정을 줄여 간단하게 시행하기도 한다.

- 제목 읽기
- 첫 문단이나 서론 읽기
- 각 문단의 첫 문장 읽기
- 마지막 문단이나 결론 읽기

(2) 질문하기(QUESTION): 글에 집중할 수 있도록 도움을 준다.

① 과정 목표: 읽기 과정에 능동적으로 참여하게 하기 위하여, 목적을 의식하면서 글을 읽기 위하여 질문을 제기하고 그에 대한 해답을 찾으면서 글을 읽는다.

② 적용 시간: 대개 30초 미만

③ 방법 개요: 글을 읽기 전에 질문을 확인하게 되면 목적이 무엇인지 알 수 있다. 이렇게 되면 읽기에 깊이 참여하는 독자가 되어 글 이해 및 유지 능력이 발달한다. 그리고 글을 읽고 난 다음 읽으면서 질문에 대한 해답을 찾게 되었다는 것을 알게 된다.

글이 무엇에 대한 것인지 자문하는 것으로, 글에서 얻으려는 하는 해답을 질문으로 만든다. 또는 호기심에 따라 글이 해답을 얻는데 도움을 줄 수 있는 것을 질문으로 한다. 각 부분마다 이러한 과정을 반복한다. 소제목을 질문으로 바꾼다.

각 장에서 해답을 얻으려고 하는 수만큼 질문을 만든다. 질문을 잘 만들면 글을 더 잘 이해할 수 있다. 읽어나가면서 질문을 부가할 수도 있다. 질문에 대한 해답을 찾기 위해 학생들이 활동적으로 참여하면 이미 학습이 진행되고 있는 것이다.

④ 구체적인 방법: 훑어보기를 하면서 질문을 만든다.

- 학습지를 세로 방향으로 둘로 나눈다.
- 왼쪽에는 글을 훑어보기 하면서 질문을 쓴다.(오른쪽에는 나중에 해답을 쓴다)
- 질문은 자신의 말로 쓴다. 이것은 정보를 더 깊이 있게 처리할 수 있는 능력을 길러준다.(나중에 회상하는데 도움이 된다)
- 제목, 소제목 등을 질문으로 바꾸기
  - 제목이 "스카이다이빙을 배우는 다섯 단계"라면, "스카이다이빙을 배우려면 통과해야 하는 다섯 단계는 무엇인가?"와 같은 질문으로 바꾼다.

-서론의 문장이 "스카이다이빙에는 낙하산이 반드시 있어야 한다."라면 "스카이다이빙을 배우려고 할 때 왜 낙하산이 필요한가?"라고 바꾼다.

-소제목이 "낙하 방법"이라면, "왜 낙하하는 방법을 알아야 하는가?"라고 바꾼다.

- 각 장의 끝이나 소제목 뒤의 질문 읽기
- 목적에 대한 질문하기: "필자는 무엇을 말하려고 하는가?"

  예) 누가, 무엇을, 언제, 어디에서? 무엇을 강조하고 있는가?
- 자기 질문하기: "주제에 관해 나는 무엇을 알고 있는가?"

  예) 독자로서 자신이 가장 취약한 부분은 어디인가? 무엇을 기억해야 하는가?
- 교사가 제기한 질문이나 학습지, 퀴즈, 평가 문항을 질문 확인하기

(3) 읽기(READ): 때로는 Recall이라는 단어로 대치하기도 한다.

① 과정 목표: 훑어보기를 하면서 대충 만든 구조에 정보를 채워나간다.

② 적용 시간: 가능한 한 다른 부분보다는 시간을 많이 투자하여 천천히 읽는다.

③ 방법 개요: 글을 읽으면서 독자 자신이 제기한 질문에 대한 해답을 찾는다. 질문에 대한 해답을 찾기 위해 읽는 과정에서 독자는 글을 읽으면서 많은 것을 얻을 수 있다는 사실을 깨닫게 되고 즐거움을 느낀다. 이것은 능동적인 읽기이며, 독자가 집중할 수 있도록 해 준다. 필요하다면 새로운 질문을 제기할 수도 있다.

글을 읽으면서 질문에 대한 해답을 찾아 학습지의 해답란에 자신의 말로 답을 기록한다. 훑어보기를 통해 글에서 중요한 부분이 어디인지 결정하였기 때문에 중요하지 않은 부분은 분리시켜 가볍게 처리한다.

질문에 대한 해답을 필자의 글을 그대로 옮기지 말고 반드시 자신의 말로 쓰거나 말해야 한다. 이러한 과정을 통해 글을 더 완전하게 이해하게 되고, 앞으로 글을 읽을 때 이해하기 어려운 부분을 자신의

말로 바꿀 수 있는 능력을 갖게 된다.

④ 구체적인 방법:

- 처음 제기한 질문에 대한 해답 찾기
  질문에 대한 해답을 찾기 위해 각 부분별로 읽어가면서 핵심어에 줄을 긋는다. 문단 전체에 줄을 그으면 안 된다. 필요하다면 사전을 사용할 수도 있지만 한 문단을 전부 읽을 때까지는 쓰지 않는다.
- 각 장의 처음과 끝, 또는 학습 안내 부분에서 해답 찾기
- 그림이나 그래프, 삽화 등의 밑에 쓴 글을 다시 읽기
- 강조문자 등을 읽고 행간의 의미를 주목하기
- 그래픽 자료를 살펴보기
- 어려운 글은 읽기 속도는 늦추기
- 분명하지 않은 부분에서는 멈추거나 다시 읽기
- 한 번에 한 부분만 읽기, 각 부분을 읽은 후 회상하기

(4) 자신의 말로 정리하기(RECITE)

① 과정 목표: 글을 읽으면서 학습한 것이나 알게 된 것을 자신의 기억 속에 저장한다.(사람들은 글을 읽은 후 약 2주가 지나면 학습한 내용의 80% 정도를 기억하지 못한다. 그러나 읽은 후에 바로 자신의 말로 정리하게 하면 2주가 지나도 단 20% 정도만 잊어버린다.)

② 적용 시간: 약 1분 정도

③ 방법 개요: 읽은 글을 덮고 자신이 만든 질문에 대한 해답을 간단하게 정리한다. 자신의 말로 하고 예는 글에서 인용할 수도 있다. 종이에 간단하게 메모를 할 수도 있다. 나중에 당황하지 않으려면 질문에 대한 해답과 각 장의 핵심 내용을 요약하여 말로 소리내어 정리하거나 책 여백에 기록해 놓는다. 이때 책에 쓴 것을 그대로 옮기지 말고 자신의 말로 해야 한다. 연구에 따르면 능동적으로 자신의 말로 정리한 사람이 책의 내용을 수동적으로 정리한 사람보다 더 잘 기억하며 글의 구조와 위계를 더 잘 파악한다.

각 장을 읽고 나면 일단 읽기를 멈추고, 질문을 회상한 후, 읽을 것을 기억해서 해답을 찾아본다. 필요하다면 되돌아갈 수 있지만, 자신의 말로 정리할 때까지는 다음 부분으로 넘어가서는 안 된다.

④ 구체적인 방법: 한 부분을 읽은 후 자신의 말로 정리한다.
- 글에 대한 질문을 말해본다.(한 번에 한 가지씩)
- 읽은 내용을 자신의 말로 요약한다.
- 글에서 필요한 내용을 정리하되 자신의 말로 한다.
- 중요한 부분에 밑줄을 긋거나 표시를 한다.
- 자신이 가장 잘 사용하는 기억 방법을 사용하여 정리한다. 사용하는 방법이 자신에게 맞으면 기억이 더 쉬워진다.

(5) 점검하기(REVIEW)

① 과정 목표: 자신의 머리 속에 다시 정리하고, 기억하게 한다.(이것은 아직 읽기를 진행하는 과정으로 보아야 한다.)

② 적용 시간: 약 5분 이내

③ 방법 개요: 위의 네 단계를 마치고 나면 질문의 해답을 글에서는 찾을 수 없는 것을 처리하고, 자신의 말로 정리한다. 이런 방식으로 내용을 학습하면서 각 소제목별로 중요한 핵심 사항을 자신의 말로 정리하면서 자신의 기억 내용을 점검한다. 노트를 덮고 거기에 기록한 사항들을 차례로 회상하도록 노력한다. 잘못하거나 빠뜨린 부분이 있으면 다시 읽는다. 글의 다른 부분으로 넘어가기 전에, 또는 다른 글을 읽거나 시험을 보기 전에는 점검하기를 하는 것이 좋다. 전체 아이디어, 개념, 문제를 논리적 순서로 정리한다. 전체의 구조를 그려 마무리한다(mental picture). 읽기보다는 회상에 더 많은 시간을 투입해야 한다. 시험을 보기 전까지 일정 기간 동안 자주 점검한다. 우선 24시간 안에 자신의 노트를 사용하여 점검하고, 일주일 후에, 시험을 볼 때까지 한 달에 한 번 점검한다. 점검은 5분 이상을 넘지 않도록 한다.

④ 구체적인 방법: 점검하기는 읽기 진행 과정의 일부로 생각해야 한다. 글의 각 부분마다 2~4 단계를 거치고 나면, 글의 개요가 될 부분의 핵심 내용을 목록으로 만든다. 회상을 하면서 내용을 정리한다. 핵심 부분을 회상하지 못하면 그 부분을 다시 읽어야 한다. 몇 시간 후에, 며칠이 지나서, 질문에 대한 해답을 다시 점검한다. 이 단계는 읽은 내용을 기억 속에 다시 정리하면서 기억을 오래 유지하게 해 준다.

- 첫째날: 글 전체를 읽고 자신의 말로 점검한 후에, 밑줄을 긋거나 여백에 표시를 해둔 것들을 중심으로 질문을 만든다. 자신의 말로 점검할 때에는 노트 왼쪽에 기록한 것까지 포함시킨다.
- 둘째날: 중요한 점을 다시 숙지하기 위해 글이나 노트를 넘겨본다. 노트를 펴서 오른쪽의 답을 가리고, 왼쪽편에 기록한 질문을 읽고 그 해답을 자신의 말로 정리한다. 해답을 기억하여 자신의 말로 정리하거나 써 본다. 자신이 어려워하는 질문을 다루기 위해 플래시 카드(flash card)를 만든다. 기억해야 할 것을 더 잘 기억하기 위해 기억하는 법을 익힌다.
- 셋째, 넷째날: 자신이 만든 질문을 연습하기 위해 노트나 플래시 카드 중에서 선택하여 스스로 시험을 보면서 해답을 말로 정리하거나 써 본다. 필요하다면 플래시 카드를 더 만든다.
- 주말: 글이나 노트를 사용하여 자신이 알아야 할 것들을 전체 주제와 소주제 내용을 표로 만들거나 목차로 만들어본다. 목차를 보고 학습지를 만들거나 도표(spatial map)를 만든다. 이것을 가지고 글에 들어있던 정보를 자신의 말로 정리한다.
- 정기 점검: 이제 필요한 정보를 잘 정리된 형태로 기억하게 되었을 것이므로, 시험을 볼 때 억지로 기억하지 않으려면 정기적으로 학습지나 도표를 보면서 다시 점검한다.

3 유의점

SQ3R은 글을 읽을 때 학습자가 스스로 읽기 목적을 정하고 계획을 세워 적극적으로 읽기 활동을 하게 하는 효과가 있다. 이 방법을 사용하면 시험에 대한 두려움이 없어지고, 시험을 볼 때 억지로 기억하기 위해 밤을 새우거나 벼락치기 공부를 하지 않아도 된다. 이 방법은 시험을 볼 때 자신감을 갖고 글의 내용을 학습하고 기억하는 데 도움이 된다.

이 방법을 효과적으로 사용하기 위해서는 글 전체를 개관한 후에 세부적인 내용을 파악하는 방식으로 진행한다는 점을 명확하게 기억해야 한다. 글을 다 읽지 않고도 내용 전체를 일별할 수 있도록 하고, 글에 대한 친밀감을 느낄 수 있도록 해야 한다. 글을 읽을 때에도 글 전체를 어떻게 나누어 시간을 배분할 것이지 먼저 파악하고 차례로 읽어가면서 시간을 활용하도록 해야 한다. 이것을 실제로 글을 두 번 읽는 효과를 얻게 한다. 또한 질문하기 활동을 통해 글을 능동적으로 읽을 수 있는 능력도 길러줄 수 있다는 점을 명심해야 한다.

참고문헌

노명완 · 박영목 · 권경안(1988). 국어과교육론, 갑을출판사.

서울대학교 국어교육연구소 편(1999). 국어교육학 사전, 대교출판.

최현섭 · 최영환 · 신헌재 · 노명완 · 박인기(1995). 국어교육학의 이론화탐색, 일지사.

Bank, A., M. E. Henerson, L.Eu(1981). *A Practical Guide to Program Planning: A Teaching Models Approach*, Teachers College, Columbia University. 박성익 · 권락원 편역(1989), 수업모형의 적용 기술. 성원사.

Joyce, B. Marsha Weil(1986). *Models of Teaching*, Allyn and Bacon. 윤기옥 · 송용의 · 김재복 공역(1995). 수업모형. 형설출판사.

Vygotsky, L. S.(1964). *Thought and Language.* 신현정 역(1985). 사고와 언어. 성원사.

Atkinson, Rhonda H., Debbie Guice Longman(1990). *Reading Enhancement and Envelopment.* West Publishing Company.

Cruickshank, D. R., D. Bainer, K. Metcalf(1995). *The Act of Teaching.* McGraw-Hill.

Gunter, M. A., T. H. Estes, J. Schwab(1995). *Instruction A Models Approach* (2nd ed.), Allyn and Bacon.

Salinger, Terry(1993). *Models of Literacy Instruction*, Macmillan Publishing Company.

Sternberg, Robert J.(1996). *Cognitive Psychology*, Harcourt Brace College Publishers.

PART 03

교과 수업모형

Chapter 22 상보적 교수 (Reciprocal teaching)

시나리오

1 상보적 교수법에 대한 설명

- 상보적 교수법에 대한 기본 설명을 한다.
- 질문 만들기에 중점을 두고 구체적인 연습을 한다.

최 교사는 학생들에게 상보적 교수법이 학생 스스로 교사가 되기도 하고 학생이 되기도 하면서 서로 도와 목표를 달성하는 전략이라는 것을 설명하였다. 그리고 질문 만들기, 요약하기, 명료화하기, 예측하기의 네 단계를 상세하게 설명하였다.

아울러 질문 만들기가 가장 중요한 전략이기 때문에 별도로 질문 만들기 전략을 설명하였다. 제목이나 소제목, 중요 내용을 질문의 형식으로 바꾸는 방법, 자신이 알고 싶은 것을 질문으로 바꾸는 방법, 자신이 알고 있는 것을 질문으로 만드는 방법을 가르쳤다. 학생의 수준을 고려하여 지식과 이해에 관한 질문을 중심으로 분석이나 종합에 관한 질문을 포함시켰다. 예를 들면 “백인종은 어떤 특징을 가지고 있나요?”, “황인종의 얼굴은 다른 인종과 어떻게 다른가요?", "흑인종은 주로 어떤 지역에 사나요?" 등을 기초로 "사람들은 왜 피부색이 다른가요?" 등을 만들어 보았다.

2 글을 읽고 요약한 후 질문 만들기

- 학습을 위해 짧은 글을 선택한다.
- 글을 읽고 학생들이 질문을 만든다.

최 교사는 개에 관한 설명문을 정하였다. 개는 청력이 뛰어나며, 냄새를 잘 맡고, 영리하기 때문에 사람들이 여러 가지 임무를 맡기기도 한다는 내용이었다. 다음에 최 교사는 학생들 자신이 교사가 된다면 어떤 질문을 할 것인가 묻고, 교사가 된 마음으로 질문을 만들라고 하였다.

학생들은 스스로 문제를 만들었다. 문제는 대략 다음과 같다. "개의 감각 중 가장 뛰어난 것은 무엇인가요?", "개는 어떻게 냄새를 맡을 수 있나요?", "경찰견은 어떤 능력이 필요한가요?", "맹도견은 어떤 능력이 필요한가요?", "개는 어떤 방식으로 화가 났다거나 반갑다는 것을 표현하나요?" 등이었다.

3 질의응답하고 내용 정리하기

- 학생 교사는 질문을 한다.
- 학생은 대답을 한다.
- 대답을 합쳐서 글의 내용을 요약한다.

최 교사는 학생 한 명을 지적하여 교사가 되도록 하였다. 학생 교사는 자신이 만든 질문과 학생들이 만든 질문을 정리하면서 서로 비교하여 질문할 내용을 정하였다. 그다음에 학생 교사는 학생들에게 한 가지씩 질문을 하고 학생은 대답을 하였다. 대답이 부족하면 질문을 만든 학생이 그 질문에 대한 답을 설명하여 주었다. 교사도 학생의 역할을 하면서 질문을 만드는데 참여하고, 질문에 대한 해답에도 참여하였다.

질문이 끝난 다음에 학생 교사는 질문에 대한 대답을 연결하여 글 전체의 내용을 요약하였다.

4 명료화하기

- 요약을 토대로 중요한 내용을 확인하고 정리한다.
- 이해가 되지 않는 부분을 찾아 다시 읽고 정리한다.

학생 교사는 요약을 토대로 학생들에게 가장 중요한 것이 무엇인지 묻고 학생들은 개의 특성과 그것을 활용하는 방안에 대한 것임을 확인하였다. 그러나 "개의 감각 중 가장 뛰어난 것이 무엇인가?"라는 질문에 대한 대답에서 청각과 후각이 서로 비슷하기 때문에 글을 다시 읽고 두 가지 모두를 정답으로 하기로 하였고, "개는 어떻게 냄새를 맡을 수 있는가?"라는 질문은 학생들이 답을 찾을 수 없다는 것을 확인하고 그 문제를 "개는 얼마나 멀리 떨어져 있는 것까지 냄새를 맡을 수 있는가?"로 바꾸기로 하고, 글을 다시 읽어 "사람의 후각보다 100배 정도 뛰어나다는 정도"로 정리하였다. 최 교사도 학생의 입장이 되어 활동에 참여하였다.

학생들이 아직 답을 찾지 못한 것은 별도의 읽기 활동이 필요하다는 말로 정리하였다.

5 예측하기

- 글의 내용을 토대로 다음에 이어질 내용이 무엇인지 생각한다.
- 더 읽을 과제가 무엇인지 생각한다.

학생 교사는 글의 내용으로 볼 때 더 이어질 내용이 무엇인가 생각해 보게 하였다, 학생들은 개를 훈련시켜 어떤 용도를 쓸 수 있는지에 대한 내용이 필요할 것이라고 생각하였고, 개를 애완용으로 기를 경우 필요한 먹이나 사육 방법에 대한 내용에 대한 언급도 있었다. 학생 교사와 학생들은 우리나라의 개, 세계 각국의 명견, 개를 활용하는 방안에 대한 글을 더 읽어 보기로 하고 수업을 마쳤다.

1 이 론

1) 이론적 기초

다른 사람을 가르치는 과정에서 더 많은 것을 배우게 된다는 일반적인 경험을 이론적으로 확인하는 교수 · 학습 모형이다. 교사와 학습자 또는 학습자들이 서로 대화를 통해 역할을 교체하면서 내용을 이해하고 학습하는 방법을 가르치는 것으로 이해 방법과 내용 학습 방법을 익힐 수 있도록 학생들에게 전략 사용의 책임을 점진적으로 이양하는 것이다. 상보적 교수법은 텍스트 이해 및 회상 정도, 전략 사용 정도, 내용 영역의 읽기에 일반화 정도, 지속성에 의해 성공 여부가 결정된다.

(1) 인접 발달 영역

학습을 안내하는 교수학습에 관한 Vygotsky의 이론이 상보적 교수 설계에 영향을 미쳤다. 인접 발달 영역이란 개인이 혼자서 문제를 해결할 수 있는 수준에 올라 있는 부분(실제로 발달된 영역)과 다른 사람의 도움을 받거나 협동하여 문제를 해결할 수 있는 수준(잠재 발달 영역) 사이에 존재하는 영역이다. Vygotsky는 교수란 학생의 '인접 발달 영역' 내에서 이루어져야 한다고 주장했는데, 여기서 인접 발달 영역이란 혼자서 문제를 해결할 수 있는 실제로 발달된 영역과 성인이나 우수한 동료와의 협동하여 문제를 해결할 수 있는 잠재 발달 영역 사이의 단계를 가리킨다. 학습자에게 도움을 줄 때에는 학습자의 능력에 맞도록 단계적 형식을 취하여야 하며, 학생의 능력이 점차 커지면 도움을 조금씩 줄이고, 과제의 난도가 높아지면 더 많이 도와주여야 하며, 학생을 도와줄 때에는 수행에 구체적인 도움이 되어야 한다. 이것을 그림으로 보이면 다음과 같다.

Skills a child has mastered (숙달된 기능)
Skills a child is beginning to learn and can perform with help (도움을 받아 수행하거나 학습할 수 있는 기능) ZONE OF PROXIMAL DEVELOPMENT (인접 발달 영역)
Skills that are beyond the child's current capabilities (아동의 능력을 넘어선 기능)

여기서 영어 대문자로 표시된 부분이 인접 발달 영역이다. 인접 발달 영역은 다른 말로 잠재 발달 영역이라고 한다. 아동이 가지고 있는 능력 중 실제로 관찰 가능한 수준(수행 performance)의 능력(ability)과 직접 관찰할 수 없는 잠재적인 능력 capacity(언어 능력competence) 사이에 존재하는 영역이다. 우리가 아동을 관찰할 때 아동이 가지고 있는 유전적 형질과 환경 사이의 상호작용을 통해 발달된 능력을 관찰한다. 그러나 이를 더 확대하면, 우리는 아동이 할 수 있는 것 즉 환경에 제약을 받지 않는다면 잠재적으로 할 수 있는 것에 관심을 기울인다.

(2) 능동적 학생

학생은 어떤 내용을 수동적으로 받아들이는 것이 아니라, 능동적으로 자신의 목적을 결정하고 그 목적에 따라 적극적으로 자신의 경험이나 지식을 상호 작용시키면서 내용을 이해한다. 앞으로의 독자는 다양한 맥락에서 적합한 전략을 스스로 찾아 적용할 수 있는 능력을 갖추어야 한다. 이를 위해 교실에서의 수업은 교사가 학생에게 일방적으로 지식을 전달하는 것이 아니라, 교사와 학생의 긴밀한 상호작용이 필요하다. 학생이 자신의 이해를 점검하고 증진시킬 수 있도록 하기 위해서는 교사가 그의 읽기 과정에 개입하거나 교사와 학생이 서로 역할을 교체하면서 내용에 관한 대화를 하는 방법이 필요하다. 이 과정에서 학생은 교사가 되어 교사나 동료 학생을 가르치기도 하고, 동료 학생을 교사로 인식하고 그에게서 새로운 것을 배우기도 하는 과정을 거치게 된다.

2) 특 징

상보적 교수법은 오랜 시간 동안 초등 및 중등학교에서 실험을 거쳐 완성되었다. 처음에는 중학교 학생들을 위해 개발되었지만, 초등학교에서도 적용할 수 있게 되었고, 몇 차례 변형이 이루어졌다. 그 개발 과정을 보면 다음과 같다.

① 중학교 읽기 교정 프로그램으로 개발: 원래 상보적 교수에 대한 연구는 중학년 학생들을 교정하는 프로그램에서 읽기 지도를 위해 개발된 것이다(1984).

② 초등학교 듣기 교육에 적용: 상보적 교수의 과정은 듣기 이해 지도를 위해 초등학교에서 사용할 수 있도록 수정되었다(1989).

③ 다른 교수 전략에 통합: 상보적 교수의 과정은 학생들이 주제별로 단원이 구성된 것을 학습하게 하는 의도적인 학습 환경에서 한 자질로 통합되었다(1990).

④ 재검토 및 변형 모형: 상보적 교수법에 대한 재검토나 수정한 것에

대한 연구가 이루어지기도 했다.

상보적 교수법의 특징은 다음과 같다.

(1) 전략 적용 과정

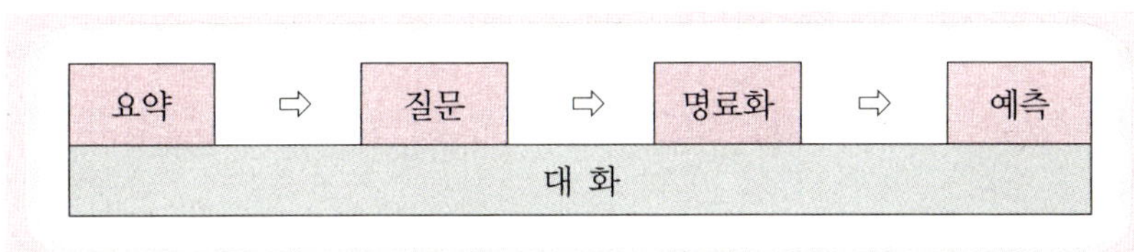

교수란 공유하고 있는 텍스트의 각 부분에 대해 참여자들이 서로 논의의 주도권을 교환하면서 대화를 하는 형식을 취한다. 참여자들이 텍스트를 이해하기 위해 더 많은 경험이 필요할 경우 논의는 더욱 격렬해지는데, 이때 참여자들이 질문, 요약, 예측, 명료화의 네 가지 전략을 사용하도록 한다. 텍스트의 한 부분을 혼자서 읽거나 함께 읽어가면서, 대화 리더는 내용과 관련된 질문을 제기하여 토론을 시작하게 한다. 다른 참여자들은 질문에 대답하고, 추가 질문을 한다. 질문에 대한 토론을 한 다음에는 대화 리더가 내용의 요지를 요약한다. 집단을 구성하는 사람들 중 요약한 내용에 동의하지 않을 경우 의견을 일치시키기 위해 텍스트를 다시 읽고 토론한다. 읽는 동안 제기된 문제나 대화의 핵심이 되는 토론을 명료하게 한다. 마지막으로 리더는 이어질 내용을 예측하게 한다. 대화를 통해 교사는 모델이 되어주고, 학습을 안내하고, 참여자들을 지원하는 송환을 제공한다.

(2) 대화의 역할

상보적 교수는 교사와 학생 사이의 대화를 포함한다. 상보적 교수에서 학생은 텍스트에 대한 질문을 제기할 때 스스로 교사의 역할을 한다. 이러한 접근은 학생들이 스스로 교사가 되는 전략이라고 할 수 있다. 상보적 교수는 학생들이 텍스트에서 효과적으로 의미를 구성하는 방법과 자신이 읽은 것을 자기 점검하는 방법을 학습하게 하는 것을 목표로 한다.

상보적 교수로 가르칠 때에는 학생이 자신의 책임이 어떻게 점차 커지는지 이해할 수 있도록 주의를 기울여야 한다. 소리내어 생각하기에 참여하거나 DRTA 활동을 하면 학생들이 텍스트와 내용 및 읽기 전략에 대해 언어로 상호작용 하는데 익숙해진다. 그 결과 학생들은 자신의 상위인지를 표현할 수 있어야 한다.

(3) 교사와 학생의 역할 교체

상보적 교수법의 핵심 특징은 학생과 교사가 서로 역할을 바꾸어 가며 수업을 진행하는 것이다. 교사는 학생의 입장이 되어 학생들이 알아야 할 것을 질문의 형태로 바꾸어 교사의 역할을 맡은 학생에게 설명을 요구하기도 하고, 그와는 반대로 교사의 역할을 맡은 학생의 질문에 대답을 하기도 한다. 이 과정에서 학생은 중요한 내용이 무엇인지 스스로 생각할 수 있는 능력을 기르게 되고, 글의 내용을 자신의 것을 받아들이게 된다.

3) 효 과

상보적 교수법은 여러 가지 실험을 통해 효과가 입증되었다. 그 내용을 간단히 정리하면 다음과 같다.

첫째, 상보적 교수법을 통해 학생들은 소극적인 관찰자에서 독자적으로 대화를 이끌어 가는 적극적인 자세를 갖게 된다. 학생이 교사의 역할을 맡아 질문을 해야 하기 때문에 스스로 질문하는 능력을 갖기 위해 노력하게 되며, 그 과정에서 혼자서도 이러한 과정을 수행하게 된다.

둘째, 상보적 수업으로 인해 학생은 교실에서 배운 것을 자신의 생활 속에서 지속적으로 적용하는 능력을 보인다. 즉 학교에서 배운 것이 자신의 읽기 생활에서도 별 변형이나 수정 없이도 적용할 수 있다는 것을 알게 되어 다른 교과나 다른 목적으로 글을 읽을 때에서 스스로 질문하고 대답하는 과정을 수행한다. 여기서 학교 교육과 무관한 다른 종류의 글에도 능력이 전이된다.

셋째, 글을 요약하거나 질문하는 능력, 글의 내용을 명료화하는 능력이 향상된다. 상보적 수업의 핵심은 글을 효과적으로 이해하는 것이다. 글의 내용이 무엇이든지 관계없이 상보적 수업은 학생이 글 전체 내용을 쉽게 요약하고, 명료화하며, 글에서 중요한 정보를 질문으로 바꾸어 스스로 읽기 목적으로 삼는 효과를 준다.

넷째, 학생들의 능력 수준에 별 차이 없이 효과를 보인다. 상보적 교수법을 통해 학생들이 자기를 조정하는 능력을 길러주려고 하기 때문에, 능력이 부족한 학생들도 질문을 제기하는 데 대해 두려움을 덜 갖는다. 게다가 능력이 우수한 동료들이 질문을 제기하고 전략을 이해하는 것을 모델로 삼아 관찰하면서, 교사가 말로 설명하는 것보다 학생들을 더 잘 이해하게 된다. 문학 작품에 상보적 교수법을 사용하면 텍스트 해석에 대한 활발한 토론이 가능하며, 내용 영역 읽기에 적용하면 학생이 핵심적인 읽기 전략을 더욱 강화시킬 수 있다.

다섯째, 상보적 교수법에서 사용하는 네 가지 전략은 이해를 촉진시키고, 이해 점검 수단을 제공한다. 기능을 가르치던 과거의 전통적인 방식과 비교하면, 네 가지 전략은 그 자체가 목적이 되는 것이 아니라 텍스트의 의미를 구성하는 맥락에서 연습하게 되어 전이력이 높아 교육적 효과를 제고할 수 있다. 더 나아가 토론을 통해 학생들은 전략을 융통성 있고 상황에 맞게 사용하는 법을 배우게 된다.

2 수업 절차

(1) 수업에 사용되는 네 가지 전략

① 요약하기

텍스트에서 중요한 정보에 초점을 두고, 독자가 능동적으로 참여해야 하는 정보에 초점을 두고 요약한다. 질문은 글과 분리하여 다루는 것이 아니라, 글을 이해하고 학습하는 데 필요한 목표로 인식한다.

② 질문하기

텍스트 내에서 독자가 여러 가지 방법으로 생각할 수 있는 구체적인 정보를 지적하면서 질문한다. 내용을 이해했는지 알기 위한 방법으로 self-review 행위로 보여준다. 적절히 요약하지 못하면 다시 읽기와 같은 활동을 투입한다.

③ 명료화하기

텍스트에서 명확하지 못한 것에 주의를 집중하고, 다시 읽기 전략을 적용하여 명확하게 한다. 글이 모호하거나 학생이 해석하는데 어려움이 있을 경우에 사용한다.

④ 예측하기

필자가 제공한 단서에 기초하여, 장르나 내용에 대한 사전 지식에 기초하여 텍스트에서 찾을 수 있는 것이 무엇인지 예측한다. 앞으로 읽을 과제를 예고하는데 도움이 되는 단서를 인식하는지 알기 위해 사용한다.

상보적 교수법 대화를 지원하는 데 사용하는 전략들은 유능한 독자들의 전략적 활동을 분석하여 얻은 것이다. 학생들은 요약을 통해 읽은 교재의 핵심을 확인하고 내용을 종합할 기회를 갖는다. 질문 만들기를 통해서 자신의 이해를 점검할 기회를 갖고, 텍스트이 내용을 회상하게 된다. 텍스트 구조 및 주제에 대한 사전 지식에 기초하여 예측을 하게 되면 목적을 지향할 수 있게 되고, 기지의 정보와 미지의 정보 연결을 촉진하게 된다. 마지막으로 명료화 활동을 통해 잘못 이해한 것을 해결할 필요가 있는 것을 알기 쉽게 한다.

(2) 수업의 단계

① 수업 안내

- 상보적 교수 과정을 설명한다.
- 학생과 교사의 역할 교체, 학생과 학생의 역할 교체의 중요성을 설명한다.

교사는 상보적 교수 과정을 설명한다. 학생이 자기를 점검하고 글을 이해하면서 읽는데 도움을 준다는 점을 명확하게 하고, 학생들이 상보적 수업에서 어떤 역할을 하는지 설명한다. 학생이 교사와 역할을 교체하거나, 학생들 사이에 역할을 교체하여 수업하는 효과에 대하여 가치를 설명한다.

② 전략 설명

- 상보적 교수법에서 사용할 전략을 설명한다.
- 학생들이 전략을 사용하지 못하는 것이 있으면 수업에 앞서 연습시킨다.

상보적 교수법은 질문 만들기, 요약하기, 명료화하기 등을 사용하게 된다.

③ 글 읽고 요약하기

- 글을 읽는다.
- 글의 내용을 요약한다.

상보적 교수법을 진행하기 위해 학생들이 소리내지 않고 읽을 수 있는 짧은 글을 택하여 읽힌다. 글의 길이는 상보적 교수법을 사용하는 데 적절하게 조절할 필요가 있다. 즉 질문을 만들고, 명료화하고, 예측해야 하기 때문에 지나치게 긴 글을 사용할 경우 수업을 진행하기 어렵다. 일단 글을 선택하면 읽으면서 대강의 내용을 요약하게 한다.

첫째, DRTA는 글을 읽기 전에 예측이나 추론하는 활동을 강조한다. 즉 글을 읽기 전에 독자의 적극적인 사고를 자극함으로써 글과 독자의 상호작용을 촉진한다. 단순히 예측하는 것이 아니라 예측한 것을 정당화하기 위해 자신의 개인적인 경험이나 지식을 동원하고, 그와 관련된 글 내부에 있는 정보를 단서로 연결하여 적절히 활용하게 한다. 이 과정은 글과 독자의 상호작용을 통해 글을 이해한다는 현대의 독해 이론에 맞는 것으로 글 한편을 다 읽고 난 후 자신의 생각과 연결시키는 일이 매우 힘들고 복잡한 반면 읽기 전부터 글과 독자의 상호작용을 유도하여 글을 읽는 과정 전체에서 상호작용을 유지하게 하는 특징이 있다. 즉 글을 읽으면서 자신의 생각을 정당화고 다음 내용을 예측하기 위해 끊임 없이 자신의 경험과 지식을 동원해야 하고, 글의 내용을 일일이 확인하는 과정을 읽기의 핵심 과정으로 도입하는 것이다.

둘째, 이 모형은 학생들은 서로 동일하지 않으면, 자신의 경험과 배경에 따라 전혀 다른 존재이기 때문에 글에 대한 반응과 수용 방식 또한 다르다는 전제를 갖는다. 학생은 동기가 다를 뿐 아니라, 태도나 목적, 글을 이해하는 능력, 정보를 활용하는 능력이 다르기 때문에 동일한 글을 읽을 때에도 글 정보에만 집중할 경우 학생 사이의 차이를 반영하지 못하게 된다. 개인의 차이를 고려하여 글을 다루는 방법을 안내함으로써 모든 학생이 정답을 추구하기 보다는 다양한 사고를 유발하고, 글을 자신의 것으로 소화할 수 있도록 하기 위한 모형이다. 이는 현대의 구성주의적 관점과도 맥을 같이하는 면이 있다.

셋째, DRTA 모형에서는 교사와 학생의 관계도 고정적이지 않고 매우 역동적이다. 교사는 일방적으로 학생들에게 글을 이해시키거나 글 정보를 설명하는 것이 아니라, 학생과 공동 사고를 함으로써 학생이 스스로 생각할 수 있는 능력을 길러준다. 글을 읽고 사고하는 과정에서 교사는 지속적으로 학생에게 질문을 던지고 함께 해답을 찾아가면서 수업을 진행한다.

3) 효 과

DRTA 모형은 다음과 같은 장점을 가지고 있다.

첫째, DRTA 모형은 글에 대한 비판적인 사고를 촉진시킨다. DRTA 모형에서는 글을 학생이 학습할 주제에 관해 최종적인 견해라는 생각보다는 해결해야 할 문제를 담고 있는 글이라고 보게 한다. 학생은 독자로서 글과 상호작용하면서 글을 비판하고 평가하는 방법을 배우게 된다.

둘째, 글을 읽고 난 후 과정에서 매우 융통성이 있다. 글을 읽고 나서 글을 다시 점검해보게 할 수도 있고, 글을 다양한 방식으로 확장하게 할 수도 있다. 질문을 잘하면 토론이 가능한 주제도 찾을 수 있다. 이러한 과정을 통해 학생은 글과 자신의 경험으로부터 자신의 생각을 방어하거나 더 세련되게 만드는 증거를 찾을 수 있다.

셋째, 학생이 글을 읽은 결과를 점검하고 평가하는 전략을 가르칠 수도 있다. 질문은 읽은 후 활동의 한 가지 형태일 뿐이다. 글을 극화한다거나 그림으로 그리거나, 기타 다른 방법을 사용하여 내용을 정리하게 할 수도 있다.

넷째, DRTA 모형은 학생의 정의적 영역에도 긍정적인 영향을 미친다. 교사와 학생이 글을 매개로 하여 생각을 주고받는 가운데 교사가 원하는 것이 자연스럽게 학생에게 전달되기 때문에 학생의 반발을 피하고 협조적인 자세를 갖게 할 수 있다.

2 수업 절차

DRTA 모형은 몇 가지 변형이 있다. 그중에서도 미국 일리노이 대학의 모형과 네슬(Nessel)의 모형이 대표적이다. 우선 미국 일리노이 대학에 부설된 국립교육연구원에서 제작한 모형의 절차는 다음과 같다.

읽기 전 내용 추측

글을 읽기 전에 어떤 내용에 대한 것인지, 일어난 이야기가 무엇인지, 무엇을 배울 수 있는지 추측하는 단계

사전 지식 활용

추측을 할 때 사전 지식을 활용하게 하고, 그것의 중요성을 인식시키는 단계

추론적 질문과 해답 및 단서 찾기

- 추론적 질문하기
- 답을 정해두기
- 글에서 추론을 뒷받침하기 위한 단서를 찾도록 도와주기
- 단서가 답과 연결되는 점을 명시해 주기

학생의 독자적 연습 확대

교사의 도움을 받는 단계에서 점진적으로 학생 스스로 연습하도록 돕는 단계

이 모형은 글을 읽기 전부터 끝까지 학생의 스키마를 활성화시켜 스스로 생각할 수 있게 하는 것이다. 학생이 주체가 되는 읽기 활동을 지도할 수 있다.

반면에 네슬의 모형은 다음과 같다.

- 한 편의 이야기에서 주요 전환점 상정하기
- 읽으면서 전환점마다 멈추어 뒤에 이어질 내용 상상하기
- 추측한 것에 대한 근거를 글 내용이나 경험에서 추출하기
- 뒷 부분을 읽으면서 추측한 내용을 평가하고 추측을 변경할지, 그 이유가 무엇인지 제시하기

이 모형에서는 글에서 단서를 찾는 일을 매우 중요하게 생각한다. 즉 독자의 경험이나 지식뿐만 아니라 글의 내용도 중요한 정보로 활용하게 한다. 아울러 창의적 사고를 촉진하기도 한다.

이러한 두 가지 모형은 기본적으로 다음과 같은 기본 모형에서 나온 것이다. 기본 모형은 다양한 사고 기능에 적용할 수 있으며, 적절히 변형될 수 있으므로 이것을 이해하는 것이 위의 두 모형보다 적용 범위를 넓힐 수 있다. 기본 모형의 수업 단계는 다음과 같다.

(1) 읽는 목적 설정과 확인

첫째 단계는 학생이 무엇을 알고 무엇을 모르는가에 대한 정리를 하면서 시작한다. 글과 관련하여 자신이 가지고 있는 경험과 지식을 동원하기 위해서는 이러한 과정이 매우 중요하다. 즉 읽는 목적을 설정하지 않으면 읽기를 왜, 어떻게 해야 하는지 결정할 수 없으며, 이로 인해 읽는 시간만 낭비할 뿐이기 때문이다. 이는 상위인지 이론에 의해서도 지지를 받는다.

읽기 전에 학생은 글의 제목을 비롯한 여러 가지 단서를 이용하여 글의 내용을 파악하기 위한 스키마 활성화 활동을 해야 한다. 읽는 목적에 따라 학생이 동원해야 할 경험이나 지식이 다르기 때문이다. 예를 들면 글의 내용을 예측하는 능력을 길러주기 위해서는 글의 내용을 예측하는 것을 목표로 설정하게 하고, 그것을 위해 자신이 예측하는 방법이나 예측의 필요성 등에 대한 생각을 정리하게 한다.

학생들은 자신의 사전 경험이나 지식을 활용하는 것이 왜 중요한지 알아야 하므로 교사가 이에 대한 설명을 한다.

그리고 스키마 활성화를 위해 몇 가지 질문을 만들게 하거나, 교사가 직접 질문할 수 있다.

- 무엇에 관한 글인가?
- 무슨 일이 일어날 것인가?
- 무엇을 배울 수 있는가?
- 이것과 관련하여 무엇을 알고 있는가?

(2) 읽기 속도 조절하기

둘째 단계에서는 일단 목적이나 자료를 확인하면 그에 따라 읽기 속도를 조절하게 한다. 줄거리를 파악하는 것이 목적이라면 빨리 대충 읽겠지만, 구체적인 사실을 확인하거나 내용을 추론할 경우에는 시간을 들여 천천히 생각하면서 읽어야 한다. 또한 비판적으로 읽으려면 자신의 생각과 견주어 보아야 하기 때문에 시간이 더욱 필요하다. 이를 위해 학생 스스로 읽을 목적을 몇 가지 질문으로 바꾸어보게 한다.

글의 내용을 예측하는 능력을 길러주는 것을 목표로 하면 학생은 글을 한꺼번에 모두 읽어서는 안 된다. 글을 몇 개의 부분으로 나누어 차례로 읽어가면서 내용을 예측하고 점검하고 다시 예측하는 과정을 밟아야 한다. 그러기 위해 교사나 학생은 예측과 관련된 질문을 만들어 학생 스스로 질문에 대답할 준비를 하게 한다.

(3) 읽는 상황 관찰하기 및 독해 지도하기

셋째 단계에서는 학생들이 글을 묵독하면서 질문에 대한 해답을 찾고, 자신의 목적을 달성하기 위한 전략을 투입한다. 여기서 교사는 학생들이 어떤 전략을 사용하는지 관찰한다. 교사는 학생이 만든 질문이 목적에 적합한지, 그리고 그에 대한 해답을 찾는 과정이 적절한지 관찰하여 지도할 목표를 정한다.

예측하며 읽는 능력을 위해 몇 가지 세부 단계가 필요하다. 교사는 학생들에게 예측하는 능력을 길러주기 위한 활동을 다음의 단계로 나누어 제시한다.

- 글을 몇 개의 부분으로 나눈다.
- 읽는 내용과 관련하여 추론적인 질문을 하도록 유도한다.
- 질문에 대한 해답을 찾게 한다.
- 글에 담긴 정보와 자신의 지식이나 경험을 연결하게 한다.
- 이러한 과정을 반복하면서 글을 차례로 읽게 한다.

그다음에는 학생이 생각한 내용이나 해답이 근거에 맞는지, 합리적인지, 타당성이 있는지 말하게 한다.

(4) 중요 기능 지도하기

넷째 단계에서는 글 속에 포함되어야 할 중요한 기능을 지도한다. 여기서 교사는 학생이 학습해야 할 전략이 필요하면 이것을 제시하고 처리하게 한다.

학생들이 예측하는 데 사용한 방법, 근거를 활용하는 방식, 예측에서 빗나가게 된 이유 등을 토대로 교사는 학생에게 필요한 능력이 무엇이고, 학생이 이미 학습하였기 때문에 지도하지 않아도 될 능력이 무엇인지 판단한 후 지도할 내용을 정한다. 그리고 지도해야 할 기능을 중심으로 전략적으로 지도한다.

3 유의점

DRTA는 학생들이 수동적으로 글을 읽기보다는 능동적으로 사고하면서 읽게 하기 위한 방법이다. DRTA는 학생의 사고 능력을 길러주면서 동시에 학생에게 필요한 능력, 학생이 학습해야 할 능력이 무엇인지 확인하여 집중적으로 지도할 수 있는 방법이다. 따라서 학생들이 목표를 달성할 수 있는 전략을 갖고 있는지, 그것을 적절하게 활용하는지, 또는 학생들이 부족한 지식이 있는지, 적용하지 못하는 것이 있는지 확인하여 지도해야 할 요소를 결정하는 일이 중요하다. 이를 위해 일단 학생들이 목표 달성을 위해 어떤 생각을 하고 어떤 활동을 하는지 철저하게 관찰하여 분석하여야 한다.

DRTA는 그 자체로 완성된 교수·학습 모형이기도 하며, 동시에 마지막 단계에 새로운 모형을 통합하여 운영할 수 있는 모형이기도 하다.

교사가 학생들에게 질문을 할 때에는 단순히 예/아니요로 대답할 수 있는 질문을 피하고, 복잡한 사고 과정을 거쳐야 하는 흥미 있는 질문을 하여야 한다. 문자적인 질문, 회상에 관한 질문은 사고를 제한하기 때문이다. 또한 이러한 질문은 글에서 중요하지 않은 부분에 주의를 집중시키고, 글 전체를 잘못 이해하게 만드는 요인이 될 수도 있다. 질문은 학생이 글 전체를 살펴보면서 정보를 통합해야 해결할 수 있는 것일수록 좋다. 거기에 더하여 학생 스스로 새로운 질문을 제기할 수 있는 것이면 더욱 좋다.

참고문헌

노명완 · 박영목 · 권경안(1988). 국어과교육론, 갑을출판사.

서울대학교 국어교육연구소 편(1999). 국어교육학 사전, 대교출판.

최현섭 · 최영환 · 신헌재 · 노명완 · 박인기(1995). 국어교육학의 이론화탐색, 일지사.

Bank, A., M. E. Henerson, L.Eu(1981). *A Practical Guide to Program Planning: A Teaching Models Approach,* Teachers College, Columbia University. 박성익 · 권락원 편역(1989). 수업모형의 적용 기술. 성원사.

Joyce, B. Marsha Weil(1986). *Models of Teaching*, Allyn and Bacon. 윤기옥 · 송용의 · 김재복 공역(1995). 수업모형. 형설출판사.

Vygotsky, L. S.(1964). *Thought and Language.* 신현정 역(1985). 사고와 언어. 성원사.

Atkinson, Rhonda H., Debbie Guice Longman(1990). *Reading Enhancement and Development*, West Publishing Company.

Cruickshank, D. R., D. Bainer, K. Metcalf(1995). *The Act of Teaching* McGraw-Hill.

Gunter, M. A., T. H. Estes, J. Schwab(1995). *Instruction A Models Approach* (2nd ed.), Allyn and Bacon.

Salinger, Terry(1993). *Models of Literacy Instruction*, Macmillan Publishing Company.

Sternberg, Robert J.(1996). Cognitive Psychology, Harcourt Brace College Publishers.

Chapter 24 오류주의모형

시나리오

- 적용교과: 수학 5-가 단계
- 적용단원: 1. 배수와 약수
- 수업목표: ① 3의 배수를 판별하는 방법을 안다.
  ② 추측하고 반례를 찾으며 추측을 개선하는 수학적 과정을 경험한다.

1 문제와 추측하기

- 자연스럽게 어떤 문제가 나타나게 한다.
- 문제에 대한 해를 추측하게 한다.

강 교사는 지난 시간에 배운 배수의 개념에 기초하여, 학생들에게 2의 배수를 찾아서 쓰게 하였다. 학생들은 2, 4, 6, 8, 10, 12 …… 등을 공책에 적었고, 교사는 학생들에게 2의 배수의 일의 자리 수에 주목하게 하였다. 학생들은 2의 배수의 일의 자리 수가 모두 2, 4, 6, 8, 0 중의 하나이며 이

것이 2의 배수가 됨을 알아챘다.

강 교사는 또 5의 배수를 찾아서 쓰게 하고 같은 방법으로 진행하였다. 학생들은 5의 배수의 일의 자리 수가 0 또는 5가 되는 것을 알았다.

교사는 학생들에게 '그러면 3의 배수의 경우는 어떻게 될 것인지' 생각하게 하였다.

학생들은 3의 배수의 일의 자리 수도 3, 6, 9, 0 중의 하나일 것이라고 대답하였다. 학생들은 3의 배수를 판별하는 방법을 추측한 것이다.

2 추측의 정당화 및 반례의 출현

- 추측을 의심하게 한다.
- 추측을 정당화하게 한다.
- 추측이나 정당화 방법에 대한 반례가 나타날 수 있게 하며, 경우에 따라서는 교사가 그런 반례를 제안하기도 한다.

교사는 그 추측이 옳은지를 확인하기 위해 학생들에게 몇 가지 수를 제시하고 확인하게 하였다. 36, 69 등이 3의 배수가 되는지를 확인하게 하고 23, 26에 대해서는 어떻게 되는지를 물었다. 즉, 학생들의 추측에 대한 반례를 제시한 것이다.

또 교사는 일의 자리의 수가 3, 6, 9, 0이 아닌 수 중에서 3의 배수가 되는 수를 찾아보게 하였다.

어떤 학생은 2의 배수의 일의 자리의 수가 2, 4, 6, 8, 0이며, 5의 배수의 일의 자리의 수가 5, 0과 같이 같은 간격으로 반복되지만 3의 배수의 경우는 3, 6, 9, 0이면 같은 간격이 아니어서 '이상하다!'고 말하기도 한다. 제안된 추측이 잘못되었을 것이라는 의심이 생긴 것이다.

3 반례의 분석

- 반례를 분석하여 그것이 왜 반례가 되는지를 확인한다.

교사는 일의 자리 수가 3, 6, 9, 0이 아닌 수 중에서 3의 배수가 되는 수를 조사하고 그런 수의 특징을 살펴보게 하였다.

12, 15, 21, 24, 27, ……

그리고 일의 자리 수가 3, 6, 9, 0이지만 3의 배수가 되지 않는 수를 조사하고 그런 수의 특징을 살펴보게 하였다.

13, 16, 19, 20, 23, 26, ……

일의 자리 수가 3, 6, 9, 0이며 3의 배수가 되는 수를 조사하고 그런 수의 특징을 살펴보게 하였다.

30, 33, 36, 39, 60, 63, ……

4 추측의 개선

- 반례가 반례가 되지 않도록 추측을 개선한다.
- 새로운 추측이 맞는지를 확인하고 정당화하게 한다.
- 새로운 문제를 생각하게 한다.

이런 분석을 통해서, 3의 배수인 수는, 일의 자리의 수가 3의 배수이면

된다."는 식의 답이 불필요하게 된다.

그리고, 오류를 발견하고 개선할 수 있는 중요한 수단이 '대화'이기 때문에 수학 교수·학습에서 개인의 경험과 대화는 중요한 역할을 한다. 개인의 경험에서 출발하여 대화를 통해 오류를 발견하고 개선해 나가는 것이다. 이러한 과정을 통해 토론하는 능력과 비판력을 길러주는 것을 그 목적으로 할 수 있다.

수학적 지식의 무오류성과 성급한 연역적 전개를 포기하고 수학적 지식의 발견 과정을 있는 그대로 제시해 주게 되므로 아동에게 수학적 지식을 강요하는 것이 아니라, 수학화를 강조하고, 아동에게 성공도 있을 수 있고 실패도 있을 수 있는 인간 활동으로서 수학을 제시하게 되어 수학에 대한 긍정적인 인식과 자신감을 길러줄 수 있다.

2 수업 절차

Lakatos의 이론에 기초한 수업모형에는 소박한 추정 모형과 연역적 추정 모형이 있다.

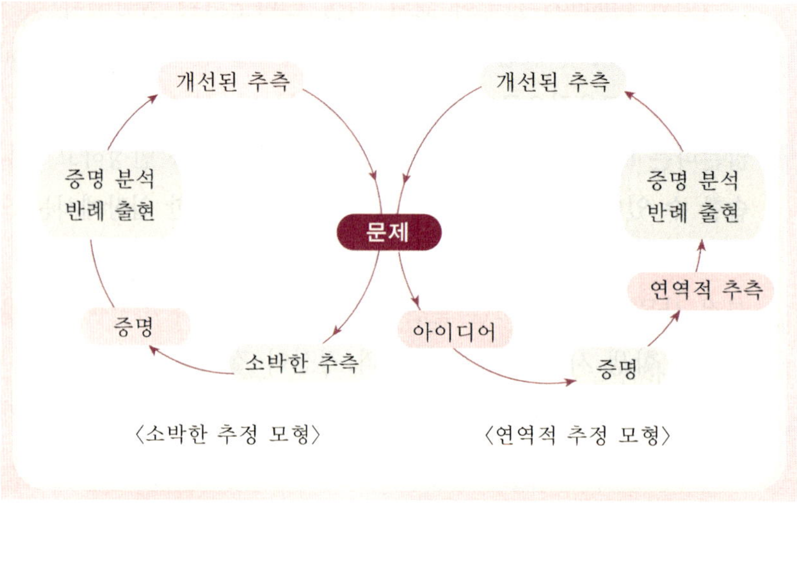

이 두 모형은 상호 관련을 가지게 되지만 모두 '증명'과 '반례'가 중요한 역할을 하게 된다. 초등학교에서도 귀납과 유추를 하는 상황이 많고 귀납과 유추의 결과에 대한 반례가 종종 나타나곤 한다. 그러나 '증명'은 초등학교에서 다루어지지 않는다. 따라서 초등학교에서 소박한 추정 모형이나 연역적 추정 모형을 적용하는 것은 무리이다. 그렇기는 하지만 학생들이 추측하고 추측에 대한 반례가 등장하기 때문에 반례를 분석하는 것은 아주 의미있는 활동이 된다. 그러므로 Lakatos의 오류주의를 초등학교 수준에 맞게 고려하면 다음과 같은 수업 단계를 생각할 수 있을 것이다.

문제 → 추측 → 정당화 → 반례 출현 → 추측의 개선 → 새로운 문제

문제 단계에서는 발견하고자 하는 내용과 관련된 문제가 직접 주어질 수도 있지만, 그러한 문제 자체를 학생들이 발견하는 것 또한 중요하므로 직접 문제를 제시하기 보다는 학생들이 문제를 용이하게 발견할 수 있는 상황을 제시하는 것이 보다 바람직하다. 문제의 해를 정확하게 추측할 수 있는 명백한 문제를 제시하면 추측을 개선하는 활동이 진행되기 어렵고, 따라서 이 모형이 의도하는 수학적 발견의 경험이 어려워지기 때문에 오류를 수반하는 추측이 제안될 수 있는 문제를 고려하여야 한다.

두 번째 단계인 추측 단계에서는 문제의 해를 추측하게 된다. 이 추측은 잠정적인 해로써, 문제에서 시작하여 시행착오와 검사를 거쳐서 얻어지는 것으로서 문제의 가장 그럴듯한 해로서 제안되게 된다. 소박한 추측 이전에 의식적이든 무의식적이든 많은 시행착오 및 추측과 반박의 과정이 있을 수 있다.

소박한 추측을 얻게 되면 그것을 정당화(증명)하게 되는데, 이것이 세 번째 단계이다. Lakatos에 의하면, 증명은 추측이 참임을 입증하기 위한 과정이 아니라 추측을 보다 쉽게 반박하기 위한 시도이므로 증명을 엄밀하게

하는 활동보다는 증명을 주의 깊게 분석하는 활동이 보다 중요해진다. 그러나 초등학교 수준에서의 정당화는 증명보다는 귀납적 정당화나 반례를 찾아보고자 하는 노력이라고 할 수 있다.

네 번째 단계인 반례의 출현에서는 반례를 찾도록 유도한다. "특수한 경우를 조사해 보아라", "극단적인 경우를 조사해 보아라", "성립하지 않는 경우는 없을까?" 등과 같은 발문이 반례를 찾는 데 도움이 될 것이다.

다섯 번째 단계에서는 추측을 개선하게 된다. 추측을 반박하는 사례가 나타났을 때 추측을 기각하기 보다는 원래의 추측을 주의 깊게 분석하여 추측을 개선하도록 시도하여야 하며 그러한 과정에서 추측이 개선되고 용어가 보다 명확하게 정의될 수도 있다.

만약 반례가 나타나지 않으면 그 추측은 잠정적으로 참인 것으로 인정된다. 따라서 교사는 학생이 정당화를 시도할 때 추측에 대한 적절한 반례를 준비해 두었다가 필요시 제시할 수 있어야 한다. 이러한 수업을 위해서는 교사의 철저한 교재 연구를 바탕으로 한 지도 과정에 대한 사고 실험이 요구되는 것이다.

개선된 추측에 대한 반례가 다시 나타날 수 있으며 이 경우 위의 과정이 다시 반복하게 된다.

이러한 수업모형에 따른 수업은 처음부터 완벽한 정리를 제시하여 진행하는 수업보다 산만하고 복잡하며 시간도 많이 소요될 것이다. 그리고 이 모형에 따라 마지막으로 얻어지는 추측, 곧 정리는 교사나 교과서가 제시하는 정리와 동일하거나 그보다 더 불완전하게 되기 쉽다. 그러나 수업의 목적이 학생들에게 주어진 정리를 논리적으로 증명하게 하는 것이 아니라 그러한 정리를 발견하게 하는, 곧 수학을 하는 경험을 맛보게 하고 발견 능력과 비판 능력을 길러 주고자 하는 것이라면 불완전한 정리를 보다 많은 시간을 요하면서 얻게 된다 하더라도 충분한 가치가 있을 것으로 생각된다. 따라서 수업의 목적이 단순한 명제적인 수학적 지식의 획득인가 아니면 수학을 하는 능력의 개발과 그 경험인가를 먼저 충분히 고려해 본 후에 이러한 탐구 모형을 수업에 적용하여야 할 것이다.

한편, 이 모형에 증명이나 정당화의 단계가 포함되어 있다고 해서 반드시 증명하는 문제에만 이 모형이 적용되는 것은 아니며, 해답을 구하는 문제를 해결하는 데에도 역시 이용될 수 있다. 왜냐 하면 오류주의 인식론에서 증명은 정당화의 논리가 아니라 추측을 반박에 노출시키기 위해 추측을 분해하는 과정이며 그러한 분해 과정은 문제를 해결하는 데에도 역시 존재하기 때문이다. 문제해결에서 소박한 추정 모형은 '예상과 확인' 전략과 유사한 면이 있으며, 1에서 100까지의 자연수의 합을 구하는 Gauss의 방법과 같은 문제의 해결에서는 연역적 추정 모형이 적용되었다고 볼 수 있다.[2)]

3 유의점

이 모형은 특정한 수학적 지식을 지도하는 데 사용될 수도 있으나 그보다는 수학적 발견을 경험하게 하는 데 더 큰 목적이 있음을 주의해야 한다.

학생들이 추측하고 반례를 찾고 추측을 개선하기 위해서는 교사의 발문이 매우 중요하다. 상황에 따른 적절한 발문을 해야 한다.

또한, 학생들의 추측이 아무리 어리석어 보여도 비난해서는 안 되며 동료 학생들이 놀려서도 안 된다. 어떤 제안이든지 수용할 태세가 되어 있어야 한다.

여기서 제시된 여러 단계가 명료하게 구분되는 것은 아니다. 단계들이 거의 동시에 일어날 수도 있다. 예를 들면, 문제가 의식됨과 동시에 추측이 함께 나타날 수도 있으며, 정당화의 과정에 또는 정당화보다 앞서서 반례가 나타날 수도 있다.

2) Gauss는 더하는 수들이 차례로 1씩 커지고 있다는 아이디어에서 시작하여 연역적으로 답을 구하고 있다.

강 교사는 6명 내외로 하여 6개의 소집단을 구성하여 자리를 배치하였다.

2 교사 주도하의 문제해결

- 교사는 단순화하기 전략이 무엇인지, 단순화하기 전략을 어떻게 사용하는지를, 함께 문제를 해결해 가면서 시범을 보인다.
- 단순화하기 전략의 유용성 및 문제를 간단히 하는 방법을 정리하여 설명한다.

강혜송 교사는 미리 계획해 두었던 문제를 문제해결 과정(이해, 계획, 실행, 반성)에 따라서 적절한 발문을 하며 학생들과 함께 교사의 주도하에 해결하였다. 특히, 계획 단계에서 문제가 복잡함을 인식시키고 문제를 단순한 문제로 고쳐서 해결해 봄으로써 단순화 하기 전략의 필요성을 알게 하였다.

교사는 문제를 해결하고 난 후, 복잡한 문제를 간단한 문제로 바꿔서 풀면 해결 방법을 쉽게 발견할 수 있음을 인식시키고, 문제를 간단히 하는 방법을 설명한다.

3 소집단별 문제해결

- 학생은 소집단별로 주어진 문제를 해결한다.
- 교사는 각 소집단이 단순화하기 전략을 사용하여 문제를 해결하는지를 확인하고, 필요한 도움을 제공한다. 그리고 발표할 거리가 있는 조를 미리 확인해 둔다.

강 교사는 두 가지 종류의 문제를 준비하여 각각의 소집단에 어느 하나의 문제를 부과하였다. 각 집단마다 서로 다른 문제를 해결할 필요가 없으며 나중에 발표하고 정리하기에 시간도 부족하다고 판단하였기 때문이다. 학생들이 단순화하기 전략을 잘 구사할 수 없기 때문에 교사는 칠판 한 구석에 단순화하기 전략의 단계를 적어주고 그것을 참고하며 문제를 풀게 하였다. 칠판에는 "문제를 간단한 문제로 고친다.", "간단한 문제를 푼다.", "그 방법을 처음 문제에 적용한다."와 같이 쓰여져 있다.

학생들은 소집단별로 주어진 문제를 해결한다. 구성원 각자가 다양한 단순화 문제를 만들 수 있으나 조장의 안내 하에 그중 한 문제를 선택하여 해결한다.

교사는 순회 지도를 하면서 단순화하기 전략의 적용 여부를 확인하고, 전체에게 발표하거나 소개할 만한 내용이 있는 조를 미리 확인해 둔다.

4 소집단별 발표 및 정리

- 소집단별로 발표를 하고 토론한다.
- 교사는 발표 결과를 정리하고, 단순화하기 전략의 필요성과 장점을 학생들이 인식할 수 있게 한다.

강혜송 교사는 각 집단이 탐구한 결과를 검토하고 주제에 벗어나지 않도록 조언하며, 발표하는 방식에 대해서도 조언하고 필요한 것을 준비해 주었다. 그리고 각 집단의 발표자들을 모아 발표 일정을 협의하였다.

1 이 론

1) 이론적 기초

수학과에서 문제해결의 교육적 중요성이 인식되고 강조된 것은 Polya 덕

분이다. Polya(1962, p.vii-viii)는 지식을 정보와 know-how로 구분하고, 수학에서 know-how가 정보의 단순한 소유보다 훨씬 더 중요하며, 수학에서의 know-how는 어느 정도 자주성, 판단, 독창성, 창조성을 요구하는 문제를 해결하는 능력이라고 말함으로써, 문제해결 능력의 중요성을 강조하였다. 사실, 과학이 발달하면서 계산 기능의 숙달보다는 문제를 분석하고 문제를 해결하기 위한 수단을 찾는 능력이 보다 중요해졌음은 두말할 필요도 없다. 문제해결 능력의 중요성은 갈수록 부각되어, NCTM(1980, p.1)이 "문제해결은 80년대 학교 수학의 초점이 되어야 한다."고 권고하고, 89년에도 "학생들은 생산적인 시민이 되기 위해서는 문제해결 능력을 개발하는 것이 필수적이다."(NCTM, 1989, p.6)고 다시 강조하였다.

그리하여, 전세계적으로 문제해결 능력을 신장시키기 위한 여러 가지 방안이 강구되고 실천되어 왔으며, 우리나라에서는 한국교육개발원이 중심이 되어 문제해결 수업모형과 자료를 개발하였다.

Krulick과 Rudnick(1984)은 문제를 단순한 회상만으로 해결되는 문제(question)와 정착을 위한 연습문제(exercise), 사고 활동을 필요로 하는 문제(problem)로 구분하였다.

문제해결에서 말하는 문제는 사고 활동을 필요로 하는 문제이며, 문제를 해결하는 알고리즘이나 답을 얻는 방법을 모르며 문제해결 전략의 사용이나 공식화되지 않은 독자적인 해결 방법의 사용을 요구하는 진정한 의미의 문제를 말한다. 이와 같은 형태의 문제에서는 문제의 해결 그 자체보다는 해결 과정을 중요시한다. 이러한 문제의 해결은 특수한 수학적 개념이나 공식 또는 풀이법에 전적으로 의존하지 않으며 독자적인 해결 전략의 사용을 요구한다.

Polya는 문제를 해결하는 전형적인 과정을 제시하였으며, Schoenfeld는 오랜 실험 연구를 통해 Polya의 문제해결 과정을 수정하여 실제적인 문제해결 과정을 제안하였다.

(1) Polya의 문제해결 모형

Polya는 자신이 문제를 해결해 왔던 경험을 주의깊게 분석해 본 뒤, 모든 문제의 해결은 문제의 이해, 해결 계획의 수립, 계획 실행, 반성의 4 단계를 거쳐야 한다고 결론지었다. 그것을 그림으로 나타내면 다음과 같다.

문제 이해 — 계획 수립 — 계획 실행 — 반 성

Polya는 이러한 문제해결의 4 단계가 학생들의 문제해결 능력을 신장시킬 수 있는 좋은 방법이 될 수 있다고 보고, 다음과 같이 각 단계에서 유용한 발문과 권고를 제안하고 있다.

각 단계에서 적절한 발문과 권고

① 문제에 대한 이해

- 미지의 것은 무엇인가? 자료는 무엇인가? 조건은 무엇인가?
- 조건을 만족될 수 있는가? 조건은 미지의 것을 결정하기에 충분한가, 또는 불충분한가, 또는 과다한가, 또는 모순되는가?
- 그림을 그려보아라. 적절한 기호를 붙여라.
- 조건을 여러 부분으로 분해하라. 그것을 써서 나타낼 수 있는가?

② 계획의 작성

- 전에 그 문제를 본 일이 있는가? 그렇지 않으면 약간 다른 형태로 된 같은 문제를 본 일이 있는가?
- 관련된 문제를 알고 있는가? 유용하게 쓰일 수 있을 듯한 어떤 정리를 알고 있는가?
- 미지인 것을 살펴보아라. 친숙한 문제 중 미지인 것이 같거나 유사한 문제를 생각해 보아라.

- 관련된 문제로 전에 풀어 본 일이 있는 문제가 있구나. 그것을 활용할 수가 있을까? 그 결과를 활용할 수 있을까? 그 방법을 활용할 수 있을까? 어떤 보조 요소를 도입하면 그것을 활용할 수 있을까?
- 문제를 달리 진술할 수 있을까? 좀 더 다르게 진술할 수 있을까? 정의로 되돌아 가보자.
- 만일 제기된 문제를 풀 수 없다면, 먼저 어느 정도 그와 관련된 문제를 풀어 보아라. 보다 접근하기 쉬운 관련된 문제를 생각해낼 수 있는가? 보다 일반적인 문제는? 보다 특수한 문제는? 유사한 문제는? 문제를 부분적으로 풀 수 있는가?
- 조건 가운데 일부분만 남기고 다른 것은 버려 보아라. 그랬을 때 미지인 것은 어느 정도까지 정해지는가? 어떻게 변형할 수 있을까? 자료로부터 무언가 유용한 것을 이끌어 낼 수 있을까? 미지인 것을 결정하는 데 적절한 다른 자료를 생각해 볼 수 있을까? 새로운 미지인 것과 새로운 자료가 서로 보다 더 가깝게 되도록 하기 위해서, 미지인 것이나 자료 또는 필요하다면 두 가지 모두 변형할 수 있을까?
- 자료는 모두 사용했는가? 조건을 모두 다 사용했는가? 문제에 포함된 핵심적인 개념은 모두 고려했는가?

③ 계획의 실행

- 풀이 계획을 실행하고 매 단계를 점검하라. 각 단계가 올바른지 명확히 알 수 있는가? 그것이 옳다는 것을 증명할 수 있는가?

④ 반성

- 결과를 점검할 수 있는가? 논증 과정을 점검할 수 있는가?
- 결과를 다른 방법으로 이끌어 낼 수 있는가? 그것을 한눈에 알 수 있는가?
- 결과나 방법을 어떤 다른 문제에 활용할 수 있는가?

(2) Schoenfeld의 모형

Schoenfeld(p.110)는 Polya의 모형이 단선적이라고 비판하면서, 문제해결의 과정을 분석, 계획, 탐구, 실행, 검증으로 보고, 다음 그림과 같이 나타내고 있다.

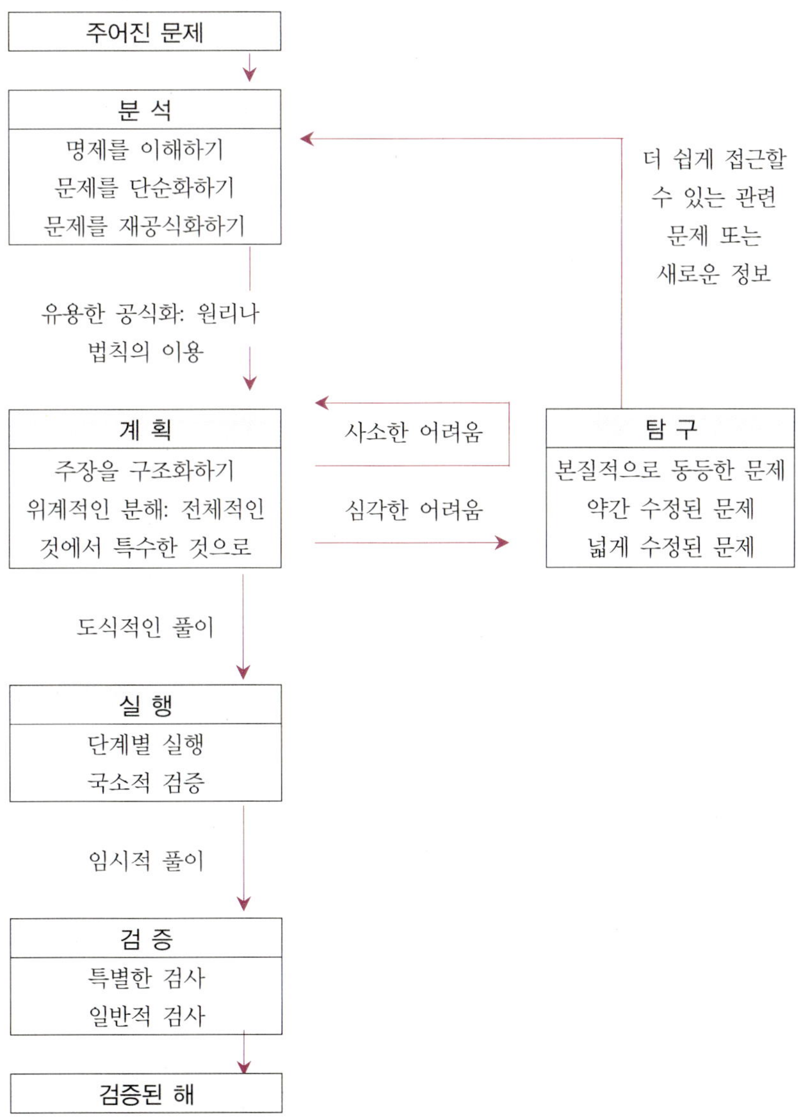

片桐重男의 모형

片桐重男은 여러 학자들의 문제해결 과정을 검토하여 문제해결 과정을 문제의 형성·파악, 해의 개괄적 구상, 해결의 실행, 해의 논리적 조직화, 검증의 5 단계로 제안하였다.

한국교육개발원의 문제해결 수업모형

한국교육개발원에서는 문제를 해결하는 과정을 Polya의 문제해결의 과정에 문제의식이라는 단계를 추가하여 문제의식, 문제 이해, 계획 수립, 실행, 반성의 5단계로 설정하고, 먼저 교사와 학생들이 함께 토론하면서 문제해결 단계 및 전략을 익히고 나서, 다음에는 학생을 소집단으로 나누어 각 집단별로 문제를 해결해 보도록 하라는 Schoenfeld의 권고를 받아들여, 다음과 같은 문제해결 수업모형을 제안하고 있는데, 전체 수업과 소그룹별 수업을 병행하고 있다는 점에서 적절해 보인다.

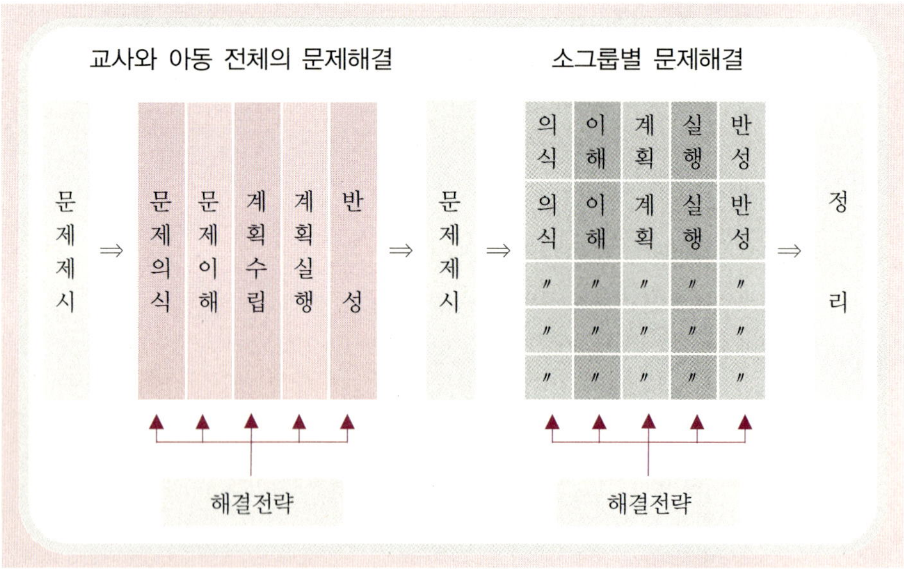

강문봉의 문제해결 수업모형

문제해결에 관해서는 Polya의 모형, Schoenfeld의 모형, Krulik과 Rudnick의 모형, Mason과 Burton의 모형, 片桐重男의 모형 등 다양한 모형이 있으며, 그런 모형을 수업에 활용하고 있다. 그러나 이런 모형은 문제를 해결하는 과정의 모형이므로 문제해결을 지도하려는 '수업' 모형으로는 부적합한 측면이 있다.

강문봉은 교사가 문제를 해결하는 과정을 학생이 보기만 하거나, 교사의 안내에 따라 문제를 해결하는 것만으로는 문제해결 능력이 신장될 수 있다고 하기는 어렵다는 관점에서, 교사가 문제해결 수업을 통하여 목적하는 바를 학생들이 의식하고 이를 모방·실천할 수 있는 '의식적 모방과 실천'의 장이 마련되어야 한다고 주장하고 다음과 같은 문제해결 수업모형을 제안하였다.

단계		활동
도 입		• 이 단계에서는 문제 형성, 문제의식 등의 활동이 이루어진다.
전개	이 해 계 획 실 행 검 증	• 이 단계에서는 Polya의 문제해결 4단계에 의해 문제해결이 진행된다.
의 식 화		• 이 단계에서는 수업 목표와 관련한 의식화가 이루어진다.
발 전		• 이 단계에서는 유사 문제를 해결하고 토론하는 활동이 이루어진다.

체험을 축적하는 일이 선행되어야 한다. 그러므로 교사는 스스로 문제를 선정하여 문제해결에 몰두하는 경험을 많이 쌓아야 한다.

한편, 문제해결의 지도에서도 학생에게 선생님은 귀신이다. '선생님은 어떻게 그런 생각을 해 내었을까?' 하는 생각이 들지 않도록 학생과 함께 문제해결에 임해야 한다.

참고문헌

강문봉(1997). 의식화가 수반된 문제해결 수업모형. **대한수학교육학회 논문집** 제7권 제1호, 133-143.

강옥기 · 정은실 · 박교식 · 강문봉(1989). 수학적 사고력 신장 프로그램 개발을 위한 방안 탐색 -국민학교 산수과를 중심으로-. 한국교육개발원.

강옥기 외(1985). 수학과 문제해결력 신장을 위한 수업 방법 개선 연구. 한국교육개발원.

우정호 역(1986). 어떻게 문제를 풀 것인가. 서울: 천재교육. (원저: G. Polya. *How to Solve It: A New Aspect of Mathematical Method*, 2nd ed.; Princeton: Princeton University Press, 1957.)

이용률 · 성현경 · 정동권 · 박영배 역(1995). 문제해결 과정과 발문분석. 서울: 경문사.

National Council of Teachers of Mathematics(1980). *An Agenda for Action: Recommendations for School Mathematics of the 1980s*. NCTM.

National Council of Teachers of Mathematics(1989). *Curriculum and Evaluation Standards for School Mathematics*. Reston, VA: Author.

Polya, G.(1965). *Mathematical Discovery*. V. I , New York: John Wiley & Sons, Inc.

Schoenfeld, A. H.(1985). *Mathematical Problem Solving.* Academic Press, Inc.

Chapter 26 의사결정모형

시나리오

1 수업 목표 설정

- 교사는 이번 수업 목표와 수업 방법에 대한 안내 설명을 해준다.

최 교사는 6학년 1학기 '3-(1)대한민국 임시정부와 독립전쟁' 단원에서 임시정부의 활동에 관한 수업을 하기로 하고 수업목표와 수업방법의 안내를 하였다. 그런 후에 5명씩 소집단을 구성하였다. 소집단은 성적과 성별을 고려하여 이질적으로 구성하였다.

2 학습 과제지의 배포

- 교사는 학습 과제지를 배포한다.

최 교사는 <보기>와 같은 학습 과제지를 배포하였다.

3 교사의 배경 설명

• 교사는 학습 과제지의 상황에 대한 설명과 질문을 받고 대답한다.

최 교사는 임시 정부 시의 상황에 대한 설명을 해 주고 주어진 학습지를 읽어보게 하였다. 다 읽고 난 다음 의문이 나는 것을 질문하게 하였고, 몇몇 학생들이 그 당시 상황에 대한 질문과 어려운 단어에 대한 설명을 요구하였고, 교사는 친절하게 설명을 해 주었다.

4 개인의 의사결정

• 아동은 학습 과제지가 지시하는 대로 개인의 의사결정을 한다.

최 교사는 각 아동이 학습 과제지에서 지시한대로 각자 개인이 각 방안의 장단점을 따져서 A, B, C를 결정하게 하였다.

5 집단 의사결정

• 교사는 집단 의사결정을 만장일치로 하게 한다.

최 교사는 각 소집단별로 개인의 의사결정이 끝났으면 소집단 토론을 통해서 집단 결정을 하게 하였다. 아동에게 절대 다수결로 결정하지 말고, 만장일치로 의사결정을 하게 하였다.

6 각 집단의 발표

• 교사는 집단 의사결정이 끝난 후 각 소집단별로 발표를 하게 한다.

최 교사는 일정 시간이 되었을 때 소집단 토론을 중단시켰다. 6개 소집단이 집단의사결정을 하였고, 3개 소집단은 아직 의사결정을 하지 못하였다. 먼저 어느 한 집단의 사회자가 나와서 A와 B에 해당되는 방안을 무엇으로 하였는지 발표하고, 그 이유를 발표하게 하였다. 그런 후에 방금 발표한 집단과 상당히 다르게 결과가 나온 집단을 지적하여 같은 방식으로 발표하게 하였다. 수업 시간이 너무 많이 흘러서 다 발표시키지 않고, 합의되지 않은 한 소집단을 같은 방식으로 발표하게 하였다. 그리고 왜, 어떤 부분에서 합의가 되지 않았는지도 발표하게 하였다. 그리고 실제 역사에서 임시 정부가 어떤 활동들을 벌였는지 자료를 가지고 설명해주었다. 아동들은 마치 자신들이 역사 속의 주인공이 되어 역사적 의사결정을 해 보았고, 실제 역사의 결과들과 자신들의 결정들을 비교해 보면서 많은 느낌을 받았다.

<보기>
학습 과제지

대한민국 임시정부의 독립운동 방향

3·1운동을 계기로 해서 국내·외에서 활동하던 민족지도자들은 더욱 조직적이고 적극적인 독립운동을 전개하기 위해서는 우리의 정부가 필요하다는 것을 깨닫게 되었다. 그래서 1919년 3월을 전후해서 국내·외 여러 곳에서 7개의 임시 정부가 수립되었다. 당시 임시정부를 세워서 강력하고 조직적인 독립투쟁을 전개하겠다는 민족적 의식은 높았으나 식민지 통치하에서 더구나 당시의 교통·통신수단으로는 지역 간에 원활한 정보를 주고받을 수 없었다. 그 후 각 단체들은 협의를 통해 통합작전을 추진하여 1919년 9월 대통령 중심제가 가미된 의원내각제의 대한민국 임시정부를 수립하게 되었다. 그리고 임시 정부 지도자들은 앞으로의 독립운동 방향을 결정하기 위한 다음과 같은 9가지의 방안을 의회에서 통과시키기로 하였다.

1. 국내·외 지하 비밀 독립운동단체를 통합해서 적극적이며 무력적인 항일투쟁을 전개해야 한다.

2. 국내 · 외 민족지도자들과 빠르고 긴밀하게 연락을 취할 수 있는 연락체계를 구축해야 한다.
3. 국민들에게 대한민국의 자주성과 우월한 민족문화를 인식시켜 독립의식 고취를 위해 독립신문을 발행하고 한일관계 사료집을 발간해야 한다.
4. 적극적인 외교활동을 전개하여 한국의 독립을 국제적인 문제로 제기하면서 외국의 도움을 받아 독립을 앞당긴다.
5. 일본의 총칼 앞에 체계적으로 대응하기 위해서는 군사훈련학교를 설립하여 정식군대조직의 기초를 다진다.
6. 대한민국의 유일한 합법정부로서 대표구실을 수행하기 위해서는 조직을 체계적으로 정비하고 대내 · 외적으로 홍보를 한다.
7. 일제의 식민지 교육과 민족말살정책에 대응해서학교를 설립해 민족교육운동을 전개한다.
8. 일본의 경제침략에 대항해서 '우리가 만든 것 우리가 쓰자'라는 구호 아래 경제자립운동을 전개한다.
9. 문학과 예술활동을 지원함으로써 우리 문화 수호활동을 전개해야 한다.

그러나 지도자들은 위 방을 한꺼번에 수행하기에는 무리이며 의회에서 다 통과하는 것은 무리임을 안다. 그래서 의회에 제출하기 전에 다음과 같은 계획을 세웠다.

A. 지금 가장 절실하고 시급한 방안 3가지를 선택한다. 이것은 일본의 지독한 감시하에서 가장 효과적으로 전개할 수 있는 방안이어야 한다.
B. 지금 당장은 실행할 수 없더라도 차후에 점차적으로 실행할 수 있는 방안 3가지를 선택한다. 이 방안은 위의 것보다는 덜 중요하지만 나머지 밑의 요구보다는 중요한 것으로 단지 시급히 요청되는 것이 아닌 것이어야 한다.
C. 최악의 경우 우리가 포기할 수 있는 방안 3가지를 선택한다. 이 요구는 일본이 강하게 제재를 가할 것으로 생각되면서도 동시에 우리에게도 가장 덜 중요한 것이어야 한다.

자, 지도자인 당신은 어떻게 할 것인가? 우선 회의에 참석하기 전에 당신 자신의 개인적 결정을 해보아라. 9가지 방안의 장단점을 생각해 보고, 위에서 분류한 3가지 범주로 분류를 해 보아라. 그리고 나서 지도자회의에서 당신의 의견을 주장하여 당신의 의견이 지도자 회의의 결론이 되도록 노력해 보아라. 대한민국의 미래는 당신에게 달려 있다. 또한 당신의 의견이 관철된다면 당신은 광복 후 대한민국 최고의 지도자로 부상할 것이다.

7 평가

- 교사는 학습 과제지의 상황에 대한 설명과 질문을 받고 대답한다.

최 교사는 개인적으로 관리하는 소집단 평가지에 각 소집단의 결과들을 평가하고, 아동은 각 소집단별로 준비된 자신들의 소집단 활동 평가표에 스스로의 활동들을 평가하게 한다.

1 이 론

1) 이론적 기초

우리가 의사를 결정해야 하는 문제 상황은 대개 두 가지로 나누어 생각할 수 있다. 하나는 개인적 문제에 직면했을 때이고, 또 하나는 사회적 문제에 직면했을 때이다. 개인적 문제는 '나는 장차 교사가 될까, 의사가 될까?', '종합 소득세를 얼마나 신고해야 할까?' 등의 문제와 같이 기본적으로 그것이 한 개인이나 몇몇 사람에게만 영향을 미치는 경우에 해당되는 것이다. 반면에 사회적 문제는 종교 집단, 정당, 마을, 국가와 같이 어떤 집단의 전체가 영향을 받는 경우이다. 대부분 우리가 직면하는 문제는 사회적 문제이다. 그리고 그 사회적 문제는 '우리 지역에 핵폐기물 처리장 건설에 찬성할 것인가, 반대할 것인가'와 같이 개인의 의사결정에 기초한 집단의 의사결정을 요구한다. 특히 사회과는 개인적 필요와 사회적 필요의 조화를 추구하는 교과로서 개인과 사회의 조화로운 의사결정을 추구한다(Armstrong, 1980). 그리고 이러한 의사결정은 '합리적'일 것을 요구한다. 예를 들어, 한 학생이 학교 운동장에서 지폐를 주었을 경우, 이 지폐를 어떻게 처리해야 할 것인지의 문제에 직면하게 될 것이다. '그냥 내가 가질까' 또는 '분실물 담당 선생님에게 드릴까?', '친구들에게 의논해서 그들의 조언을 들을까?', '부모님이나 선생님께 말씀을 드릴까?' 등의 해결 방법을 생각할 것이다. 그러나 이 세 가지 의사결정 방식에는 그 학생 자신이 세운 대안도 없고, 선택을 위한 지적인 이성을 사용하지 않고 있다. 이는 단지 임의적이거나

그림 26-1

집단적 의사결정 과정

다른 사람의 의견에만 의존하는 의사결정 방식이다. 이러한 방식보다는 문제의 정확한 인식(지폐를 줍게 된 동기, 상황, 장소 등의 정확한 정보에 따른) → 대안들의 구안과 선택 → 행동 → 결과의 평가에 이르는 합리적 의사결정이 보다 바람직한 방식일 것이다.

개인적 의사결정은 물론이고 집단적 의사결정도 개인적 의사결정을 기초로 한다. Hurst, Kinney 및 Weiss(1983)는 여러 학자들의 의사결정모형을 종합하여 개인적 의사결정 과정을 6단계로 정리하였다.

1단계는 해결해야 될 문제가 무엇인지를 인식한다. 2단계는 그 문제를 정확하게 정의하는 것으로 다시 세 단계를 거친다. 첫째는 문제의 진술이다. 즉 문제를 분명하게 부각시키고 그 한계를 정하는 것이다. 둘째는 그 문제를 해결하는데 필요한 과학적 정보를 수집하는 것이다. 셋째는 그 문제가 안고 있는 가치의 문제를 검토하는 것이다. 그 문제에 관해 내가 가지고 있는 가치관은 무엇인가, 내 가치관의 근거는 어디에서 나왔는가, 가치갈등은 없는가, 나에게 어떤 가치가 가장 중요한가 등을 검토한다. 3단계는 대안을 개발한다. 4단계는 그 대안들을 평가한다. 5단계는 대안을 선택하고 그에 따라 행동한다. 6단계는 그 결과를 평가한다.

집단적 의사결정은 이러한 개인적 의사를 최대한 집단의 것으로 확장하려는 과정을 나타내게 되는데 Massialas와 Hurst(1978)는 집단적 의사결정을 7단계로 제시하고 있다.

집단적 의사결정 과정만 살펴보면 1단계는 자신의 의사와 가장 가까운 지지자를 찾는 단계이다. 이를 위해 자기의 의사의 정당성을 말하고 지지를 호소하거나 자신의 의사와 가까운 사람을 지지하게 된다. 2단계는 의견이 같은 사람들끼리 행동을 위해 결집하는 단계이다. 3단계는 구체적 행동의 계획을 위해 집단을 조직하는 단계이다. 4단계는 협상 단계로써 어떤 특정 집단의 의견이 전체 사회에서 항상 받아들여지기는 힘들고 반발을 사게 되므로 어느 정도의 타협이나 협상이 필요하게 된다. 5단계는 집단 결정의 진술이다. 즉 어떤 집단 전체의 합의된 의견의 진술을 의미한다. 6단계는 투표이다. 민주주의 사회에서 대부분의 사회 문제에 대한 결정은 다수결에 의존하므로 대개 투표를 최종적 의사결정의 도구로 사용한다. 7단계는 투표를 통한 결정에 따르는 것이다. 1에서 6단계의 과정이 공정하게 진행되었다면 7단계는 자연스럽게 이행된다.

그러나 이러한 집단 의사결정모형은 거시적인 관점에서 집단 의사결정의 흐름만 보여 줄 뿐이며 구체적으로 집단 내에서 어떤 과정을 거쳐 집단 합의가 도출되는지에 관해서는 아무 정보도 제공해 주지 못한다. 또한 다수결에 의존한 집단 의사결정 방식은 항상 소수 집단의 불만속에서 다수의 횡포로 잠재적 갈등이 내재되어 있는 경우가 많고 충분한 논의가 결핍될 가능성도 많다. 특히 교육적 상황에서는 다수결에 의한 집단 의사결정과 승복 정신보다는 집단적 문제해결을 위한 구성원 간의 활발한 의견 교환을 통한 사회적 기능과 타협 정신의 신장이 강조될 필요가 있다. 구성원 각자의 다양한 관점의 표현과 수용 경험은 창의력과 자신의 분명한 태도 설정 및 관용적 태도를 가지게 하며, 정확한 지적 표현과 판단 등은 비판적 사고력을 신장시킬 수 있다. 이를 위해서는 다수결 원리보다는 만장일치제의 집단 의사결정 과정을 통해 활발한 토론을 조장하는 방식이 권장된다.

이상의 논의에서 바람직한 의사결정 수업 전략에는 개인적 의사결정과 집단적 의사결정이 통합되는 것이 바람직하며, 구성원 간의 적극적이고 긍정적인 상호 작용을 강조하는 협동 학습 구조에서의 집단적 의사결정모형의 필요성이 요청된다.

의사결정을 강조한 수업이 항상 흥미로운 것은 아니다. 노련한 교사의 전통적인 강의식 수업이 오히려 더 흥미로울 수도 있다. 즉 의사결정 수업모형이 전통적인 강의식 수업 보다 훨씬 흥미를 끌 수 있는 개연성이 많을 뿐이지 의사결정 수업모형 자체가 흥미성을 가지고 있는 것은 아니다. 그리고 반복되는 의사결정 수업모형은 오히려 학생들에게 부담을 줄 수도 있다. Stahl(1994)은 이러한 점을 고려하여 사회과 수업에서 의사결정 능력을 함양 시키기 위한 모형을 개발하였다. 에피소드 모형이라고도 불리우는 이 모형은 학생들이 배워야 할 내용을 하나의 에피소드로 만들어 그 에피소드를 완성하는 과정에서 자연히 달성해야 할 목표와 내용을 학습할 수 있도록 한 것이다. 물론 그 에피소드를 완성하기 위해서는 여러 단계의 의사결정이 필요하다.

2) 특 징

Stahl 모형은 수업을 진행하는 동안 학생이 다음과 같은 의사결정 능력을 신장시킬 전략을 사용하도록 구조화해 놓은 점이 장점이다.

Stahl(1994)은 의사결정력을 길러 주기 위해서는 다음과 같은 네 가지 의사결정 전략이 수업모형에 포함되어야 한다고 강조하였다.

첫째는 서열화 능력이다(ranking-order decision strategy). 여러 가지 선택할 수 있는 대안들이 있을 때 학습자들은 대부분 첫 번째나 두 번째 그리고 마지막 대안들에만 관심을 기울이고 그 중간에 위치해 있는 대안들은 소홀하는 경향이 있다. 학습자들은 이 중간에 있는 대안들을 그렇게 중요한 것으로 생각하지 않기 때문에 이들을 모두 서열화하려는 노력을 하지 않는다. 이는 그만큼 주어진 자료에 비해 의사결정 경험을 덜 경험하게 하게 하므로 비효율적이다. 그러므로 주어진 대안들을 모두 활용할 수 있는 의사결정 전략은 이 모든 대안들을 학습자가 서열화하도록 하는 것이다. 이를 위해서는 학습자들에게 5~9개의 동질적인 대안들을 제시하고 선호하는 것부터 마지막 대안이 남을 때까지 계속 선택하게 하는 전략이 유용하다. 예를 들어 한 부부가 제주도, 설악산, 한려수도 중 한 지역의 여행권을 얻었다고 하자. 그리고 휴가를 7월 넷째 주에 얻었다고 한다면 우선 이들은 휴가 기간에 예약이 가능한 지역을 택해야 할 것이다. 이를 위해 우선 이들은 가장 가고 싶은 장소를 선택해야 한다. 만약 선호하는 지역을 제주도, 설악산, 한려수도의 순으로 결정했다면, 우선 제주도가 휴가 기간 중에 가능하다면 그렇게 결정하겠지만 만약 그 기간에 이미 예약이 마감됐다면 차선으로 설악산을 예약할 것이다. 마찬가지로 이것마저 마감되었다면 그다음의 한려수도를 예약할 것이다. 이처럼 이 전략은 최선의 선택이 언제라도 불가능할 수 있으며, 따라서 차선의 선택을 항상 준비해야 하는 부담을 갖게 구조화되어 있다. 그러므로 주어진 여러 개의 대안은 모두가 선택될 가능성이 있으므로 신중하게 서열화하게 된다. 그리고 각 대안은 왜 그렇게 서열화되었는지 분명한 이유를 가지게 되는 것이다.

둘째는 강제 선택 전략(forced-choice decision strategy)이다. 학습자들은 일단 선택을 하고 나면 다른 대안들은 모두 포기해야 한다는 것이다. 예를 들어 만약 한 부부가 3게임에 출전해서 제주도, 설악산, 한려수도의 3개 여행권을 상품으로 받았다고 하자. 그러나 알고 보니 여행날짜가 모두 같은 날임을 뒤늦게 알게 되었을 때, 결국 그 부부는 하나의 여행권을 사용할 수밖에 없다. 이러한 전략은 학습자로 하여금 첫 번째의 선택을 매우 신중하게 결정하도록 유도한다. 그리고 한 번의 선택은 다른 대안들을 포기하는 것을 의미하므로 주어진 모든 대안들의 공과를 모두 신중하게 검토하게 한다.

셋째는 협상 전략(negotiation strategy)이다. 전술한 바와 같이 여러 개의 대안을 서열화할 때 학습자들은 대부분 첫 번째나 두 번째 그리고 마지막 대안들에만 관심을 기울이고 그 중간에 위치해 있는 대안들은 소홀하는 경향이 있다고 했다. 이러한 경향을 방지하는 또 하나의 전략이 협상 전략이다. 이것은 여러 대안들을 3가지로 범주화하는 것이다. 첫 번째 범주는 개인적으로 가장 선호하는 대안, 두 번째 범주는 개인적으로 기꺼이 포기할 수 있거나 첫 번째 범주를 선택하기 위해서 버릴 수 있는 대안, 세 번째는 차후에 선택할 수도 있는 대안으로 분류한다. 예를 들어 한 부부가 9번의 퀴즈대회에서 9개의 상품을 받게 되었다고 하자. 그런데 이 상품을 모두 받게 되면 엄청난 세금을 물게 된다고 하자. 그래서 이 중에 가장 갖고 싶은 3개의 상품을 선택해야 된다고 하자. 그러면 다른 어느 상품과도 바꾸기 싫은 세 개를 선택하고, 다음으로는 기꺼이 포기할 수 있는 상품을 세 개 선택한다. 그리고 나머지 세 개는 세금 문제가 해결되고 난 뒤 수지계산을 통해 상품을 선택할 수도 있는 범주로 선택된다. 이러한 전략은 학습자로 하여금 세 가지의 분명한 범주로 대안들을 나누게 한다. 그래서 각 대안들이 서로 분명한 관계를 설정할 수 있게 해 주며 타협의 능력을 향상시켜준다.

넷째는 창안 결정 전략(invention decision strategy)이다. 학습자들에게 주어진 상황에서 가장 최선의 대안을 만들어 보게 하거나 또는 주어진 대안들을 선택하게 한다. 즉 열려 있는 의사결정 전략이다. 학습자들은 주어진 대안을 버릴 수도 있고, 결합할 수도 있으며 다른 것을 더할 수도 있다. 그리고 최후의 대안을 제시하기 전에 예상되는 결과들, 손해와 이익, 얻는 것과 잃는 것 등을 기술하여야 한다. 이는 성급한 표면적인 의사결정을 막기 위해서이다. 어차피 실제 상황에서 학습자들은 주어진 문제에 직면에서 대안을 창안해 낼 수밖에 없다.

3) 효 과

이러한 전략들이 많이 포함된 의사결정모형이 보다 효과적일 것이라는 것은 의심의 여지가 없다. 특히 이 모형은 다음과 같은 특별한 효과를 가지고 있다.

첫째 역사수업에 이용할 경우 아동이 실제 역사적 의사결정의 주인공으로서 활동하게 할 수 있다. 이것은 아동이 최선의 의사결정을 하기 위해서 실제 역사적 상황을 제대로 이해하려는 노력을 하게 되고, 최대한의 그 시대 상황에 감정이입할 수 있으며, 역사에 대한 이해가 객관적 지식에서 뿐만 아니라 주관적 감정 면에서도 많은 느낌을 갖게 한다.

둘째 합리적 이성을 최대한 활용함에 따라 합리적 의사결정능력을 기를 수 있다. 만장일치제이기 때문에 반대되는 사람들을 설득하는 과정에서 논리적이고 비판적 사고를 통해 합리적 이성을 적극적으로 사용함으로써 합리적 의사결정능력과 태도를 함양할 수 있다.

셋째 만장일치제로 인하여 어느 누구도 토론에서 소외되지 않는다.

넷째 모두가 역사의 주인공 의식을 갖게 된다.

다섯째 수업한 내용에 대한 학습동기를 새롭게 형성하게 한다. 토론과정에서 애매한 사실이나 보다 알고 싶은 사실들이 발견되고, 수업이 끝난 뒤에 그것들을 좀더 조사해보아야겠다는 학습동기를 유발시킨다.

여섯째 특히 재미가 없을 듯 보이는 주제라 할지라도 토론이 진행되면서 주제에 흥미를 갖는 효과도 있다.

2 수업 절차

수업모형의 절차는 다음과 같다(Stahl, 1994; 정문성, 1998).

(1) 수업 목표 설정

교사는 수업 목표에 따라 교과 내용을 구조화된 열린 상황이야기를 만든다. 예를 들어 영국의 대헌장에 관한 수업을 한다고 할 때 대헌장이 나오기까지 왕, 귀족, 시민들이 어떤 과정을 거쳐서 대헌장이 나오게 되었는지를 하나의 상황이야기로 만들 수 있을 것이다. 학습자들은 스스로가 그 시대로 소급되어 왕, 귀족, 시민의 입장이 되어 대헌장이 나오기까지의 상황을 나름대로 만들어가는 것이 하나의 수업이 되는 것이다. 이 상황이야기는 소집단마다 학습자들의 의사결정에 의해 여러 가지 형태의 대헌장이 만들어지게 될 것이다.

(2) 교사의 배경 설명

교사는 수업 하고자 하는 내용에 대해 기본적인 배경 설명을 한다. 예를 들어 영국의 대헌장이 만들어지는 1215년의 시대 상황을 설명해 주고 주인공인 왕과 귀족, 그리고 시민들의 정치적 위치나 권력 등을 설명해 준다.

(3) 학습 과제지의 배포

교사는 상황이야기가 적혀 있는 학습 과제지를 배포한다. 학생들에게 이를 읽게 하고 더 필요한 정보들을 공부하게 한다. 그리고 집단 토론을 통해 그 정보들에 대한 충분한 검토와 모든 구성원이 다 이해하고 있는지를 확인한다.

표 26-1 학습 과제지의 예

Big Bad John
로빈훗이 살고 있던 1215년의 일이다. 당신은 폭군인 존 왕의 지배하에 있는 영국에 살고 있는 귀족이다. 존 왕은 백성들을 재판하지 않고 마음대로 벌을 주는가 하면, 가난한 사람들로부터 그들의 소유지를 팔게 하면서까지 세금을 거두었다. 그는 그가 싫어하는 귀족들에게도 무거운 세금을 부과하고 그와 친한 사람들에게는 세금을 거의 받지 않았다. 원래 세금을 인상할 때는 귀족회

의의 허락을 받아야 함에도 불구하고 그는 귀족회의를 아예 무시해버렸다. 그는 유리한 법은 이용하고, 불리한 법은 무시하였다. 또한 자신을 추종하는 사람들만 관직에 임명했다. 영국 백성의 대다수가 존 왕으로 인해 매우 불행한 나날을 보내야 했다. 귀족으로서 당신은 존 왕이 법을 지키지 않았기 때문에 그를 몰아내어야 한다고 생각한다. 다른 귀족들도 당신과 같은 생각을 가지고 있다. 아울러 귀족과 백성들은 지금의 왕과 장래의 모든 왕들이 그들의 권력을 함부로 사용하지 못하도록 권력을 제한해야 할 때가 왔다고 생각하였다. 당신은 왕이 따라야 할 규칙들을 작성하기 위하여 같은 생각을 가진 다른 귀족들을 만나서 왕으로 하여금 우리가 제시한 규칙들을 지키겠다는 서명을 받기로 결정한다. 이 모임의 일원으로서 당신이 생각한 9가지의 규칙들은 다음과 같은 것이다.

1. 왕은 귀족회의 허가 없이는 어떤 세금도 거두어들일 수 없다.
2. 왕은 귀족회의 허가 없이는 새로운 종류의 세금을 만들 수 없다.
3. 왕은 소유지 주인에게 정당한 가격을 지불하지 않고는 누구의 소유지도 뺏을 수 없다.
4. 왕은 뇌물을 받을 수 없다.
5. 왕은 재판을 받지 않은 사람을 감옥에 보낼 수 없다.
6. 왕은 백성과 마찬가지로 법을 지켜야 한다.
7. 왕은 백성이 원하지 않을 때 억지로 다른 나라에 전쟁하러 보낼 수 없다.
8. 왕은 교회의 일에 간섭하지 말아야 한다.
9. 왕은 그가 싫어하는 귀족들을 위협하고, 그를 추종하는 귀족들에게는 특권과 호의를 베푸는 것을 멈추어야 한다.

약간의 논쟁이 있었지만 이들 귀족모임은 '대헌장'이라고 이름져진 이러한 규칙들에 동의했다. 이들 귀족 모임은 기회를 틈타 존 왕을 포위하고, 이 규칙에 서명할 것을 요구했다. 그러나 존 왕은 거부했고, 왕은 법을 어길 수도 있다고 말했다. 또한 그는 모든 귀족들을 체포하고 그들의 지도자를 감옥에 보낼 것이라고 위협하였다. 그러나 다소 위협을 느낀 존 왕은 며칠 후 자신이 대헌장에 서명은 하지만, 규칙을 따르지 않겠다고 하였다. 또 며칠 후 그는 귀족들에게 모든 규칙을 다 받아들일 수는 없으며 몇 가지는 지워줄 것을 요구했다. 그즈음에 존 왕은 그의 군대가 다가오고 있다는 전갈을 받았다. 군대가 도착한다면, 당신과 다른 귀족들은 싸워야 하거나 항복해야 할 것이다.

이러한 상황에서 존 왕이 당신에게 타협을 하자고 요청하였다. 그는 그 규칙들 중 세 가지만 동의할 것이라고 말했다. 이에 귀족들은 서로 의논한 결과, 존 왕이 세 가지는 동의할 것이며, 또 세 가지는 추후에 협상하지고 제의할 것이고, 나머지 세 가지는 어떤 상황에서도 따르지 않을 것이라고 판단하였다. 귀족들은 존 왕에게 9가지의 모든 규칙에 동의할 것을 요구할 수도, 왕의 제안에 동의할 수도 있다. 그러나 더 이상 지체한다면, 당신과 당신의 동료 귀족들은 왕의 군대와 위험을 무릅쓰고 싸우거나 대헌장에 포함된 9가지의 규칙을 모두 잃을 수도 있다. 귀족들은 우선 왕의 타협 계획에 동의했다. 그러나 만약 왕의 군대가 나타나지 않는다면 9가지의 모든 규칙에

것을 멈추어야 한다.

집단적 의사결정을 하기 위해 다음과 같은 이유들의 합의를 보라.

- 왕이 따라야 할 규칙으로써 최선의 것이라고 생각한 세 가지 선택에 대해 우리가 말할 수 있는 합당한 이유는 다음과 같은 것이다.
- 우리가 기꺼이 포기할 것이라고 생각한 세 가지 규칙을 포기하는데 우리가 말할 수 있는 합당한 이유는 다음과 같은 것이다.

(6) 각 집단의 발표

소집단의 의사결정이 끝났으면 전체 학급에서 간단하게 각 소집단의 집단 의사결정 결과를 보고하고 교사는 미흡한 부분을 보완해 준다.

(7) 평 가

한 단원이 끝난 다음 개인적 평가를 한다.

3 유의점

의사결정모형의 효과는 활동을 한 후 대부분의 소집단이 비슷한 결정을 한다는 사실에서 찾을 수 있다. 이것은 만장일치제이기 때문에 독특한 논리나 주장보다는 합리적인 설득에 의해 의사가 결정되었기 때문이다. 즉 인간의 합리적 이성이 보편적이라는 사실을 다시 한 번 확인할 수 있다. 특히 역사적 사건을 다룰 때 이 모형이 매우 효과적이다. 왜냐하면 토론을 진행하면서 아동들이 역사의 주인공으로 자신을 감정 이입시키고, 그 당시의 상황을 이해하기 위해 무척 노력하기 때문이다. 그러므로 역사적 이해력이 놀라울 정도로 향상된다. 역사적 사건이 아니라도 어떤 주어진 실제적 상황 속에 의사결정자로 역할을 하기 때문에 아동이 매우 몰입을 하게 되고 현실적 감각을 사용하게 되어 실질적인 의사결정경험과 능력을 기르게 된다.

비록 사회과 수업을 위해 만들어진 모형이나 어느 교과에서라도 의사결정과 관련된 내용일 경우 충분히 응용할 수 있다.

이 모형은 학습과제지가 결정적 역할을 한다. 학습 과제지는 교사들이 직접 만드는 것으로 형식은 예에서 본 것처럼 간단하게 만들 수도 있고, 자세하게 만들 수도 있다. 대안의 개수는 저학년의 경우에는 3개나 6개 정도로 하고 고학년일수록 9 이상 복잡하게 제시할 수 있다.

참고문헌

Armstrong, D. G.(1980). *Social Studies in Secondary Education*. New York: Macmillan Pub. co., Inc.

Massialas, B. & hurst, J.(1978). *Social Studies in a New Era: The Elementary School as a Laboratory*. New York: Longman.

Hurst, J., Kinney, M., & Weiss, S.(1983). The Decision Making Process. *Theory and Research in Social Studies*, 11(3), 17-43.

Stahl, R. J.(1994). Achieving Cooperative Learning Through Structured individual-Then-Group Decision Making Episodes. *In Cooperative Learning in Social Studies*: *A Handbook for Teachers*, edited by R. J. Stahl, New York: Addison-Wesley Publishing Company, 1-17.

Chapter 27 집단탐구모형

시나리오

1 집단 탐구 주제 및 하위주제 설정과 소집단 조직

- 교사와 학생은 탐구 주제를 정한다.
- 탐구 주제가 정해지면 하위 주제를 정한다.
- 주제에 따라 소집단을 조직한다.

박 교사는 수업을 시작하기 2주일 전에 한강 오염에 관한 수업을 할 것이라고 미리 예고를 하고 한강에 관한 자료들을 학급에 비치하여 관심을 가지고 보도록 하였다. 1차시가 시작될 때, 박 교사는 한강 오염의 문제를 학급 전체 탐구 주제로 공식적으로 제시하고, 학생들에게 한강 오염에 관해 더 구체적으로 알고 싶은 질문을 연습장에 적어보라고 지시하였다. 5분 뒤에 짝끼리 서로의 질문을 비교해 보게 하고, 다시 5분 후에는 앞뒤 두 쌍, 즉 4명이 한 집단이 되어 서로 질문들을 비교하고 정리하도록 했다. 5분 후에 한 소집단의 대표가 자기 소집단의 정리된 질문들을 발표하고 박 교사는 이를 흑판에 적었다. 모든 소집단이 발표한 후에 박 교사와 학생이 함께 흑판에 적힌 질문들을 비슷한 것끼리 묶어나가서 6개의 범주로 묶고, 이를 구체적으로 탐구할 하위주제로 정하고, 학생의 선호에 따라 비슷한 구성원을 가진 6개의 탐구 집단을 조직하였다.

2 탐구 계획 수립 및 역할 분담

- 교사와 학생은 전체 탐구 계획 일정을 정한다.
- 학생은 소집단별로 역할분담을 포함한 탐구계획을 한다.

박 교사는 다음 날 책상을 6개의 소집단으로 배치하여 각 소집단의 책상 위에 하위주제를 적은 카드를 놓았다. 학생은 등교하면서 자신이 선택한 주제가 놓여 있는 책상에 앉았다. 아이들은 우선 토론을 이끌고 연구를 주도할 리더를 선출하고, 탐구 활동을 기록하고 모든 상황을 구성원들에게 알려주는 역할을 하는 서기를 선출하였다. 또한 나중에 집단의 연구 결과를 발표할 발표자도 미리 선출하였다. 그런 다음에 보다 구체적으로 무엇을 탐구하며 어떻게 활동할 것인지를 협의하였다, 이때 박 교사는 소집단마다 순회하면서 문제가 있는 소집단을 도와주었다. 20분 동안 이 과정을 진행한 다음, 소집단마다 자신들의 계획을 포스터로 제작해오라는 과제를 내어주었다. 다음 날 각 소집단은 포스터를 가져왔고 이를 학급게시판과 교실벽에 게시하였다. 이제 학생들은 전체 학급에게 주어진 주제와 자신들이 해야 할 하위주제, 그리고 다른 집단과 자신들의 주제가 어떻게 관련되어 있는지도 알게 되었다.

3 소집단별 탐구 실행

- 학생은 소집단별로 탐구를 실행한다.
- 교사는 소집단별 탐구 실행에 필요한 도움을 제공한다.

박 교사는 임시 정부 시의 상황에 대한 설명을 해 주고 주어진 학습지를 읽어보게 하였다. 다 읽고 난 다음 의문이 나는 것을 질문하게 하였고, 몇몇 학생들이 그 당시 상황에 대한 질문과 어려운 단어에 대한 설명을 요구하였고, 교사는 친절하게 설명을 해 주었다. 박 교사는 각 집단들이 그들의 계획대로 탐구가 수행되는가를 확인하고, 문제에 봉착한 소집단들을 도와주었다. 그리고 항상 각 구성원이 각기 정보를 수집해오면 이를 서로 나누고 그 중에 의미 있는 것을 요약하도록 지도하였다.

4 소집단별 발표 준비

- 소집단별 발표 준비를 한다.

박 교사는 각 집단이 탐구한 결과를 검토하고 주제에 벗어나지 않도록 조언하며, 발표하는 방식에 대해서도 조언하고 필요한 것을 준비해 주었다. 그리고 각 집단의 발표자들을 모아 발표 일정을 협의하였다.

5 발 표

- 전체 학급에 여러 가지 형식으로 소집단별 발표를 한다.

각 집단은 인터뷰 테이프, 슬라이드, 차트 등 여러 가지 방식으로 보고를 하였고, 보고가 끝난 뒤, 박 교사는 각 소집단의 발표자로 구성된 편집위원회를 만들어 각 소집단의 보고를 편집하여 한강 오염에 대한 학급 보고서를 제작하였다.

6 활동 평가

- 전체 학급 및 소집단별 활동 평가를 한다.

박 교사는 소집단의 활동 중에 계속 소집단 활동에 대해 평가하였으며, 편집위원회에서 만든 보고서를 학생에게 나누어준 뒤, 1주일 후에 단답식과 논술식 문제로 개인별 평가를 실시하였다.

1 이 론

1) 이론적 기초

GI 모형은 민주적 교수-학습 방법을 실천에 옮기려는 많은 학자들의 노력의 결과로 탄생하였다. 희랍 시대의 Platon, Aristoteles에서 비롯하여 Augustine, Thomas More, Comenius, John Rock에 이르기까지 많은 이상주의자들은 이상 사회를 가정하고 이러한 이상 사회를 건설하기 위한 교육 모형을 제시하였다. 이러한 노력들은 근대적 민주 사회의 등장과 함께 특히 미국에서 적극적으로 시도되었다. 이들은 교실을 하나의 작은 민주 사회로 인정하고 교실 수업도 민주적으로 운영하려고 하였다. 민주적 수업 과정은 1) 수업 과정이 민주적 절차에 기초를 두거나, 2) 객관적인 과학적 탐구 방법을 사용하거나, 3) 사회 문제나 대인 관계의 문제를 해결하는 과정이거나, 4) 경험 중심적 학습 활동을 하는 등의 특징을 띠게 되는 것으로 생각하였다(Joyce & Weil, 1972). 이러한 민주적 수업 과정은 여러 가지 어려움에 봉착하기도 하였다. 왜냐하면 이러한 수업이 성공하기 위해서는 교사의 수업 운영 기술이 매우 능해야 할 뿐만 아니라 매우 부담스럽고 수업 진도가 느리게 되는 등의 문제에 봉착하기 때문이다. 또한 교사, 부모, 학교 당국이 비효율적 수업 방식이라고 수용하기를 꺼려하기도 하며, 많은 수업 자료와 많은 노력, 많은 인력이 동원되어야 하기 때문이다. 그 외에도 많은 장애 요인이 있기 때문에 이론적으로 타당하고 궁극적으로 추구의 대상이기는 하지만 실제적으로는 제대로 그런 시도가 잘 이루어지지는 않았다. 그런 가운데서도 20세기 들어서서 가장 큰 노력을 기울인 사람은 Dewey(1910)라고 할 수 있다. 그는 학교를 하나의 축소판 민주 사회로 조직할 것을 권장하였다. 그는 학생이 사회 체제의 개발에 참여하고, 경험을 통하여 점차적으로 과학적 방법을 인간 사회 개선에 어떻게 적용할 수 있는가를 배우게 해야 하며, 이것이 민주 사회에서 시민을 준비시키는 최선의 방법이라고 생각하였다(Joyce & Weil, 1972).

Dewey의 반성적 사고에 기초하여 Hullfish와 Smith(1961)는 교육의 역할은 정보를 처리하는 방법과 그들의 개념, 신념 및 가치의 기준을 설정하는 데 있어서 반성적 사고를 할 수 있는 능력을 향상시키는 것이라고 주장하였다. 지식이란 단순히 전달되는 것이 아니라 개인과 집단들 사이의 사회적 과정을 거쳐 구성되고 개인의 경험에 의해 독특하게 재구성되며, 개인의 세계, 개인의 지성, 사회적 과정, 민주적 사회 기능간에는 밀접한 관계가 있음을 주장하였다. 개인이 자기의 물리적, 사회적 환경의 여러 측면에 민감하고, 그 환경을 반성적으로 바라볼 수 있는 능력이 높은 사람이 그렇지 않은 사람보다 자신의 세계를 풍부하게 구축한다는 것이다. 물론 이런 과정에서 개인차는 민주주의의 장점이 되며, 개인들 간의 타협이란 중요한 민주적 활동의 주류가 된다. 그리고 다른 사람과의 타협 능력은 또한 각 개인이 자기 자신의 세계와 타협을 하는 데도 도움이 된다. 또 민주적 과정을 강조하는 모델들은 어떤 교육적 경험들의 결과를 완전히 예측할 수가 없다. 민주적 탐구 과정은 알려진 지식을 정확하게 전달하는 것이 아니라 문제를 해결하는 독특한 방법을 창안하는데 도움을 주려고 하기 때문이다.

이처럼 지식은 사회적 산물이며 그것을 얻는 과정도 사회적이며 그 바탕은 민주적 수업 환경에 기초하여야 한다. 이러한 배경하에 만들어진 GI 모형 중에 가장 널리 알려진 것은 Thelen(1960)의 모형이다. 그는 민주적 과정의 형식과 역동성을 학문적 탐구 과정에 통합시킨 것으로 유명하다. 그는 교실은 커다란 사회와 유사하며, 교실에는 하나의 사회 질서와 교실 문화를 가지고 있으며 학습자들은 거기서 형성된 생활 방식에 관심을 갖게 된다고 주장하였다. 이 수업모형은 사회가 필요로 하는 타협의 형태를 모방한 것이며, 타협의 과정을 통하여 학문적 지식을 배우고 사회 문제를 해결하는 경험을 갖게 하려는 것이다.

Thelen에 의하면 탐구란 어떤 문제 상황에 직면하여 자극을 받아서 그 탐구 과정을 통해서 얻은 결과를 아는 일이다. 어떤 일에 관심을 집중시키고, 그것에 관하여 다른 사람과 상호작용하고, 그들에 의해 자극받고 개념들과 태도를 반성하고 재구성하여 결론에 도달하고 연구해야 할 새로운 탐구를 규명하고, 또한 행동을 하여 또 하나의 보다 나은 산물을 이룩하게 하는 과정이다.

탐구 과정에서 제일 먼저 시작하는 일은 개인이 해결하여야 할 문제에 반응을 보이고 어리둥절히는 상태이다. 단지 문제 상황을 던지는 것만으로는 부족하며 개인이 그것에 대해 개인적 의미를 찾으려는 욕구가 부가되어야 한다. 나아가서 자신을 탐구자로서 관찰하는 역할과 다른 사람의 반응을 관찰하는 두 가지 역할이 동시에 이루어져야 한다. 또한 연구 방법에 관심을 집중시키고, 자료를 수집하고, 과거의 경험에 비추어 아이디어를 관련짓고, 분류하여 가설을 설정하고 검증하며, 결과를 연구하여 계획을 수정해 나가는 과정을 경험한다. 마지막으로 반성적 사고력을 기르고 표현적 참여 행동과 언어 행동을 종합하는 능력도 개발한다. 경험을 통해 연구 결론을 외형적으로 형성하고 그것들을 기존의 아이디어에 통합하여야 한다. 이와 같은 방법으로 사고가 새롭고 보다 강력한 형태로 재구성되는 것이다.

Thelen은 왜 집단적 방법으로 탐구하여야 하는지에 대해 다음과 같이 보다 분명하게 설명한다. 탐구에는 과학적 방법을 적용하는 것 외에 감정적 면을 가지고 있음을 지적한다. 학습 상황에는 학습자의 감정이 항상 포함되어 있다. 개인은 교실 환경에서 집단 속의 하나의 개인으로 살아 남고 그 조직 안에서 자기가 설 땅을 발견하려는 매우 심각한 심리적 욕구에 의해 움직인다. 여러 사람의 반응의 차이를 조정하려는 욕구가 새로운 도전을 야기한다. 이는 하나의 지각인 동시에 호기심을 자극하는 역할도 하며 학생의 경험을 확대시키는 계기가 된다. 학생은 다른 사람의 견해들과 대조시켜 가면서 자기가 누구인가를 발견하게 된다. 이와 같은 현상은 또한 그들을 자극시켜 그들은 왜 견해 차이가 있으며 어떻게 그들이 다른 사람에게 영향을 주는가를 알고 싶어한다. 아울러 집단의 규모는 다양한 반응이 나오기 충분한 크기여야 하며, 동시에 개인 참여 기회가 주어질 수 있을 정도가 좋다고 하였다. 또한 의사소통이 쉽게 이루어질 수 있는 어느 정도의 공통 가치를 가지고 있어야 하며, 학습 방법도 비슷하여야 하며, 대안적 반응이 나타날 정도로 충분한 의견차이가 있어야 한다고 하였다.

한편 교사의 역할에 대해서 Thelen은 상담자, 자문자, 친절한 비평자의 세 가지 역할을 강조하였다. 또한 교사는 과업, 집단 활동, 개인의 학습 등 세 가지 영역에 대해 개입하고 지도하여야 한다. 아울러 집단 활동을 촉진하고, 집단에너지가 잠재적으로 교육적 활동에 집중되도록 개입하되, 어디까지나 교사의 개입은 최소화하여야 한다고 하였다.

2) 특 징

GI 모형은 협동학습모형을 포함한 다른 어떤 모형보다도 학생이 학습 활동에 대한 강한 통제력을 행사할 수 있도록 하는 특징을 가지고 있다. 우선 학생은 자신이 가장 좋아하는 학습 과제를 선택할 수 있다. 학생은 그들의 기호, 능력, 배경, 가치에 따라 선택한 학습 과제에 대해 보다 구체적인 탐구 질문을 던질 수 있다. 이러한 개개인 학생의 이질성 또는 차이는 전체 학급이 추구하는 문제해결의 큰 정보자료원이 된다.

집단 탐구는 교사가 도전적이고 다양한 측면을 가진 문제를 제시하고, 학생으로 하여금 그 문제와 그 문제가 제기하는 이슈를 탐구하기 위해 학생이 공부하기 원하는 주제를 제시하고 선택하도록 유도하는 것으로 시작된다. 함께 공부하면서 학생은 그들의 탐구 질문을 하위주제로 분류하고 하위주제에 대한 선호에 따라 소집단을 형성하게 된다. 집단구성원은 그들의 탐구를 계획하고 그들의 계획을 실행하는 데에 협동적으로 참여한다. 그 계획에는 집단구성원 사이의 분업이 포함된다. 이 분업은 학생의 독립된 연구를 결합시킬 뿐만 아니라 함께 소집단 활동을 할 수 있게 계획된다. 그들이 그들의 연구를 완성했을 때 집단은 그 결과들을 통합하고 요약하며 그들이 연구한 결과를 전체 학급에 어떻게 제시할 것인가를 결정한다. 이 과정을 통해 학생은 개인적으로 그리고 집단적으로 과제를 탐구할 수 있는 사회적이고 학문적 기능의 성장을 얻는 것이다.

집단 탐구가 유용한 이유는 무엇보다도 연구할 주제를 교사가 조직하여 제시하는 대신에 학생이 주제를 선택하고, 정보를 찾고 토론하고 분석하고, 그것을 그들이 이미 배운 지식에 관련시키는 기회를 가질 수 있기 때문이다. 그들은 이 정보를 그들 스스로 새로운 지식으로 변형시킨다. 학생은 정보나 아이디어의 수동적 소비자가 아니라 공부할 주제를 선택하고, 분명히 하고, 정보의 원천을 선택하고 그것을 조직하고 이해하고 요약하는 방법을 결정하는데 있어 능동적인 역할을 한다. 집단 탐구는 학생으로 하여금 다음의 기회를 최대화한다.

- 그들이 관심을 가지고 있는 것에 대한 질문을 할 수 있는 기회
- 넓고 다양한 정보원에서 대답을 찾을 수 있는 기회
- 그들 탐구의 내용과 과정을 함께 계획하는 기회
- 그들 개인적 경험과 지식의 관점에서 대답을 이해할 수 있는 기회
- 정보와 아이디어의 항시적 교환에 있어 동료와의 상호작용하는 기회

시 높은 성취를 나타내어 학업 성취는 물론 고급사고력을 향상시키는데도 매우 효과적인 학습 모형임이 증명되었다(Sharan & Shaulov, 1989).

다음으로 사회적 상호작용의 측면에서도 전통적 학습 방법보다 긍정적인 사회적 상호작용을 나타내었음을 보여주었다(Hertz-Lazarowitz et al., 1980; Sharan & Shachar, 1988).

GI 모형과 교사의 행동에 관한 연구에서는 GI 모형을 사용하는 교사는 자신의 교사 활동에 대해 전통적 수업을 하는 교사보다 매우 긍정적 태도를 표현하고 있으며, 전통적인 수업을 하는 교사가 학습자들에게 지시하거나 오랫동안 강의를 하거나 간단한 대답을 요구하는 질문을 많이 하고, 전체 학급을 칭찬하는 말을 많이 하는데 비하여, GI 모형을 사용하는 교사는 학생의 학습 동기를 자극하거나 학생들 사이의 상호작용을 촉진시키거나 학생의 학습 활동에 대한 피드백을 많이 해 주거나 개인의 특별한 활동에 대한 개인적 칭찬을 많이 하는 것으로 조사되었다.

한편 우리 나라에서도 탐구에 관한 연구는 1970년대 이후 많이 이루어졌다. 특히 1973년 교육 과정 개정 이래 종래의 주입식, 강의식 수업에서 벗어나기 위해 탐구 수업을 새로운 수업 체제의 대명사로 받아드리고 이에 대해 깊은 관심을 보여왔다(최병모, 1985; 한면희 등, 1994). 특히 한국교육개발원은 1973년 탐구 수업 이론에 입각한 한국 실정에 맞는 사회과 수업 과정 모형을 만들기도 하였고, 1974년에는 6개월간 초등학교 탐구 수업의 효과에 관한 실험 연구도 하였다. 1975년에는 사회과 탐구 수업이라는 단행본도 출간하였다. 그러나 그 이후 탐구 수업에 관한 연구의 큰 발전이나 기존 모형의 효과를 능가하는 새로운 연구나 시도는 거의 나타나지 않았으며, 특히 협동학습구조에서의 GI 모형에 관한 연구는 거의 없었던 것으로 보인다(정문성, 1997).

2 수업 절차

구체적인 수업 절차는 다음과 같다. 이 절차는 전술한 두 가지 방식 중에 후자에 관한 것이다.

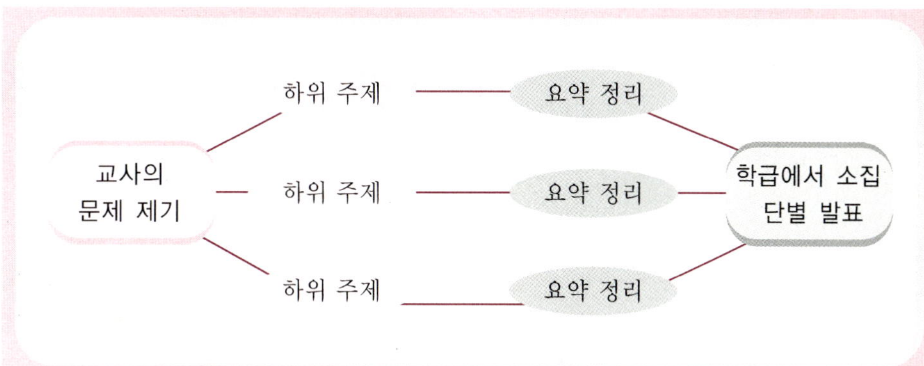

(1) 하위주제와 소집단 조직(determining subtopics and organizing into research groups)

교사가 탐구 주제를 제시하면, 학생은 그 주제와 관련된 보다 구체적인 질문을 제기하며, 이러한 질문들을 범주화한다. 그 범주가 하위주제가 되며 학생은 그들의 선택에 의해 하위주제를 중심으로 탐구 집단을 구성하게 된다.

(2) 탐구 계획 수립 및 역할 분담(planning groups' investigations)

각 집단은 자기들이 선택한 하위주제에 대해 보다 구체적으로 무엇을, 어떻게 연구하고, 누가 어떤 역할을 맡을지를 정한다.

(3) 소집단별 탐구 실행(carrying out groups' investigation)

학생들은 정보를 모으고, 조직하고, 그 정보들을 이해하고 통합시키기 위해 토론을 한다.

(4) 소집단별 발표 준비(planning groups' presentaions)

각 집단은 전체 학급에 발표할 준비를 하되, 특히 자신들의 주제에 벗어나지 않을 것과 어떤 도구를 사용해서 발표할 것인지를 정하고 준비한다. 또한 교사와 함께 발표 일정을 협의한다.

(5) 발표(groups' whole-class presentations)

각 집단은 전체 학급에 보고를 한다.

(6) 활동 평가(evaluating groups' projects)

교사는 탐구 활동 중에 계속 평가를 하며, 개인 평가는 편집위원회에서 만든 보고서를 나누어준 뒤 일정 기간이 경과한 후 평가한다.

3 유의점

집단탐구모형은 기존의 우리 나라 교실 상황의 여러 전통적인 관례를 깨뜨려야 하는 전제를 가지고 있다. 예컨대 40분 단위의 수업을 지키려는 관례나 이러한 수업에 익숙하지 못한 아동의 학습 스타일이나, 교과서 위주의 수업 진도를 맞추어야 한다거나, 교사의 자율적으로 수업 내용을 결정하기 꺼려한다거나, 학교장이나 학부모들의 우려스러운 반응들이 그것이다. 그러나 이 집단 탐구 수업모형은 최근 열린 교육을 강조하고 있는 교육 개혁의 방향과 일치하고 있을 뿐 아니라 무엇보다도 교육의 본질에 가장 충실한 모형임은 의심할 여지가 없다. 이 모형은 모든 교과와 학년에 관계없이 가능하며 이 수업을 진행할 때 교사가 항상 염두에 두어야 할 체크리스트를 참고로 제시하면 다음과 같다(Sharan & Sharan, 1994).

- 어떤 종류의 자료가 유용한가를 알아야 한다.
- 자료를 찾으면서 떠오르는 질문들을 적어둔다
- 일상의 삶과 관계 있고 다양한 자료를 사용하며 아이들에게 자극적인 주제를 제시해야 한다.
- 가능한 많은 자료를 동원하고 학생의 흥미를 자극할 수 있는 도입 활동이 필요하다.
- 학생에게 탐구가 어떻게 진행되고 어떻게 평가될 것인지를 정확하게 설명해 주어야 한다.
- 1단계에서 학생이 주제에 관한 구체적 질문들을 만들어 낼 수 있도록 격려한다.
- 2단계에서 각 집단은 현실적인 계획을 세우고 모든 구성원의 아이디어가 수용되도록 도와준다.
- 3단계에서 학생이 탐구하는 기술을 도와주고 문제가 있을 때에는 탐구 활동을 중단하고 탐구 기술을 훈련할 기회도 주어야 한다.
- 4단계에서 각 집단이 발견한 것의 주된 아이디어를 구체화하는 것을 도와주고 각 집단의 발표 계획을 조정해 준다.
- 5단계에서 발표에 대한 평가 기준을 제시하고 발표 후에는 발표에 대한 토론을 이끈다.
- 6단계에서 탐구의 과정에서 학생이 획득한 새로운 사실이나 개념을 평가하는 방법을 선택하고, 탐구 결과 그들이 내린 결론이 무엇인지, 어떻게 그들이 발견한 것들을 통합하였는지를 주의 깊게 본다.
- 학생에게 그들이 탐구한 것과 그 결과가 무엇을 의미하는지 질문하여 주제에 대해 보다 깊이 이해하게 한다.
- 교사 자신과 학생에게 탐구 활동을 우리가 잘했는지 그리고 다음에 개선할 점은 무엇인지를 스스로 질문한다.
- 집단 탐구는 교사인 나에게 무엇을 의미하는지 반성해 보고, 다른 교사들과 협력하여 새로운 집단 탐구 과제를 계획해 본다.

참고문헌

정문성(1997). 사회과 협동학습에서의 집단탐구모형. 사회과교육학연구 창간호, 77-92.

최병모(1985). 사회과 탐구 수업의 특징과 그의 적용을 위한 과제, 사회와 교육, 9집, 17-32.

Dewey, J.(1910). How to think. MA: Heath.

Hertz-Lazarowitz, R. & Sharan, D.(1980). A Group Investigation Method of Cooperative Learning in the Classroom. *In Cooperation in Education*, edited by S. Sharan et al. Utah: Bringham Young University Press.

Joyce, B. & Weil, M.(1972). *Models of Teaching*. NJ: Prentice Hall.

Sharan, S. & Shachar, C.(1988). *Language and Learning in the Cooperative Classroom*. NY: Springer.

Sharan, Y. & Sharan, S.(1990). Group Investigation expands Cooperative Learning, *Educational Leadership*, 47(4), 17-21.

__________(1994). What do we want to study? How should we go about it? Group Investigation in the Cooperative Social Studies Classroom. In Cooperative Learning in Social Studies: *A Handbook for Teachers*, edited by R. J. Stahl, NY: Addison-Wesley Publishing Company, 257-276.

Sharan, S. & Shaulov, A.(1989). Cooperative Learning, Motivation to learn and Academic Achievement. *In Cooperative Learning: Theory and Research*. edited by S. Sharan. NY: Praeger Publishing co.

Thelen, H.(1960). *Education and the Human Quest*. NY: Harper & Row.

Chapter 28 법리모형

시나리오

1 사건 소개

• 수업 목표와 사건에 대한 소개

김 교사는 언론의 자유와 사생활의 보호에 관한 수업을 법리모형으로 하기로 하고 최근 허위보도로 사생활을 침범당한 유명인사가 언론사를 상대로 재판을 한 사건을 다루기로 하였다. 김 교사는 이 사건의 전모를 소개해 주고 그 당시의 신문기사도 보여주었다. 김 교사 반의 8개 소집단 중 한 집단에게 두 가지 입장, 즉 언론사는 고의가 아니었고, 유명인사로 모든 국민의 알 권리를 충족시키기 위해 보도를 하였더라도 결국은 허위보도로 개인의 명예를 훼손하였으므로 언론사는 제재를 받아야 한다고 하는 입장과 언론사는 신속한 보도를 생명으로 하기 때문에 신문보도에 오류가 항상 있을 가능성이 있고, 특히 그 대상이 유명인사로서 공인일 경우 사소한 사생활의 침범으로 인해 국민의 알 권리가 침해되도록 언론사에 제대를 가해서는 안 된다는 두 가지 입장 중 하나를 선택하게 하였다.

2 문제 확인

- 소개된 사건에서 무엇이 공공 문제인지 확인한다.
- 자료를 검토한다.
- 사건의 이면에 있는 사실과 가치 갈등을 확인한다.

우선 김 교사는 이 사건이 공공문제인지 질문을 하고 사회 대부분의 사람들에게 관계되는 공공문제임을 확인 설명한다. 그리고 사건의 자세한 설명을 통해 무엇이 쟁점이 되는지를 설명해 준다. 쟁점은 언론의 자유 또는 국민의 알 권리와 개인의 사생활 보호라는 가치 갈등문제임을 파악하게 한다. 그리고 그 사건의 구체적 사실을 신문보도 내용을 토대로 확인해서 오해가 없게 한다.

3 입장 정하기

- 입장을 정한다.
- 입장의 근거를 밝힌다.

소집단은 자신들끼리 토론을 통해 언론사는 고의가 아니었고, 유명인사로 모든 국민의 알 권리를 충족시키기 위해 보도를 하였더라도 결국은 허위보도로 개인의 명예를 훼손하였으므로 언론사는 제재를 받아야 한다고 하는 입장을 선택하였다. 그리고 그 입장에서는 유명인사이므로 공인이라 하더라도 사생활을 침해받아서는 안 된다는 점, 더구나 허위보도로 개인의 명예를 훼손하였다는 점에서 공정한 보도를 생명으로 하는 언론사는 더욱 제재를 받아야 한다는 근거를 밝혔다.

4 입장 탐색

- 정해진 입장에 대한 논쟁을 한다.

김 교사는 먼저 그들의 근거를 공격하였다. 유명인사는 공인으로 공인의 사생활은 상당부분 공적 활동과 관계가 깊으며, 따라서 사생활도 상당부분 공개되어 있는 것이 현실이고, 공인의 사생활도 많은 사람들에게 영향을 미치므로 언론보도의 대상이 됨을 드러내는 질문들을 했다. 특히 비유를 들었는데 공인들의 재산공개와 가족들의 병역 여부, 가족들의 사치스러운 생활 등의 공개가 대표적인 예로 거론되었다. 이러한 질문에 소집단은 여러 가지 대답을 하면서 자신들의 근거가 다소 흔들리고 있음을 보여주었다. 또 다른 학생들도 신문보도의 공정성과 신속성 중 어느 것이 더 중요한가 하는 점을 질문하였으나 이 부분은 우열을 가르기 힘들 정도로 팽팽하였다. 그러나 사건의 사실에서 나타난 사생활 침범 부분이 사소한 것일 경우에도 언론사가 제재를 받는다면 신속성의 측면에서 언론의 역할이 매우 위축될 수 있음을 질문하여 소집단 학생들이 뚜렷한 대답을 하지 못하였다.

5 입장 완화 및 정리

- 논쟁의 결과에 따라 입장을 완화하고 수정한다.
- 수정된 입장의 근거를 다시 확인한다.

토론이 충분히 이루어진 후 소집단은 다음과 같이 입장을 완화하였다. 즉 공인의 사생활도 최소한은 보호되어야 하며 신속보도로 인한 사소한 오류는 할 수 없으나 크게 명예가 훼손되었을 경우에는 제재를 받아야 한다는 것이다. 김 교사는 이 사건의 헌법재판소 판례를 보여줌으로써 토론의 과정과 결과에 대한 평가와 결론을 내려 주었다. "신문보도의 명예훼손은 피해자가 공인인지, 사인인지 그리고 그 보도내용이 공적 관심의 대상인지 사적 관심의 대상인지에 따라 헌법적 심사 기준의 차이가 있어야 한다. 즉 언론의 자유와 국민의 알 권리가 보호받기 위해서는 신속한 보도를 생명으로 하는 언론사가 범할 수 있는 오류가 특히 공인의 사소한 사생활에까지 형사적 제재의 위협을 받는 것으로부터 자유로와야 한다."

1 이 론

1) 이론적 기초

Oliver와 Shaver(1966)가 발표한 이 모형은 하버드 대학교 사회과교육 프로젝트에서 개발한 것으로 도덕과 법률이 중요 기준이 되어 도덕 법률 모형(ethical-legal model) 또는 법리모형(jurisprudental approach)이라고 불린다. 이 모형은 사람들은 서로 다른 견해를 가지고 있으며 사회 가치들이 서로 충돌하다는 것은 당연하며 생산적인 사회란 이러한 갈등을 대화에 의해 성공적으로 해결할 수 있어야 한다는 가정에 기초하고 있다. 훌륭한 시민이란 마치 훌륭한 법관과 같아야 하며, 공공문제를 지적으로 분석하고 이에 따라 어떤 입장을 분명하게 선택할 수 있으며, 그 이면에는 정의와 인간존엄이라는 근본가치가 깔려있어야 한다고 주장하였다. 그래서 이 모형은 어떤 사건이 발생하면 재판관인 시민이 양쪽 입장의 주장을 논리적이고 합리적으로 검토하고, 그 증거들을 분석하고 마지막으로 근본적으로 시민이 합의한 가치인 법률에 따라 판결을 내리는 재판과정을 수업으로 옮겨놓은 것이다. 그러므로 이 모형에서 교사와 아동은 다음의 세 가지 조건을 갖추어야 한다.

첫째는 그 나라의 헌법과 건국이념을 잘 알아야 한다. 왜냐하면 모든 법률과 도덕의 근본이 되기 때문에 논쟁이 발생했을 때 그 판단의 근본적 기준이 되기 때문이다.

둘째는 공공문제를 논쟁으로 다루는 기본적인 기능이 필요하다. 논쟁에는 세 가지 문제가 생기는데 첫째는 상충하는 가치들이 무엇인지를 알아내는 능력이다. 즉 가치갈등의 초점을 알고 이에 따라 사회의 가치위계나 법적 원리에 의해 이것을 구별해 내는 능력이다. 두 가치가 상충될 때는 가치의 위계를 학인하거나 두 가치가 조금씩 양보함으로써 해결된다. 둘째는 사실의 확인으로 공공문제에 관련된 사실을 확인하여 사실의 오해에 기인한 잘못된 판단을 막는다. 사실적 주장의 신뢰성은 보다 더 구체적인 주장을 제시하거나 참인 다른 사실에 관련시킴으로써 얻을 수 있다. 셋째는 정의상의 문제인데 공공문제를 설명하는 개념들에 대한 정의가 달라서 생기는 오해들을 해결하는 능력이다. 많은 토론에서 모호하고 혼돈스러운 용어 때문에 토론이 비능률적으로 진행되는 경우가 많다. 이를 막기 위해서는 토론 참가자들이 동일한 용어를 다른 방식으로 사용하고 있지는 않는지를 확인하고, 사전을 찾아보거나 합의된 기준을 열거하거나, 사례들을 통해서 정의를 분명히 하거나 하는 방법들을 사용해야 한다. 그러므로 공공문제를 다룰 때는 정의를 명백히 하고, 사실을 확인하며 가치갈등의 초점을 분명히 하는 것이 가장 기본적인 기능이다.

셋째는 우리 사회 전반에 대한 정치, 경제, 사회 현상에 대한 과학적인 지식이다. 특히 공공문제는 나 개인이 아니라 사회 전반에 대한 문제이기 때문에 사회를 이루는 정치, 경제, 사회, 문화의 전반에 대한 사회과학적 기본 지식이 필요한 것이다.

법리모형을 전개하는 전반적인 토론법은 소크라테스의 대화법에 기초하고 있다. 소크라테스의 대화법은 어떤 사람이 한 입장을 취하면 다른 사람들이 끊임없이 그 입장에 질문을 하고 그 사람은 그 질문에 응답하면서 타당한 결론에 도달하는 것이다. 이 모형에서 한 학생 또는 소집단 학생들이 자신의 입장을 정하면 교사와 다른 학생들은 그들의 입장에 질문을 통해서 도전을 하게 된다. 그 질문들에 대해서 입장을 선택한 학생들이 다른 가치 기준에서 바라보았을 때도 잘 견디는가? 그 입장이 여러 상황에 걸쳐 일관성을 지속하는가? 그 입장의 지속 이유가 적절한가? 그 입장이 근거하는 사실적 가정이 타당한가? 그 입장의 결과가 무엇인가? 그 결과에도 그 입장을 고수할 것인가? 등에 초점을 두고 질문과 응답을 진행한다. 이러한 소크라테스의 대화법에서 가장 유용한 방법은 비유를 이용하는 것이다. 비유나 유추를 이용해 질문하는 것이 아동이 이해하고 대답하기도 쉽고 자신들의 입장을 반성하는데도 도움이 된다.

2) 특 징

이 모형은 다음과 같은 특징을 가지고 있다.

첫째 주로 공공문제를 다룬다.

둘째 사실적 증거를 경험논리적으로 다루고 가치의 위계를 다루므로 명백한 결과가 드러나게 되어있다.

셋째 재판식 수업이 진행된다.

넷째 교사는 아동의 주장을 예상할 수 있고 이에 준비해야 한다.

다섯째 교사가 정답 추측 분위기를 제공해서는 안 된다.

여섯째 고학년에 적용된다.

일곱째 단일 사건을 긴시간 다루는 것이 바람직하다.

여덟째 배경지식이 필요없는 간단한 사건이 좋다.

아홉째 아동의 생활 속 사건을 다룬다.

열째 모든 견해가 허용되는 토론분위기를 만들어야 한다.

3) 효 과

이 모형은 다음과 같은 효과를 가지고 있다.

첫째 대부분 판결이 난 기존 사건을 다루므로 토론의 정답이 있고, 때문에 교사가 분명한 근거와 방향을 가지고 토론수업을 이끌 수 있다.

둘째 아동은 이 수업모형을 통해 사실과 의견의 구분, 정확한 근거를 대는 법, 가치의 위계를 분석하는 법, 대화하는 법, 주장하는 법 등의 정확한 사회적 기술을 배울 수 있고, 논리적이고 비판적 사고를 얻을 수 있다.

2 수업 절차

법리모형의 수업 절차는 다음과 같다.

(1) 사건에 대한 소개

수업목표와 이번 수업에 다룰 사건을 소개한다. 사건 소개는 교사의 설명으로도 할 수 있지만 그 당시 신문기사나 사진 등이 있으면 더욱 좋아한다.

(2) 문제 확인

주어진 사건이 공공문제인지를 확인한다. 그리고 그 사건이 가지고 있는 논쟁점을 확인한다. 즉 가치 갈등이 어느 부분에 있는지 확인한다. 그리고 그 쟁점에 관한 사실적 문제와 문제의 정의를 내린다.

(3) 입장을 취함

주어진 쟁점에 대한 입장을 취한다. 자신의 입장을 명료하게 밝히고, 그러한 입장을 갖게 된 근거를 진술한다.

(4) 입장 탐색

선택한 입장에 대한 탐색이 시작되는데 여기서 논쟁의 형태가 발생한다.

첫째로 가치 갈등의 측면, 즉 가치의 침해 지점을 확인한다. 그 입장이 가져올 수 있는 장점과 단점의 결과들을 유추하여 비교한다. 그리고 그 결과들 사이의 가치의 위계를 확인하고 그 위계에 문제가 없는지를 확인한다.

(5) 입장 완화 및 정리

입장 탐색을 통해 드러난 문제점들을 선택한 입장에서 취사선택하여 원래의 입장을 완화하거나 수정한다. 수정된 입장의 사실적 가정과 가치들을 재점검한다. 그리고 수정한 입장이 가져올 결과들을 예측하고 문제가 없는지를 확인한다.

3 유의점

이 모형은 고도의 사고력이 필요하기 때문에 중학생 이상의 아동에게 적용되도록 고안되었다. 그러나 초등학생들도 그들의 수준에 맞게 단순한 공공문제를 이용하여 수업을 할 수도 있을 것이다. 이 모형은 공공문제를 다루는 만큼 사회과나 도덕과, 또는 국어과 등에서 사용할 수 있는 수업모형이다. 그러므로 다른 교과에서 다루기는 어렵다. 이 모형에는 여러 가지 고급사고력을 발휘하는 차원이 있다. 그러므로 교사가 다루려는 공공 문제에 대한 깊이 있는 사고를 충분히 해야 아동들의 활동을 안내하고 수업 진행을 할 수 있으므로 교사의 준비가 매우 중요하다. 그리고 논쟁 거리는 반드시 공공문제여야 하며, 가능한 공공문제이면서 판례가 나온 것일수록 수업에 이용하기 쉽다. 왜냐하면 판례에 충분한 논의과정이나 판결의 이유가 잘 제시되어 있기 때문에 어려운 논쟁거리라 하더라도 일종의 정답이 있기 때문이다. 그리고 현실감도 있으므로 아동들에게 흥미롭고도 유익한 수업이 될 수 있는 것이다.

이 모형을 초기에 접근할 때는 수업 절차에 교사가 많이 개입하는 것이 좋다. 즉 사고 과정의 방법도 교사가 안내하고 논의가 빗나가서 쓸데없는 토의로 시간을 낭비하는 것을 막을 수 있기 때문이다. 아동이 점점 이 수업에 익숙해지면서 교사의 개입도 점점 줄여나가면 된다.

이 모형은 입장을 선택한 학생들에 대해 교사와 다른 학생들이 끊임없이 질문을 통하여 그 입장에 도전하는 형태로 전개되는데 이때 사용하는 방법이 소크라테스의 대화법이다. 이 대화법의 특징은 학생의 견해가 보다 명백해질 때까지 학생이 취하는 입장의 적절성, 일관성, 구체성, 그리고 생각의 명료성 등을 탐색하게 되는데 그 질문의 방식은 비유를 통하는 것이다. 그러므로 비유를 통한 질문법을 학생들이 잘 익히도록 훈련시킬 필요가 있으며 초기에는 교사가 모범적인 질문을 해서 다른 학생들도 비슷한 유형의 질문을 할 수 있도록 안내하는 것이 바람직하다.

참고문헌

윤기옥등 역(1995). 수업모형. 서울: 형설출판사.
차경수(1995). 현대의 사회과교육. 서울: 학문사.

다. 또, 두 종류의 안경을 직접 써 보면서 효과를 느껴본다.

각자 관찰 및 조사 활동이 끝나면 모둠별로 토의한다.

토의가 끝나면 결론을 확인하고 기록한다.

3 설명 및 해결책 제시

- 정보와 관념을 의사 전달한다.
- 새로운 설명을 구성한다.
- 해결책을 검토하고 토의한다.
- 적절한 결론을 도출한다.
- 이미 존재하는 지식과 경험에 해결책을 봉합한다.

모둠별로 토의가 끝난 후, 교사는 학생들에게 두 안경의 차이점에 대하여 발표하도록 한다.

아동들은 자신들이 관찰하고 조사한 내용에 대하여 발표하고 질의 응답한다.

- 우리들이 쓰는 안경은 가운데가 얇고, 노인들이 쓰는 안경은 가운데가 두꺼워요.
- 우리들이 쓰는 안경은 먼 곳의 물체가 잘 보이는 오목렌즈입니다.
- 노인들이 쓰는 안경으로 가까이 있는 물체를 보면 크게 보여요.

교사는 아동들이 활발하게 토의하는 모습을 지켜본 후에 부족한 내용을 보충하거나 수정해 준다.

- 돋보기 안경은 노인들이 쓰는 원시용 안경으로 가까운 글자가 크게 보이는 볼록렌즈이다.
- 학생들이 쓰는 안경은 근시용 안경으로 가까운 글자가 작게 보이는 오목렌즈이다.

4 실 행

- 의사결정
- 지식 및 기능을 응용 · 전달한다.
- 정보와 생각을 교환하고 질문한다.
- 결과를 발달시키거나 생각을 촉진한다.

교사는 앞 단계에서 토의 결정된 내용을 바탕으로 안경 또는 여러 종류의 렌즈가 우리 생활에 어떻게 이용되고 있는지를 생각해보도록 한다.

아동들은 다시 한 번 모둠의 토의를 통하여 자신의 생각을 교환하고 정리한다.

교사는 토의가 끝난 모둠에게 발표를 하게 하고 부족한 부분을 보충 · 정리해준다.

렌즈의 이용은 다음 차시에 다시 한 번 나오므로 집에서 좀 더 자세하게 조사해오거나 사진 자료, 또는 실물 자료 등을 찾아보도록 하고 차시를 마친다.

1 이 론

1960년대에 미국에서 꽃을 피웠던 학문중심교육과정은 1970년대에 이르러 여러 형태의 평가 작업을 통하여 상당한 문제점을 안고 있다는 것이 드러났다. 학문중심 교육과정에 대한 반성을 통하여 1980년대에는 이른바 인간중심 교육과정이 대두되게 된다.

우리는 고도로 발달된 과학적 기술 사회라 할 수 있는 현대 사회에서 살아가고 있다. 이러한 고도 발달의 결과 환경이나 오염 문제 등 과학과 과학적 기술만으로는 해결할 수 없는 사회적 문제를 일상생활에서 쉽게 접하게 되었으며, 과학의 학문적 본질보다는 과학과 과학적 기술 발달에 수반되는 사회적 문제에 더욱 영향을 받게 되었다. 이에 따라 과학 및 과학적 기술의 본성과 아울러 과학-기술-사회의 상호 관계에 대한 이해가 학교 교육(과학교육)의 중요한 목적으로 대두되게 되었다. 특히 사회교육학자들은 각종 모임을 통해서 전통적인 사회과 대안으로써의 STS의 잠재력에 기대를 갖고, STS를 조직하고 인식시키는 노력들을 하였다. NCSS와 SSEC(social science education consortium)는 각종 출판과 저널의 지면을 할애하고 매뉴얼을 간행하였다. 1991년까지 STS는 NCSS의 교육과정 안내서에 포함되었다. Remy(1990)는 STS가 미래의 시민을 준비하는 사회과의 핵심적 전도사로 기여할 수 있음을 강조하였다. 그러나 Heath(1988)는 사회과 교육과정에 존재하는 STS의 실제적 위치는 그러한 추세를 따라가지 못하고 있다고 비판하기도 하였다.

1) 이론적 기초

STS라는 용어는 1980년에 Ziman이 그의 저서 'Teaching and Learning about Science and Society'라는 저서에서 처음으로 사용하였다. 그는 학교 과학교육의 방향을 재점검하고 다시 정의하려는 노력에 대하여 철학적 틀과 일상의 명칭을 제공하고자 하는 시도에서 STS라는 명칭을 붙였다.

(1) STS 교육의 정의와 특징

STS 교육의 정의와 관련하여 Hofstein(1988)은 다음과 같이 말하고 있다.

STS는 일반적으로 과학의 기술적, 사회적 환경에서 과학 내용을 가르치는 것을 의미한다. 학생은 자연세계에 대한 그들의 개인적 이해를 인간이 만든 세계(Technology)와 학생이 매일 경험하는 세계(Society)와 통합하려는 경향을 가진다.

STS는 이와 같은 과학-기술-사회의 상호 관련성을 나타낸다.

그림 29-1

과학-기술-사회의 상호 관계

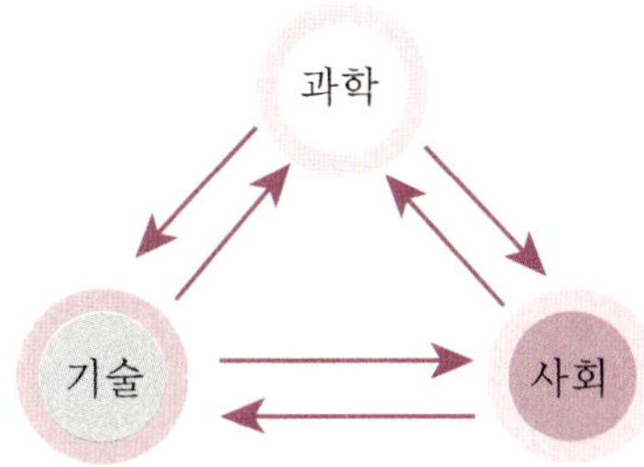

학교에서 STS의 의미를 논할 때, 간학문적 접근의 어려움을 극복할 필요성을 언급하게 된다. 비록 통합주제나 단원, 또는 특정 사회과교육과정에 STS를 포함시켜야 한다고 주장하는 사람은 있으나 아무도 사회과나 과학을 대체할 STS를 제안한 사람은 없었다(Heath, 1988; Marker, 1992; Remy, 1990). Remy(1990)는 교육과정 집필자의 어려움을 다음과 같이 말하고 있다.

> 과학과 사회과를 통합하기 위한 지식의 보편적 이론은 없다. 간학문적 교육과정을 이해하기 위한 기초로 삼을 수 있는 보편적 구조틀도 없다(p. 206).

이들 두 개의 교과를 통합할 지식의 이론이 없다는 것은 이상한 듯이 보인다. 과학과와 사회과는 역사적 배경을 공유하고 있다. 이들은 20세기 교육개혁에 빛나는 성장을 해왔다. 공동의 교육적 체제의 부분으로써 이들의 목적은 궁극적으로 민주시민성의 발달에 있다. 계몽적 전통에 따라 학문적 연구를 통하여 획득한 합리성은 민주주의 국가를 유지하고 발전하는데 핵심적 역할을 하였다.

기초적 교육과정 구조틀과 학문과 같이 지식의 이론은 사회적 구성물이다. 이들은 역사, 사회, 정치, 경제, 그리고 다른 제도적 힘에 의해 영향받는다. 사회과와 과학과의 사회적 구성물은 20세기 초반 미국 산업사회의의 사회적·경제적 문제를 설명해주는 대중교육의 형성과 함께 시작되었다. Popkewitz(1991)는 다음과 같이 말하였다.

> 현대 교육학의 의미는 사회적 규칙성의 문제를 통합하는데 있다. 교육은 국가의 행정적 관심을 교과의 자율성과 연결하고 있다. 학교체제에서 지식의 형태는 개인의 정체성을 조직하고 형성하는 잠재력을 가지고 있는 일의 본질과 세계를 조직하고 분류한다(p.14).

이 진술로부터 과학과와 사회과의 구조가 개인적 정체성을 조직하고 형성하게 함을 알 수 있다. 즉 이 두 교과의 학문적 조직이 인지적 측면뿐 아니라 사회적 기능도 가지고 있다는 것이다. Popkewitz(1991)는 과학의 규칙성은 권력관계를 정의하는 개념적 특성뿐만 아니라 사회적 질서의 전망을 실현한다고 한다. Fleury는 과학과와 사회과는 개인과 사회적 권력의 문제가 개인과 사회적 지식의 문제로 연결되어 있음을 인식하게 함으로써 아동의 세계를 구조화하고 분류하는 학문적 동반자임을 제안하고 있다.

일반적으로 STS 교육은 과학이 과학적 기술을 통해 응용되는 분야와 사회적 상황에 과학을 들어 맞추어 가르치는 방법과 과정을 지칭하기도 한다. 과학을 어떤 상황에 맞춘다는 말은 과학적 이론과 원리 그리고 그와 관련된 실험·실습 활동을 인간의 문제 및 일상적인 실제와 관련시키는 것을 뜻한다. 학교에서 가르치는 과학이 처할 수 있는 상황은 매우 다양하지만 그중에서도 특별히 STS와 관련된 상황은 아래와 같다(SSCR, 1987).

- 개인적 상황: 개인적 개념, 신념, 견해, 가치관, 흥미, 포부, 개인적 복지와 건강
- 사회적·문화적 상황: 가정/가족/지역사회 생활, 여가와 레크리에이션 활동, 건강/의학적 문제, 사회적 봉사, 시민 의식과 정치, 종교적/형이상학적 신념과 가치, 윤리
- 역사적 상황: 과학적 개념과 그 응용 그리고 사회적 문화적 상호 작용의 역사적 발달

- 환경 상황: 주변의 자연 세계에 대한 이해, 과학 및 과학적 기술과 환경의 상호 작용
- 산업 · 상업 · 경제적 상황: 활동, 산업과 농업의 산물, 상품과 서비스의 소비, 고용

학교 과학을 어떤 상황에 둔다는 것은 그것을 학생들이 관련지을 수 있는 어떤 사회적 문제나 특정 상황에 연결짓는 것을 의미한다. 문제와 상황을 학생들에게 관련성이 있게 할 수 있는 것은 그것이 일상 생활의 일부이기 때문에 가능하다. 학생들은 어떤 과학적 주제와 상황이 자신의 관념, 신념, 가치관, 이상, 흥미 등과 관련되어 있으면 그 주제와 상황을 자신과 관계가 있다고 생각한다. 이때, 어떤 문제와 상황이 학생들에게 관련되는 정도는 개인에 따라 다르다. 나이나 성숙도, 성이나 문화적, 학교의 지역성이 개인에 따라 서로 다른 영향을 미치기 때문이다.

한편 미국과학교사협회(NSTA, 1991)는 STS의 특징을 다음과 같이 정의하고 있다.

- STS는 과학과 기술, 그리고 사회의 상호 관련성을 다루는 과학학습이다.
- STS는 과학학습이 인간의 경험적 맥락에서 다루어지고 학습되어지는 과학학습이다.
- STS는 과학수업이 소수의 과학자나 과학관련 종사자를 위한 수업이 아닌 다수의 일반학생을 위한 '모든 이를 위한 과학'을 추구하는 과학학습이다.
- STS는 과학기술사회에서 책임있는 시민의 역할을 수행할 수 있도록 하기 위한 '과학적 교양의 함양'을 추구하는 과학학습이다.

과학 교육과정에 사회적 문제를 포함시켜야 할 이유는 그런 자료가 학생들이 과학을 보다 더 흥미롭고 신나게 공부할 수 있게 하기 때문이다. 교사는 학생들에게 과학이 그들의 일상 생활에 관계가 있다는 것을 보여주어 그들로 하여금 과학이란 결코 신비스런 것이 아니라 실제의 생활 과정에서

일어나는 인간의 활동이라는 것을 인식시켜 줄 필요가 있는데 사회적 문제가 이런 교육에 효과적인 방법과 자료를 제공할 수 있다.

(2) STS 수업의 소재

실질적으로 STS 수업에 있어서 소재 선택은 수업 방법 못지않게 대단히 중요하다. 이는 과학과 기술 그리고 사회의 상호 관련성이 의미 있게 지도되기 위해서는 과학, 기술, 사회의 상호 관련성이 논의될 수 있는 적절한 소재가 우선적으로 선정되어야 하기 때문이다. Hickmann 등(1987)은 적절한 소재 선정의 기준을 다음과 같이 제안하고 있다.

- 학생들이 장차 또는 수업 시간에서 배우게 될 소재가 아니라 지금 바로 학생들의 삶에 직접 적용할 수 있는 소재인가?
- 학생들의 인지 발달과 사회적 성숙에 합당한 소재인가?
- 오늘날 세계에서 중요시되고 있는 소재이며, 학생들이 어른이 되었을 때에도 중요한 부분으로 남아 있을 것인가?
- 과학이 아닌 다른 상황에서도 그 지식을 적용할 수 있는가?
- 학생들이 흥미를 가지고 열중할 만한 소재인가?

(3) STS 수업의 실시 방안

Cheek(1992)는 STS 교육의 방법들을 종합 · 정리하여 다음과 같이 크게 3가지로 제시하였다.

- 개발된 STS 프로그램의 모듈이나 단원을 기존의 교과목에 접목시킨다.
- 기존의 교과목에 간단한 STS 소재를 삽입한다.
- 통합교과적인 STS 교과목을 신설하여 교육한다.

정완호 등(1993)은 과학교사와 연구원들에게 설문조사를 실시하여 현행 우리 나라 과학교육에 STS를 적용하기에 적당한 두 가지 방법을 다음과 같이 제시하였다.

- 현행 교육과정에서 각 단원마다 마지막 부분에 STS 내용을 도입하여 적용한다.
- 현행 교육과정을 그대로 두고 주제 중심을 개발된 여러 STS 프로그램에서 교사가 자율적으로 필요한 주제를 선택해서 과학 수업에 적용한다.

2) 효 과

- Myers(1988): 과학지식, 탐구 과정, 창의력, 태도, 적용에 관한 5개 영역에서 STS 수업 방법과 교과서 중심의 전통적 수업 방법으로 9학년 학생들에게 수업을 실시한 결과, 과학 지식의 습득과 탐구 과정 영역에서는 두 집단 간의 차이가 없었으나, 창의력, 태도, 적용 영역에서는 STS 학습 방법이 학생들에게 더욱 효과적인 결과를 나타냈음을 보고하였다.
- Yager와 Tamir(1993): STS 수업 방법과 전통적 수업 방법을 4학년에서 9학년까지 적용하고 탐구 능력과 태도 영역에 있어서의 효과를 비교한 결과 STS 수업 방법이 통계적을 모두 효과가 있음을 보고하였다.
- Mcfadden(1991): STS 프로그램의 하나인 'Science Plus Technology and Society'를 현장에 적용시킨 결과 전통적인 교육에 비하여 가르치는 내용이 줄었으며 중복되는 내용이 많았음을 보고하였다.
- 김관수(1992): 초등학교 6학년을 대상으로 환경보전 교육을 위하여 STS 수업모형을 적용한 결과 전통적 학습 방법보다 환경 보전 태도에 더욱 긍정적인 영향을 주었다.
- 김인희(1994): 중학교 2학년 과학수업에 STS 수업모형을 적용한 결과, 학업 성취도와 과학적 태도에서 STS 수업모형을 적용한 집단이 전통적 수업을 실시한 집단에 비하여 점수가 높은 것으로 나타났으나 탐구 능력 신장 면에서는 두 집단 간에 의미 있는 차이가 드러나지 않았다.

2 수업 절차

Yager와 Tamir(1993)에 의해 개발된 Iowa Chatauqua program에 나타나 있는 수업 절차는 다음과 같다.

그림 29-2

수업 절차

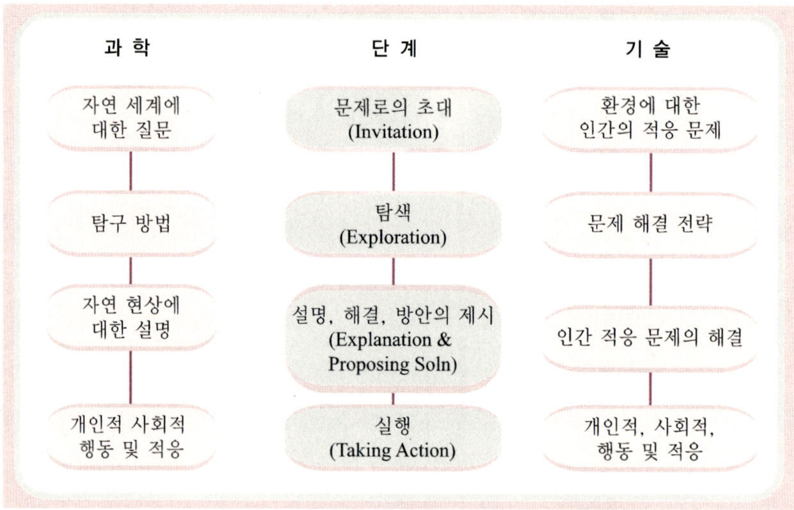

STS 수업모형에 있어서 각 단계별로 구체적 행동 내용을 자세히 제시하면 아래와 같다.

(1) 문제로의 초대

- 호기심 촉발을 위해 주변 환경을 관찰한다.
- 의문을 제기한다.
- 질문에 대한 가능한 많은 반응을 고려한다.
- 예기치 않은 현상을 기록한다.
- 학생들의 지각의 다양성을 확인한다.

(2) 탐 색

- 중심이 되는 역할에 참여한다.
- 가능한 대안들을 토의한다.
- 정보를 살핀다.
- 자료로 실험한다.
- 구체적인 현상을 관찰한다.
- 모형을 설계한다.
- 자료를 수집하고 조직한다.
- 문제해결 전략을 채택한다.
- 적절한 자원을 선택한다.
- 다른 사람과 해결책을 토의한다.
- 실험을 설계하고 수행한다.
- 선택을 평가한다.
- 토의에 참여한다.
- 결론을 확인한다.
- 조사의 척도를 정의한다.
- 자료를 분석한다.

(3) 설명 및 해결 방안 제시

- 정보와 관념을 의사 전달한다.
- 한 모델을 만들거나 설명한다.
- 새로운 설명을 구성한다.
- 해결책을 검토하고 토의한다.
- 동료의 평가를 이용한다.
- 선다형 답-해결을 수집한다.
- 적절한 결론을 맺는다.
- 이미 존재한 지식과 경험에 해결책을 통합한다.

(4) 실 행

- 의사결정한다.
- 지식 및 기능을 응용한다.
- 지식 및 기능을 전달한다.
- 정보와 생각을 교환한다.
- 새로운 의문점을 질문한다.
- 결과를 발달시키거나 생각을 촉진한다.
- 모델과 생각을 이용하여 다른 사람들의 토의를 수용한다.

3 유의점

STS 수업의 가장 큰 제한점은 일정한 시간에 학습시킬 수 있는 내용이 줄어든다는 점이다. 물론 최근 들어 학습량보다는 학습의 질이 중요하다는 의견도 많이 있지만 초·중등학교에서 다루어야 할 최소한의 내용이 교육과정에 제시되어 있으며 이러한 모든 내용을 STS 수업 방식으로 다루는 것은 시간 여건상 불가능하다는 것이다. STS 수업의 다른 문제점은 STS 접근 방식이 통합적이기 때문에 기술이나 사회 또는 도덕 교과와의 중복이 불가피하다는 점이다. 이를 해소하기 위해서는 교육과정 운영의 융통성이 많이 요구되고 있다. 또한 STS 수업이 원활하게 이루어지려면 교사의 부담이 현재보다 많이 증가할 가능성이 있다. 학습지 준비는 물론 교재 연구 등에 기존의 수업 방식보다 많은 노력이 요구되기 때문에 교사의 수고를 덜어줄 수 있는 다양한 학습 자료의 개발 및 보급이 필수적임을 쉽사리 생각할 수 있다.

참고문헌

김관수(1992). 국민학교 6학년 아동들의 환경보존 교육을 위한 STS 교수 · 학습 모형의 적용. 한국교원대학교 대학원 석사학위논문.

김인희(1994). 중학교 과학수업에서 STS적 접근 방법의 적용효과, 한국교원대학교 대학원 석사학위논문.

정완호 · 권용주 · 김영신(1993). STS 교육운동의 국내 연구 경향 분석과 적용 방안에 대한 조사 연구.

Cheek, D. W.(1992). *Thinking constructively about science, technology, add society education*. State University of New York Press.

Hickmann, F. M & Patrick, J. J. & Bybee, R. W.(1987). *Science/Technology/Society: A framework for curriculum reform in secondary school science and social studies*. Bouder, CO: Social Science Education Consortium, Inc.

Hofstein, A.(1988). Discussions over STS at the fourth IOSTE symposium, *International Journal of Science Education*, 10(4), 357-366.

Mcfadden, C. P.(1991). Towards an STS school curriculum. *Science Education*, 75(4), 457-469.

Myers, L. H.(1988). *Analysis of student outcomes in ninth grade physical science taught with a science department science/technology/society focus versus one taught with a textbook orientation. doctoral dissertation*, University of Iowa.

National Science Teachers Association(1991). *NSTA position statement on science/technology/society*: A new effort for providing appropriate science for all. Washington DC.

Yager, R. E. & Tamir, P.(1993). STS approach: Reason, intentions, accomplishment, and outcomes. *Science Education*, 77-6, 637-658.

Chapter 30 구성주의 수업모형

시나리오

- 대상학년: 4학년 2학기
- 단원명: 전기 회로
- 수업 목표: 전기 회로도를 보고, 전기 회로를 꾸며 자기가 예상한 것을 확인할 수 있다.
  전지와 전구의 연결 방법에 따른 전구의 밝기를 말할 수 있다.

1 도 입

- 주제와 관련하여 생활과 관련된 경험 등을 이야기하게 한다.
- 주제와 관련된 질문을 한다.

- 아버지께서 전지를 사용하는 장난감 자동차를 사주셨는데 가지고 놀다 보니, 속도가 느리게 되었습니다. 어떻게 하면 속도를 빠르게 할 수 있을까요?

-전지를 새것으로 바꾼다.
-몇 개의 건전지를 연결한다.
-자동차를 가볍게 만든다.
-마찰이나 공기 저항을 줄인다, 등

- 학습 문제 제시: 전지와 전구의 연결 방법에 따른 전구의 밝기를 알아보자.

2 수업 이전의 개념 끌어내기

- 학습한 내용과 관련하여 학생의 개념을 표현한다.
- 표현한 자신의 개념을 노트 등에 정리한다.

- 2개의 전지를 직렬과 병렬 연결한 회로에 각각 전구 하나씩을 연결하면 어느 전구가 더 밝겠는가?

-직렬 연결한 회로가 더 밝을 것이다.
-병렬 연결한 회로가 더 밝을 것이다.
-전구의 밝기는 같을 것이다.

- 2개의 전지를 직렬과 병렬 연결한 회로에 각각 전구 하나씩을 연결하면 어느 전구가 더 밝겠는가?

-직렬 연결한 회로가 더 밝을 것이다.
-병렬 연결한 회로가 더 밝을 것이다.
-전구의 밝기는 같을 것이다.

*학생의 선개념이 드러나도록 자유롭게 토의시키고, 주된 선개념이 무엇인지 확인한다.

3 개념의 재구조화

- 서로 다른 학생들의 생각을 발표하게 한다.
- 학생의 개념과 상충되는 현상을 제시한다.
- 새로운 개념을 구성하도록 유도한다.
- 새로운 개념의 유용성을 논의한다.

개념의 명료화 및 교환

- 교과서 72~73쪽에 제시된 4개 회로도를 보고 전구의 밝기를 비교 예상하기

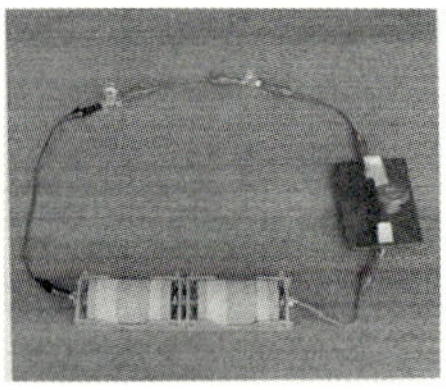
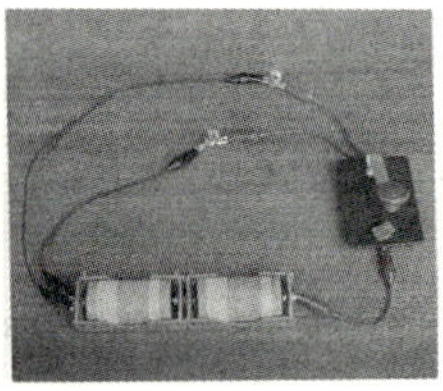
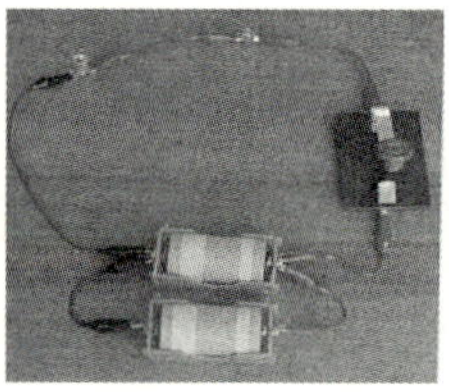
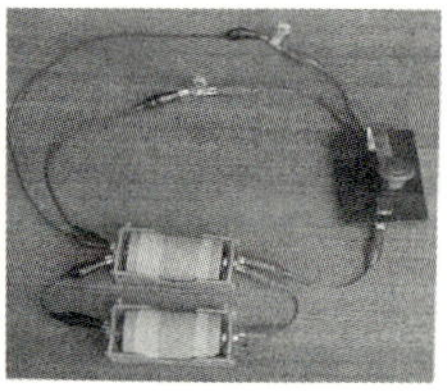

-전구의 밝기를 예상하여 실험 관찰에 기록한다.
-그렇게 생각한 까닭을 같이 기록한다.

- 전구의 밝기에 관계되는 것이 무엇인지 토의하게 한다.
  -실험 관찰에 기록한 내용을 모둠끼리 토의한다.
  -모둠끼리 의견이 다른 내용을 발표한다.

갈등 상황의 노출

- 전구의 밝기에 대해 자신의 생각이 생각한 것이 옳은지의 여부를 실제 실험을 통하여 확인한다.
  -모둠끼리 전기 회로를 실제로 꾸며 전구의 밝기를 비교한다.
  -전구에 불을 켜보고 밝기를 비교하여 실험 관찰에 기록한다.

전지: 직렬, 전구: 직렬 → 중간 밝기

전지: 직렬, 전구: 병렬 → 밝음

전지: 병렬, 전구: 직렬 → 어두움

전지: 병렬, 전구: 병렬 → 중간

*자신의 생각과 실험 결과가 차이가 나타나 지적 갈등이 유발되도록 한다. 이러한 지적 갈등은 새로운 개념이 형성되는데 필요한 조건이다.

새로운 개념의 구성

- 전구의 밝기는 무엇에 관계되었는지 토의해보고 발표한다.
  - -전지는 직렬로 많이 연결하면 밝아졌다.
  - -전지는 병렬로 연결하면 전구의 밝기와는 관계가 없었다.
  - -전구는 직렬로 연결하면 더 어두워졌다.
  - -전지의 직렬 연결에서도 전구의 연결에 따라서도 달라졌다.

  *학생이 갖고 있는 오개념을 토론과 실험 그리고 다른 사람의 생각에 대한 경청을 통하여 새로운 과학적 개념으로 바꿀 수 있도록 유도한다.

평가

- 전구의 밝기는 무엇에 관계되는지 정리하여 발표하게 한다.
  - -전지와 전구의 연결 방법에 따라 다르다.
  - -전지는 직렬로, 전구는 병렬로 연결할수록 전구의 밝기는 밝다.

4 새로운 개념의 응용

- 새로운 소재나 상황에 재구성한 생각을 적용하게 한다.
- 새로 구성한 개념의 유용성을 인식하게 한다.

그림 30-2

과학 지식의 전수 과정

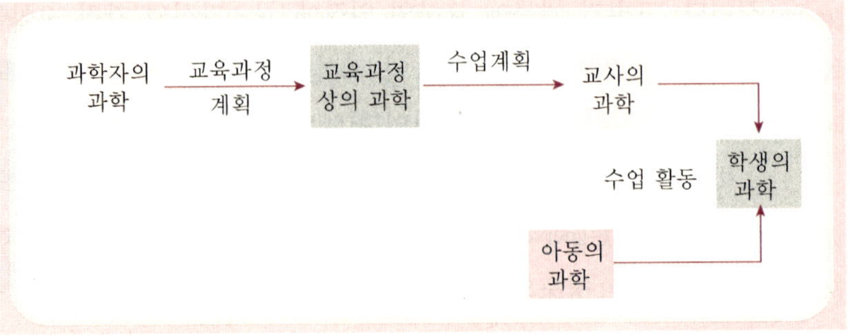

이렇게 해서 형성되는 학생의 과학은 다음과 같은 5가지 도식으로 설명되어질 수 있다.

그림 30-3

학생 과학의 5가지 도식

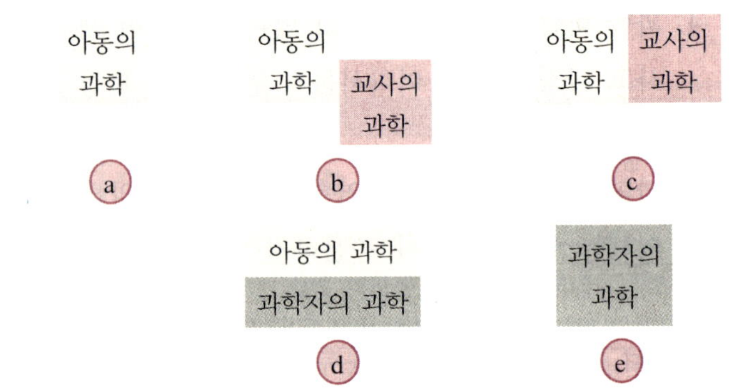

a: 과학 수업 후에도 교사의 과학은 전혀 받아들이지 않고 자신의 생각을 고수하는 경우
b: 과학 수업 이후에 두 개의 개념이 공존하는 경우
c: 수업 전에 가진 직관적 개념이 과학 수업으로 인하여 더 강화되는 경우
d: 아동의 과학이 교사의 과학과 통합되지 않고 혼합된 경우
e: 수업의 결과 통합된 과학적 개념을 갖게 된 경우

Hewson 등은 개념 변화가 일어나기 위한 조건(Hewson, Strike, Posner 등)으로 다음의 4가지 조건을 제시하였다.

① 현재 가진 개념에 대하여 불만족을 느껴야 한다.

개념 변화를 유발하기 위해서는 학생들이 이미 가지고 있는 자신의 개념에 대하여 불만족을 느끼도록 해야 한다. 즉 자신이 가지고 있는 개념으로는 새로운 관찰 결과나 자연 현상을 잘 설명할 수 없다는 것을 보여 주어야 한다. 예를 들어 같은 높이에서 무거운 추와 가벼운 추를 떨어뜨렸을 때, 무거운 추가 가벼운 추보다 먼저 땅에 떨어진다는 생각은 학생들이 지니고 있는 대표적 선개념 중의 하나라고 할 수 있다. 이러한 선개념을 과학적 개념으로 변화시킬 수 있는 필요 조건의 하나는 이러한 생각으로 설명할 수 없는 현상을 학생들에게 직접 제시하는 것이다. 즉, 100g짜리 추와 50g짜리 추를 동시에 떨어뜨려 어느 것이 먼저 떨어지는지를 학생들에게 관찰시키는 것을 생각해 볼 수 있다.

이와 같이 교사가 학생들의 선개념과 배치되는 경험을 제공함으로써 학생들은 자신의 개념을 재구성할 수 있는 기회를 갖게 된다. 학생들은 교사의 최소한의 도움으로 스스로 개념을 재구성해야 한다. 그렇게 함으로써 학생들은 새로운 현상이나 경험을 자기들에게 가장 적절한 방법으로 기존의 지식과 연결할 수 있게 되는 것이다.

② 새 개념은 지적으로 이해할 수 있어야 한다.

학생들이 받아들여야 할 새로운 개념은 학생들의 지적 수준에 비추어 적절한 수준이어야만 한다. 새로운 개념이 자신의 기존 개념보다 지나치게 이해하기 어려운 경우 학생들은 새로운 개념의 도입을 포기할 수도 있게 된다.

③ 새 개념은 처음에 그럴듯해 보여야 한다.

일단 학생들이 새로운 개념을 구성한 직후에 일시적으로 그 개념은 이전의 개념보다 더 그럴듯해 보인다. 따라서 학생들은 선개념을 대체할 수 있는 대체 개념으로 이를 인정하게 된다.

④ 새 개념은 유용성이 있어야 한다.

학생들이 대체 개념을 영구히 받아들이려면 새로운 개념이 설명력과 예측력을 지녀야 한다. 즉 현재 관찰된 현상이나 상황을 잘 설명할 수 있을 뿐 아니라 다른 새로운 현상에 대해서도 무슨 일이 일어날 수 있는지를 예측할 수 있어야 한다. 이러한 예측력은 학생들로 하여금 새로운 개념이 다양한 현상을 설명하는 데 유용성이 있다는 사실을 설득하는데 도움이 된다.

2) 특 징

Driver의 수업모형을 특징은 다음과 같이 요약될 수 있다.

① 학습자의 선행 개념 인식

② 학습자가 현재 파지하고 있는 지식과 관련이 있고, 이 지식을 발달시킬 수 있는 실험실습 활동

③ 생각할 수 있는 기회 제공

④ 협동적 학습 방법

⑤ 진단자로서의 역할이 강조되는 교사의 역할

⑥ 학습은 개념 변화의 과정(단순히 지식을 받아들이는 것이 아님)

⑦ 자신의 생각을 급우들과 자유스럽게 의사소통할 수 있는 수업 환경 강조

3) 효 과

김진규(1998) 등은 초등학교 6학년 학생들에게 구성주의 수업모형을 적용하여 다음과 같은 결론을 내리고 있다.

첫째, 구성주의 수업모형 적용은 아동의 문제 인식 능력에는 효과가 있으나 일반적 탐구 능력 향상에는 크게 영향을 주지 않았다. 하지만 장기적

인 계획과 실천이 뒤따른다면 탐구 능력 향상에도 효과를 보일 것으로 기대된다.

둘째, 구성주의 수업이 전통적 수업보다 아동의 과학에 관련된 태도의 바람직한 형성에 긍정적인 영향을 미치고 있다. 특히 과학 교과에 대한 태도를 긍정적으로 변화시켰다.

셋째, 구성주의 학습 모형을 적용하면 교수 학습 과정에서 학생들의 학습 활동을 긍정적으로 변화시켜 자기 주도적 학습 활동을 정착시키는 데 효과가 있을 것으로 보인다.

2 수업 절차

구성주의적 수업모형에는 드라이버의 구성주의적 수업모형과 오스본 등의 발생학습 수업모형이 대표적인데 여기에서는 이 두 절차를 모두 소개한다.

(1) 드라이버의 구성주의적 수업모형 단계

드라이버의 구성주의적 수업모형의 절차를 단계별로 설명하면 다음과 같다.

① 도입

이 단계에서는 수업의 주제와 관련된 상황으로 이끌기 위하여 생활과 관련된 경험 등을 얘기 하거나 학생에게 질문을 던져 수업의 내용과 방향을 암시하는 단계이다.

② 수업 이전 개념 끌어내기

학생들이 학습할 내용과 관련된 각자의 생각(선개념)을 표현한다. 교사는 학습 내용과 관련된 현상이나 예를 제시하고 학생들은 이를 관찰하거나 또는 회상하여 자신의 언어로 설명하도록 요구받는다. 학생들은 자신의 생각을 정리하여 노트에 정리한다.

③ 개념의 재구조화

이 단계는 몇 개의 하위 단계로 구성되는데 첫째 하위 단계인 '개념의 명료화와 교환' 단계에서는 학생들이 자신의 생각을 서로 발표하도록 한다. 이어지는 '갈등 상황의 노출' 단계에서는 학생들의 생각과 상충되는 현상이나 사건을 제시한다. 학생들은 자신의 생각으로 제시된 상황을 잘 설명할 수 없다는 것을 깨닫게 된다. 이러한 인식이 자신의 생각을 바꾸는데 있어서 필수적인 조건이다. '새로운 개념의 구성' 단계에서는 자신의 부족한 생각을 대체할 수 있는 새로운 개념을 구성한다. 학생들이 스스로 과학적 사고를 구성할 수 없는 경우에는 교사가 제시할 수도 있다. 그러나 이때 제시되는 과학 개념은 학생들이 쉽게 이해할 수 있어야 할 뿐 아니라 학생들의 생각과 비교할 때, 어떤 장점이 있는지 잘 드러나도록 해야 한다. '평가' 단계에서는 새로운 생각이 얼마나 타당한지를 평가하게 된다.

④ 새로운 개념의 응용

이 단계에서는 학생들에게 새로운 소재나 상황을 제시하여 재구성한 생각을 적용하게 한다. 이 과정은 새로운 생각이 얼마나 활용 가능성이 많은지를 인식하게 하는 기회를 제공한다.

⑤ 개념의 변화 검토

마지막 단계인 이 단계에서는 학생들의 생각이 얼마나 변화되었는지를 선개념과 비교하여 검토한다. 과학자적 관점이 아닌 선개념이 아직 바뀌지 않았으면 피드백 과정에 의하여 다시 개념 변화를 시도하게 된다.

그림 30-4

드라이버의 수업모형 절차

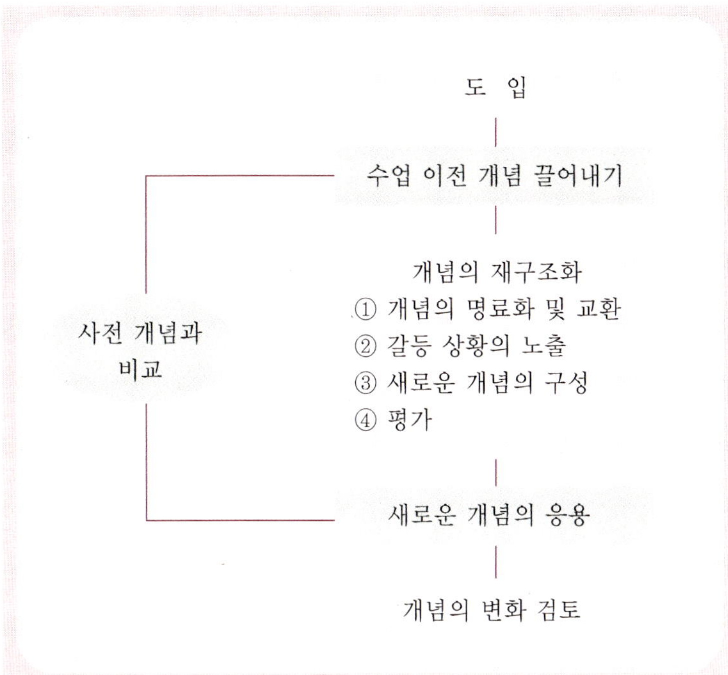

(2) 오스본의 발생학습 모형 수업 단계

① 예 비

이 단계에서 교사는 학생들이 주제에서 떠올릴 수 있는 대표적인 생각을 확인하고, 과학자들이 현상의 묘사에 사용할 생각들을 이해하며, 사람들이 현상 묘사와 설명에 사용하려는 생각이 교사에 의해 평가되도록 개방하고, 교사는 수업에서 사용할 질문 조사를 포함한 독특한 형태의 안내 자료를 준비해야 한다. 특히, 과학사와 관련이 깊은 주제의 경우 과학적 사고의 역사적 발전에 대한 자료를 미리 확인하여 준비하면 많은 도움이 된다.

② 초 점

이 단계에서는 특별한 현상이나 학생들의 말의 의미에 대해 생각하고 있는 바를 노출하는 것 등에 주의를 집중하는 단계이다. 교사는 경험적 동기화를 제공하고, 학생들이 자신의 생각들 드러내도록 고무하며, 학생들의 해석과 판단을 돕는 역할을 수행한다.

③ 도 전

이 단계에서 학생들은 소집단이나 학급 전체에 자신의 견해를 나타낼 수 있다. 학급 구성원은 자신의 견해를 드러냄으로써 자신이 가진 견해와 다른 사람이 가진 견해가 다를 수 있다는 것을 확인한다. 교사는 적절한 수준의 언어와 개념을 도입하여 과학자적 관점을 드러낼 수도 있다. 학생들은 드러난 증거로부터 새로운 과학자적 개념을 수용하도록 고무되며, 이를 위하여 토론 등의 적절한 교수 활동이 요구된다.

④ 적 용

이 단계에서는 과학자적인 견해를 사용하여 간단하고 세련되게 문제를 해결해보는 단계이다. 교사는 모든 문제를 묘사하는데 쓰여질 새로운 관점과 질문을 명확히 하도록 학생들을 도와야 하며, 문제해결을 위한 토론을 준비하고 고안해야 한다. 학생들은 현재 사용하고 있는 기초 개념을 이용하여 실제 문제를 해결하도록 노력하며, 문제에 대한 비판적 평가와 해결책에 대해 논의한다.

참고문헌

김진규 · 임청환(1998). 구성주의적 수업이 초등학생의 탐구 능력 및 과학에 관련된 태도에 미치는 효과 17(2).

Kelly, G. A.(1955). *The psychology of personal construct*, New York.

Gilbert, J. K., Osborne, R. J., Fensham, P. J.(1982) Children's science and its consequences for teaching. *Science Education* 66(4).

Driver(1989). Changing Conceptions, In P. Adey(Ed), Adolescent development and school science, Falmer Press.

Chapter 31 순환학습모형

시나리오

- 적용 교과: 자연(4-1)
- 단원: 강과 바다(4/16)
- 차시 내용: 흐르는 물에 의한 지면의 변화
- 수업 목표: 흐르는 물은 지면을 어떻게 변화시키는지 이야기할 수 있다.

  차시 선정의 배경: 순환학습은 학생 스스로 구체적인 경험을 통하여 개념을 획득하고 사고력의 신장을 돕도록 하는 탐구지향적 수업모형이다. 본 차시의 내용은 구체적 경험이 가능하고, 스스로 탐구하여 개념을 발견·확정시키기에 적합한 단원으로 판단된다.

1 탐색 단계

- 학생들이 스스로 인지적 갈등을 해결하게 하기 위하여 교사는 다양한 자료와 구체적 자료를 활용하여 직접 학생들이 친근감있게 경험할 수 있는 학습 활동을 제공한다.
- 학생들 스스로 평형화 과정을 통하여 새로운 자연 현상에 대한 규칙성을 발견하여 개념을 스스로 획득하게 한다.

교사: 이번 시간에는 흐르는 물이 지면을 어떻게 변화시키는지 알아보고 우리 서로 이야기 해보도록 합시다.
먼저 여러분은 모둠별로 준비된 유수대에 다음과 같이 준비합니다.

1) 흙, 자갈, 모래를 섞는다.
2) 섞인 것을 유수대에 평평하게 담는다.
3) 유수대를 기울인 후 받침대로 받친다.
4) 유수대의 구멍을 한 칸만 열어 물을 흘려 내려보고, 두 칸 또는 전체를 열어 물을 흘려보내기도 한다.
5) 흙의 표면을 살펴본다.

교사: 유수대 윗부분에 흙의 표면은 어떻게 되었나 확인해봅시다.
유수대 아랫 부분의 흙의 표면은 어떻게 되었나도 확인해봅시다.
자갈이 있는 곳에서는 물이 어떻게 흘러가는지도 확인합시다.
*학생들은 유수대에 물이 흐른 자국을 살펴본다.
교사: 물이 적게 흐를 때와 많이 흐를 때의 흙의 표면은 어떻게 다를까?
*학생들은 물이 적게 흐를 때와 많이 흐를 때의 흙의 표면을 관찰한다.

2 개념 도입 단계

- 학생들 스스로 탐구 단계에서 발견된 규칙성과 관련 있는 개념이나 원리들을 도입한다.
- 학생 스스로 경험한 사고 유형을 정리 해석한다.
- 학생 스스로 규칙성이나 원리들을 발견하는 것이 불가능하다고 판단되면 교사들은 최소한의 개입으로 이들을 발견하도록 유도한다.

교사: 유수대 윗부분의 흙의 표면은 어떻게 변하였습니까?
학생1: 물 때문에 흙이 깎여 내려갔고, 돌은 밑으로 굴러갔습니다. 그런데 중간에 있는 커다란 돌멩이 주변에는 물이 돌 주위를 돌아 흘러가서 돌 주변의 흙이 깎여 있었습

니다.

학생2: 그리고 물이 많이 흐르면 빨리 흙이 깎여 없어졌고, 조금 흐르면 천천히 흘러 조금씩 깎이는 것을 볼 수 있었습니다.

교사: 아주 자세히 관찰하였군요. 그러한 현상을 '침식 작용'이라고 합니다. 그러면 위에서 깎여나간 흙은 어떻게 되었습니까?

학생3: 위에서 깎여 내려온 흙은 물과 함께 아랫쪽으로 움직였습니다.

학생4: 그 흙과 모래는 물의 빠르기에 따라 때로는 빠르게, 때로는 천천히 움직이는 모습을 볼 수 있었습니다.

학생5: 그런데 중간에 있는 돌멩이 주변의 현상이 재미있었습니다. 돌멩이 아래 부분에 흙이 남아 있어서 물이 조금씩 흐를 때는 흙이 조금 많아졌는데, 물이 많이 내려오니까 돌멩이가 아래로 굴러가 버렸습니다.

교사: 이러한 현상을 운반작용이라고 하지요. 마치 트럭이 짐을 운반하듯이 물이 흙과 작은 돌들을 운반하는 것이지요. 그러면 이렇게 운반된 돌들은 어디에 쌓이게 될까요?

학생6: 위에서 운반되어 온 흙과 돌은 아래 부분에 쌓입니다.

학생7: 그리고 운반되어 온 흙과 돌이 아래에 무더기로 쌓여 유수대를 넘어 밖에서 쌓이는 것을 볼 수 있었습니다.

학생8: 물이 빨리 흐를 때는 빨리 쌓여 넘치고, 천천히 흐를 때는 천천히 차곡차곡 쌓여 갑니다. 아마 이러한 현상이 홍수를 일으키는 원인인 것 같습니다.

교사: 예 그렇습니다. 위에서 운반되어 온 흙이 쌓이는 현상을 퇴적작용이라고 합니다.

3 개념 적용 단계

- 탐색 단계 및 개념 도입 단계에서 학습한 개념, 원리 또는 사고 양식을 다시 새로운 상황과 문제에 적용시키는 단계이다.
- 자율적 조절 기능을 위한 충분한 시간과 경험을 제공하고 새로운 사고 유형을 안정화시킨다.

교사: 강의 하류를 보면 강 안쪽에 모래와 흙이 쌓여 있습니다. 우리들은 그곳에서 많이 놀기도 하고, 장난도 치고 하지요. 이렇게 상류에 있던 흙들이 하류에 와서 쌓이는 현상을 무엇이라고 할까요?

학생9: 물에 의한 퇴적작용입니다.

교사: 침식작용이 빨리 일어날 때는 언제일까요?

학생10: 유수대를 높게 하면 변화가 빨리 일어납니다.

학생11: 물을 많이 한꺼번에 흘려보내면 침식작용이 빨리 일어납니다.

교사: 여러분들이 유수대에 흙과 돌만 넣지 않고 잔디밭에서 삽으로 잔디를 떠다가 유수대 위를 덮고 실험을 하면 어떻게 될까요?

학생12: 잔디나 풀 때문에 흙이 잘 떠내려가지 않을 것입니다.

학생13: 예, 뿌리 때문에 침식작용, 운반작용, 퇴적작용 등이 활발하지 않을 것입니다. 이러한 사실에서 산에 나무를 많이 심으면 홍수를 예방할 수 있다는 것을 알 수 있습니다.

1 이 론

순환학습모형(Learning Cycle Model)은 SCIS(Science Curriculum Improvement Study) 프로그램에서 도입된 학습 모형으로 학생 스스로 구체적인 경험을 통하여 개념을 획득하고 사고력의 신장을 돕도록 하는 탐구지향적 학습 모형이다. 순환학습은 상호 관련된 3단계 즉 탐색 단계, 개념 도입 단계, 개념 응용 단계로 이루어져 있는데, 전통적 학습 방법과는 달리 탐색 단계에서의 실험 활동을 중요시한다.

1) 이론적 기초

(1) 순환 학습의 기본 과정

Lawson 등(1989)은 순환학습에 대하여 다음과 같은 12가지 가정을 하고 있다.

- 인간은 개인적으로 자연 현상에 대한 신념들을 형성해 가는데 그들 중의 일부는 과학적인 이론과 다른 경우가 있다.
- 대안적 신념(오인)은 학습에 의하여 과학적 개념을 형성하는데 방해가

될 수 있다.

- 오인의 제거는 학생들이 바로 자신의 오인이 공인된 과학적 개념과 차이가 있다는 것을 인식할 때 만이 가능하다. 즉, 인지적 갈등 상태 또는 지적 비평형 상태를 유발해야만 그 오인의 제거가 가능해진다.
- 사고력의 발달은 지적 갈등을 경험하고, 그 갈등 해소를 위한 노력을 할 때 비로소 이루어진다.
- 논쟁을 통하여 특수한 사고의 내면화가 이루어진다.
- 순환학습은 탐색, 개념 도입, 개념 적용이라는 세 단계로 이루어진 수업의 한 방법이다.
- 순환학습은 학생들이 가지고 있는 선개념, 개념적 오류 등을 표현할 수 있는 기회를 제공한다. 또한 그 개념들을 검증하고, 논증할 수 있는 기회를 제공하게 되어 결국 지적 비평형성을 경험하게 하여 새롭고 타당한 개념 형성과 사고 발달을 촉진하는 기회가 된다.
- 순환학습에는 세 가지 형태(서술적, 경험-귀납적, 가설-연역적)가 있는데 이들 세 형태는 지적 갈등을 불러 일으키거나 사고력을 촉진하는 효과가 다르다.
- 이 세 형태의 순환학습 과정의 근본적인 차이는 학생들로 하여금 순전히 서술적 형태에서 데이터만 수집하게 하느냐, 아니면 경험적 · 귀납적 형태에서 대안 개념을 검증하는 경험을 제공하느냐에 달려 있다.
- 서술적 형태의 순환학습 과정은 학생이 자연 일부분을 관찰하게 하고 그 속에서 간단한 규칙을 발견하며, 그것을 명명하도록 고안되어 있다. 이 형태는 단지 서술적 사고 기능을 요구하며, 지적 갈등은 거의 일으키지 못한다.
- 경험적 · 귀납적 형태의 순환학습 과정은 학생들로 하여금 자연 현상이나 사물을 서술하고 설명하게 함으로써 개념적 오류를 표출하게 하고, 논쟁 혹은 지적 갈등을 발생하게 하여 형식적 사고 유형의 발달을 자극한다.
- 가설-연역적 형태는 자연 현상을 설명하는 즉각적이고도 명료한 대안

개념 또는 가설을 제안하도록 자극한다. 또한 그 대안 개념 또는 가설 검증 과정에서 형식적 사고 유형을 요구한다.

(2) 순환 학습의 세 가지 형태

Lawson(1989)은 순환학습 과정에서 적용하는 사고의 유형에 따라 서술적, 경험 · 귀납적, 가설 · 연역적 순환학습의 3가지 형태로 순환학습을 구분하였는데, 이들 3가지 형태의 순환학습은 대안적 개념의 확인과 지적 갈등을 일으키는데 있어서 그 효과가 같지 않으며, 사고력의 발달을 촉진하는 효과도 다르다고 주장하였다. 이들 세 가지 형태의 순환학습을 간단히 설명하면 다음과 같다.

① 서술적 순환학습: 학생들로 하여금 자연의 현상을 관찰, 탐구하게 하고, 그 속에서 간단한 규칙성을 발견하게 하여 그것을 명명하게 설계하는 형태를 말한다. 단지 구체적 사고력만 요구하고 지적 갈등은 거의 일으키지 못하며, 학생들은 자신의 선입관이 잘못되어 있다는 사실을 거의 깨닫지 못한다.

② 경험 · 귀납적 순환학습: 학생들로 하여금 자연 현상을 기술하고 설명하게 함으로써 개념적 오류를 나타나게 하고 논증적 갈등을 발생하게 하며, 형식적 사고 유형의 발달을 자극한다.

③ 가설 · 연역적 순환학습: 자연현상을 설명하는 즉각적이고도 명료한 대안 개념 또는 가설을 설정하게 한다. 또한 그 대안 개념 혹은 가설 검증 과정에서 형식적 사고 유형의 발달을 촉진함으로써 오인을 해소하고 타당한 개념이나 지식이 발달하게 한다.

2) 특 징

순환학습모형은 원래 피아제의 인지발달 이론에 바탕을 두고 탐구적 학습 활동을 통해 인지 구조의 변화를 촉진시킬 수 있는 학습 내용을 조직하도록 하고 있다(Karplus, 1977). 따라서 이미 알려진 개념에 대한 확인, 검증 실험의 전통적 학습 방법과는 달리 새로운 개념의 형성 또는 개념 변화를 목표로 하는 수업에 적절하다고 할 수 있다.

순환학습은 학습 단계에서 구체적 경험을 제공함으로써, 구체적 조작기에 있는 학생뿐아니라 과도기에 있는 학생들 모두에게 더 높은 인지 단계에 도달될 수 있도록 인지 구조를 자극하는 역할을 수행한다는 것이 밝혀져 있다.

순환학습은 상호 관련된 3단계, 즉 탐색 단계, 개념도입 단계, 개념 적용 단계로 이루어져 있는데 전통적 학습 방법과는 달리 실험실 학습, 즉 탐색 단계를 중요시하고 있다. 탐색 단계에서는 이미 알려진 개념에 대한 확인 실험이 아닌 새로운 개념의 도입 역할을 하는 것이 특이하다. 학습자가 인지적인 갈등을 느끼게 되었을 때, 학생들이 직접 경험할 수 있는 학습 활동이 제공됨으로써 새로운 지식을 동화하게 되고, 동화하기 전에 알고 있던 사전 지식과 새로운 지식 사이에 조정이 일어나면서 평형 상태에 이르게 된다. 또한 학습자는 새로운 지식을 조절하고 새로운 지식은 학습자가 가지고 있는 다른 지식과 조직화되는 과정을 거쳐 자연 현상에 대한 개념을 형성하게 된다. <표 31-1>는 피아제의 기능 모형과 순환학습을 비교하여 제시한 것이다.

표 31-1 피아제의 기능 모형과 순환 학습

기능 모형	순환 학습
• 동화	• 탐색
• 비평형과 조절	• 개념 도입
• 조직화	• 개념 적용

3) 효 과

순환학습모형은 원래 초등학교 수준에서 과학의 기본 개념의 학습을 촉진하고 사고 기능을 개발하기 위하여 도입되었지만 국내외의 연구 결과를 보면 초등학교뿐 아니라 중・고등학교와 대학교에서도 효과적으로 도입될 수 있다고 보고하고 있다. 다음은 순환학습의 효과를 탐색한 국내・외 연구에서 밝혀진 내용을 요약한 것이다.

- Davis(1978): 132명의 5~6학년 학생들을 대상으로 순환학습모형에 의한 과학수업을 9주 동안 120분씩 투입한 결과, 강의/토의 방식의 수업이나 실험실 수업을 받은 학생에 비하여 긍정적인 과학적 태도를 지니고 있음이 드러났다.
- Abraham과 Renner(1985): 순환 학습 3단계를 피아제의 기능 모델과 비교하고 순환 학습 단계의 효과적인 순서를 알아보기 위하여 단계를 바꾸어서 적용해 본 결과 새로운 개념을 학습할 때에는 개념 도입 단계가 개념 적용 단계보다 앞에 오는 것이 효과적이며, 순환학습에서 가장 중요한 단계는 개념 도입 단계이고, 구체적 조작기의 학생에게는 전통적인 순환학습 단계의 순서로 수업하였을 때가 가장 효과적이다.
- Ivins(1986): 7학년 학생을 대상으로 지구과학 관련 내용을 학습시킨 결과, 귀납적인 방법(실험 후 개념도입)이 연역적인 방법(개념도입 후 실험) 보다 더 성취도가 좋고 기억력이 오래 지속된다.
- 홍순경(1990): 중학교 1학년 학생을 대상으로 밀도 개념을 전통적인 방법과 순환학습 방법에 의하여 수업을 실시한 결과, 순환학습 교수법이 전통적인 교수법에 비해서 밀도 개념에 효과적이며, 구체적 조작기와 형식적 조작기의 학생 모두에게 효과적이다.

2 수업 절차

앞에서 언급한 바와 같이 순환학습은 탐색 단계, 개념 도입 단계, 개념 응용 단계의 3단계로 이루어진다. 각 단계에서 교사와 학생의 활동 내용과 주의점은 다음과 같다.

① 탐색 단계: 새로운 문제 상황에서 학생 스스로의 행동과 반응을 통하여 문제에 내재한 규칙성을 발견하는 단계로써 순환학습 과정에서 가장 중요한 과정이다. 학생들은 자기 자신의 개념이나 사고 양식으로 해결할 수 없는 새로운 경험에 대면하여 갈등을 느끼게 되는데 이 상태는 지적 비평형 상태라고 할 수 있다. 한편 교사는 학생들이 지니고 있는 선입 개념들이 노출되어 토론되도록 유도해야 하며, 학생 자신이 지닌 개념이 문제가 있음을 스스로 깨달을 수 있도록 해야 한다. 이를 위하여 교사는 다양하고 구체적인 자료를 제시하고, 학생들에게 친근하고 흥미로우며 간단한 실험 등을 제공해야 한다. 물론 시범 실험의 형태도 가능하다. 이 단계에서 주의해야 할 점은 학생 스스로의 학습 활동이 보장되어야 하는 것이며, 교사는 토의하는 학습 분위기를 조성하는 안내자 역할만을 수행해야 한다.

② 개념 도입 단계: 이 단계는 탐색 단계에서 발견된 규칙성과 관련 있는 개념, 원리들을 도입하는 단계로써, 학생들이 탐색 단계에서 느꼈던 인지 갈등을 해소하여 새로운 평형 상태에 도달할 수 있도록 해야 한다. 그러므로 이 단계는 탐색 단계의 정리 단계로 볼 수 있지만 인지 수준이 낮은 학생은 완전한 평형 상태에 도달되지 못하고 어느 정도의 비평형 상태가 지속될 것으로 예상할 수 있다. 이 때문에 개념 적용 단계가 필요한 것이다. 교사는 이 단계에서 적절한 용어나 사고 유형을 학생들이 도입하도록 도와주며, 때로 교사 자신이 도입할 수도 있다.

③ 개념 적용 단계: 탐색 및 개념 도입 단계를 통해 학습한 개념, 원리 또는 사고 양식을 새로운 상황과 문제에 적용시키는 단계로서 새로운 개념의 적용 가능성의 범위를 확장하여 발전적으로 전개하는 과정이다. 이 단계에서는 자율적 조절 기능을 위한 충분할 시간과 경험을 제공하고 새로운 사고 유형을 안정화시킨다. 사고 능력이 떨어지거나 성취 수준이 낮은 학생들은 이 단계가 더욱 중요하며, 교사는 이 시기에 학생들을 평가할 수 있다.

3 유의점

순환 학습의 3단계는 서로 단절적인 것이 아니고 순환적, 반복적으로 이루어진다. 또한 이미 알려진 개념에 대한 확인, 검증 실험 등의 학습 방법과는 달리 새로운 개념의 도입 역할에 중점을 둔다. 자료를 모으는 탐색단계 동안에는 질문을 적게 하고 용어 도입 시에는 질문을 많이 해야 한다.

참고문헌

홍순경(1990). 밀도의 개념 변화에 미치는 순환학습의 효과. 한국교원대학교 석사 학위 논문.

Lawson, A. E., Abraham, M. R., & Renner, J. W.(1989). *A Theory of Instruction: Using The Learning Cycle to Teach Science Concept and Thinking*.

Karplus, R.(1977). Science Teaching and The Development of Reasoning. *Journal of Research in Science Teaching*, Vol. 14(2). 169~175.

Davis, J. O.(1978). The effects of three approaches to science instruction on the science achievement, understanding, and attitudes of selected fifth and sixth grade students. Dissertation Abstracts, 39, 2111A.

Ivins, J. E.(1986). A comparison of the effects of two instructional sequences involving science laboratory activities. Dissertation Abstracts, 46(8), 2254A.

공저자 약력

윤기옥
서울대학교 사범대학 졸업
University of Oregon 철학박사
경인교육대학교 교육학과 교수

정문성
서울대학교 사범대학 졸업
서울대학교 교육학 박사
경인교육대학교 사회교육과 교수

최영환
서울대학교 사범대학 졸업
서울대학교 교육학 박사
경인교육대학교 국어교육과 교수

강문봉
서울대학교 사범대학 졸업
서울대학교 교육학 박사
경인교육대학교 수학교육과 교수

노석구
서울대학교 사범대학 졸업
서울대학교 교육학 박사
경인교육대학교 과학교육과 교수

저 자
인 지

수업모형

2009년 11월 1일 초판 1쇄 발행
2013년 9월 10일 초판 2쇄 발행

공저자 / 윤기옥 · 정문성 · 최영환
강문봉 · 노석구
발행인 / 이 중 수
발행처 / **동 문 사**

서울특별시 서대문구 홍제동 137-8
Tel : 02)736-3718(대), 736-3710, 3720
Fax : 02)736-3719
등록번호 : 제9-17호
가격 : 20,000원

ISBN : 978-89-8251-385-5(93370)
E-mail : dong736@naver.com
www.dongmunsa.com